■ 普通高等学校政治学与行政学系列教材

Public Policy

公共政策学

◎陈　刚　编著

WUHAN UNIVERSITY PRESS
武汉大学出版社

图书在版编目(CIP)数据

公共政策学/陈刚编著 . —武汉：武汉大学出版社,2011.11(2020.8 重印)

普通高等学校政治学与行政学系列教材

ISBN 978-7-307-09186-3

Ⅰ.公…　Ⅱ.陈…　Ⅲ.政策科学—高等学校—教材　Ⅳ.D0

中国版本图书馆 CIP 数据核字(2011)第 189084 号

责任编辑:王雅红　　　责任校对:黄添生　　　版式设计:马　佳

出版发行:**武汉大学出版社**　　(430072　武昌　珞珈山)

　　　　　(电子邮箱：cbs22@whu.edu.cn　网址：www.wdp.com.cn)

印刷:武汉鑫佳捷印务有限公司

开本:720×1000　　1/16　　印张:14.5　　字数:257 千字　　插页:1

版次:2011 年 11 月第 1 版　　2020 年 8 月第 6 次印刷

ISBN 978-7-307-09186-3/D·1113　　定价:25.00 元

目　　录

第一章 导论：公共政策与公共政策学

日常生活中的公共政策

新时代大众媒体的影响力越来越大，而其报道的重点就包括国内政治及国际政治，于是我们在上网、看电视、读报纸、听广播时经常会读到或听到这样一些新闻：

中共中央政治局 5 月 22 日召开会议，审议并通过《关于实行党政领导干部问责的暂行规定》。

经中华人民共和国国务院批准，每年 5 月 12 日为全国"防灾减灾日"。

武汉市第十二届人民代表大会常务委员会第十一次会议通过的《武汉市人民调解条例》，已经湖北省第十一届人民代表大会常务委员会第七次会议批准，现予以公布。

巴西参议院和众议院 22 日分别通过法案，禁止议员报销亲友机票，并规定只有议员本人的公务机票才可报销。

美国新墨西哥州州长理查德森当地时间 18 日宣布在该州废除死刑。

卢森堡允许安乐死的法案 17 日开始生效，卢森堡也因此成为继荷兰和比利时之后第三个将安乐死合法化的欧盟国家。

···········

上述这些新闻都与政策制定密切相关，那么，什么是公共政策？其特征是什么？对公共政策的研究涉及哪些内容？这些都是本章将着重介绍的内容。

第一节 公共政策概说

任何一门学科都有其特定的研究对象，而公共政策学的研究对象就是公共政策。作为人类社会最为常见的现象之一，公共政策是随国家产生而产生的，它在古今中外历史发展的各个阶段及各国的经济、社会发展过程中都起着至关重要的作用。公共政策是现代政府履行其公共管理职能的重要手段，政府通过制定和实施公共政策，可以有效地处理各项事务，解决社会问题，协调不同社会主体之间的利益关系，促进社会的和谐发展。

一、公共政策的内涵

在中国古代汉语中，"政策"这个词语并未出现，而只有分开使用的"政"和"策"，前者指规范、控制等；后者指计谋、政令等。在英文中，"policy"最初也不存在，它是随资本主义国家和政党的发展而从"politics"（政治）一词派生而来的。当它"第一次在英语中出现的时候，倾向于指治理的整体模式"，后来才逐渐用来表示"政治家们想要做的"①。明治维新之后，日本学者从流传到日本的汉字中选取了"政"和"策"这两个字创造出了新的"政策"一词，以对应于"policy"。这个概念随后传入了我国，并为我国的政府和民众广泛使用。不过，政策可以宽泛地指称各类社团和组织为完成特定目标而决定采取的行动，而我们通常关注的是执政党和各级政府部门所制定的行为准则，亦即本书将着重论述的公共政策。

虽然公共政策的重要性已经为多数国家和地区所认同，但人们对其含义的看法却并不一致，这里让我们先来看看一些国内外学者的定义。

1. 国外学者的界定

公共行政学的鼻祖伍德罗·威尔逊认为，公共政策是由政治家即具有立法权者制定的而由行政人员执行的法律和法规。② 这个定义有合理之处，毕竟在现实生活中法律和法规是公共政策最主要的表现形式。不过它是建立在虚幻的政治与行政二分法基础上的，是非科学的，而且其范围过于狭窄，无法涵盖下列政策形式：政府有关经济社会发展的规划、政府首脑的指示报告、重要会议的决议，等等。

政策科学的创立者拉斯韦尔在其与卡普兰合著的《权力与社会》一书中指出，公共政策是"一种含有目标、价值与策略的大型计划"③。这个定义突出了政策的目标指向及其与一般计划的区别，带有较浓厚的管理学意味。不过

---

① ［英］H. K. 科尔巴奇：《政策》，吉林人民出版社 2005 年版，第 89 页。
② 转引自伍启元《公共政策》，香港商务印书馆 1989 年版，第 4 页。
③ H. D. Lasswell and A. Kaplan, *Power and Society*, Yale University Press, 1970. p. 71.

它过于笼统，因为政策不只限于计划，而且计划与实际行动亦不能相等同。

精英主义政治学家托马斯·R. 戴伊把公共政策界定为是"一个政府选择要做的任何事，或者它选择不去做的任何事"①。如此一来，政府政策就不仅包含了积极的行动，也包含了消极的不作为。戴伊的定义有其可取的地方，因为它提醒我们注意到政府的不作为与作为一样，都是在细致分析问题及比较可选方案后做出的决定，都对现实生活发挥着重大影响。不过，这个定义未能在政府的重要行动和一些无关紧要的行动之间做区分，事实上像政府的后勤管理、行政处罚等具体行为都不应当被看作政策。

美国学者罗伯特·艾斯顿撰写了多本有关公共政策的著作，他认为从广义上说："公共政策就是政府机构和它周围环境之间的关系。"② 这种界定方式可称之为关系说，它是从系统论的角度来考察公共政策的，强调的不只是政府在解决公共问题时对社会的单向输出，而是政府与社会的互动。虽然这个定义有其优越性，但其局限也是非常明显的：不精确且外延过宽，以至于人们无法根据它而从实践中辨别出真正的公共政策。

英国政治学家理查德·罗斯提出，我们不应该把公共政策看作只是某个孤立的决定，而应把它看作是由"或多或少有联系的活动所组成的一个较长的过程"，以及这些活动对有关事物的影响。③ 这种界定方式强调政策不是一次性决定，而是包含了执行和结果等内容的活动过程，具有延续性。但是它较为含糊，缺乏对于政策主体、作用的描述和规定。

克鲁斯克和杰克逊在《公共政策词典》中指出，公共政策就是"政治系统的产出，通常以条例、规章、法律、法令、法庭裁决，以及行政决议等其他形式出现"④。这一定义列举了公共政策在实践中的不同表现形式，从而使人们得以认识到政策所具有的多样性，但它对各种政策共同特征、功能的概括仍然模糊不清。

2. 中国学者的界定

台湾学者、曾任联合国公共行政处处长的伍启元先生指出："公共政策是

---

① ［美］托马斯·R. 戴伊：《自上而下的政策制定》，中国人民大学出版社 2002 年版，第 3 页。

② R. Eyestone, *The Threads of Public Policy: A Study in Policy Leadership*, Bobbs-Merril, 1971, p. 18.

③ Richard Rose (ed.), *Policy Making in Great Britain*, Macmillan, 1969, p. X.

④ ［美］E. R. 克鲁斯克、B. M. 杰克逊：《公共政策词典》，上海远东出版社 1992 年版，第 31 页。

政府所采取的对公私行动的指引。"①

台湾大学政治学系教授林水波在他与张世贤合著的《公共政策》一书中援引了戴伊的前述界定，认为"公共政策是政府选择作为或不作为的行为"②。

大陆学者孙光认为："政策是国家和政党为了实现一定的总目标而确定的行动准则，它表现为对人们的利益进行分配和调节的政治措施和复杂过程。"③

张金马在《政策科学导论》中认为："政策是党和政府用以规范、引导有关机关团体和个人行动的准则或指南。"④

北京大学宁骚教授认为："公共政策是公共权力机关经由政治过程所选择和制定的为解决公共问题、达成公共目标以实现公共利益的方案。"⑤

厦门大学陈振明教授认为："政策是国家机关、政党及其他政治团体在特定时期为实现或服务于一定社会政治、经济、文化目标所采取的政治行为或规定的行为准则，它是一系列谋略、法令、措施、办法、方法、条例等的总称。"⑥

上述这些是我国学者对公共政策所做的定义中较有代表性的观点，总体而言，台湾学者较注重对西方学者观点的借鉴和吸收，但他们在一定程度上都忽视了政党在国家政治生活中扮演的重要角色。大陆学者都突出了政策具有的目标取向，特别强调政党对政策过程的指导作用，而这显然是我国的政治体制和国情的反映。作为执政党和中国最广大人民利益的代表，中国共产党通过政治、思想和组织领导及密切联系群众而确保了自己的意志得以上升为国家法律。

3. 正确把握公共政策的内涵

综合国内外学者的前述分析，我们可以从如下几个方面来理解和把握公共政策的内涵。

第一是公共政策的主体。公共政策的主体是多元的，具体包括政府的三个分支即立法机关、行政机关、司法机关，以及执政党，它们作出的决定与企业、家庭、个人作出的决定在所涉及内容及影响范围等方面都有本质区别。当然，"从理论上看公共政策还包括所有层级的政府，并且不一定限于正式行为

---

① 伍启元：《公共政策》，香港商务印书馆1989年版，第4页。

② 林水波、张世贤：《公共政策》，台北五南图书出版公司1982年版，第9页。

③ 孙光：《政策科学》，浙江教育出版社1988年版，第14页。

④ 张金马主编：《政策科学导论》，中国人民大学出版社1992年版，第19~20页。

⑤ 宁骚：《公共政策学》，高等教育出版社2003年版，第3页。

⑥ 陈振明主编：《公共政策分析》，中国人民大学出版社2003年版，第43页。

者；非正式的行为者也是非常重要的"①。只要是参与了政策制定、执行和评估等活动的个人、团体、组织，都可能对政策过程发挥影响，但在这里我们所谈及的政策主体是指公共政策的制定者，即各级政府和执政党。不同的政策主体，制定的政策有其不同的适用范围。

第二是公共政策的目标。任何公共政策的出台都旨在解决某个社会问题或推动某项事业，因此它具有明确的任务和意图。公共政策所关注的是全社会和整个国家面临的共同问题，其目标指向是宏观性的和全局性的，而结果则是社会价值的一种权威性分配。当然，在维护公共利益的同时，公共政策最终增进的是统治阶级的利益。尽管政府想要做的不同于其实际做的，但政府想要做什么仍然是制定政策时首先要考虑的。

第三是公共政策的过程。公共政策是主体服务于特定目标而采取的一系列活动，是一个持续进行中的过程，因此它是静态与动态的结合，具体表现为政策方案的规划、采纳、执行、评估、调整和终结等环节。正如许多学者所指出的那样，公共政策是政策主体为解决某些具体的社会问题而采取的一系列相互关联的行为，而不仅仅是一种决定。政策制定和执行并非是完全分离的，"政策制定出来并不意味着有关的需要已经在政策中确定下来，在政策过程中的执行环节，而不是在决策环节，政策经常继续演进"②。

第四是公共政策的形态。在实践中公共政策通常表现为国家法律、法规、行政规章、经济社会发展规划、司法解释、党的路线方针、会议决议和文件等行为准则，它们规定及指导着社会公众及各类组织应当做什么和不应当做什么，并制定了具体的奖惩措施。借助政策制定主体的权威性及国家机器的强制力，这些行为准则得以具有广泛的约束力，并为政策对象所遵守，从而确保了正常的社会秩序的维持。

二、政策制定与行政决策的区别和联系

在公共行政的研究中，行政决策和政策制定是两个非常重要的主题。在实践中尽管有不少政策是由行政机关来制定的，但也有大量的政策与行政活动无关，并且行政机关的决策也不都属于政策，例如较低层次的行政决策一般更被

---

① Stella Z. Theodoulou & Matthew A. Cahn, *Public Policy: the Essential Readings*, Prentice Hall, 1995, p. 2.

② ［英］米切尔·黑尧：《现代国家的政策过程》，中国青年出版社 2004 年版，第 6 页。

看作是政策执行过程而非政策制定过程。因此，政策制定和行政决策既有一定的区别，又有一定的联系。①

1. 区别

行政决策和政策制定之间的区别主要体现在主体、范围、层次和结果四个方面。首先，从主体上看，行政决策主体是行政机关及行政人员，而政策制定主体较为广泛，包括高级行政人员、政党领袖、立法机关代表——在有些国家还包括法院的法官。其次，从范围上看，行政决策主要是在行政机关的职权范围内进行的，而政策制定的范围除此之外还涉及立法机关和政党活动，甚至还涉及政治上极为重要的社会团体。再次，从层次上看，行政决策可发生在行政机关的各个层次，也就是说高层、中层乃至最基层的行政人员都可以作出行政决策，而政策制定一般只在立法机关、行政机关、政党的较高层次中发生。最后，从结果上看，行政决策的结果不仅包括各种原则性、政策性的规定，也包括具体的、可操作性的方案、措施、命令、行动，而政策制定的结果主要体现为有指导作用的、抽象性的法律、法规、政治决议和司法判例等。

2. 联系

行政决策和政策制定之间有着许多共同的地方，也有着十分密切的联系。两者都是现代公共管理的核心内容，并服务于统治阶级的利益需求；两者都需要遵循决策的基本程序，如问题确认、方案规划、比较择优、执行评估等；两者所针对的都是国家和社会的公共事务，以及公众所关注的社会问题；两者都追求程序的民主化和内容的科学化，即要使人民群众充分行使参与决策的民主权利并充分运用科学的理论、方法、手段进行决策。在行政机关的较高层次上，它们是相互渗透甚至相互重叠的过程，而且高层次的行政决策过程本身就是一种政策制定过程。在涉及国家机关之间及其与执政党的相互关系时，它们是两个相互衔接的过程，构成国家政权运行机制的整体。除此之外，政策制定过程的结果需要通过行政决策过程来贯彻执行，而行政决策过程也需要通过政策制定过程来为其提供原则性指导。

三、公共政策的基本特征

公共政策是由政府等社会公共权力机构制定的带有明确目标的行为准则，它在不同的社会形态和不同的国家会有不同的表现，但是任何公共政策都有着

---

① 参见彭和平编著《公共行政管理》，中国人民大学出版社1995年版，第221～222页。

下述这些基本特征：

1. 阶级性和社会性的结合

作为对社会利益进行分配的公共政策，必须调整成员间的利益关系，以实现政府目标，而政府等公共权力机构不过是统治阶级进行统治的工具。因此，公共政策并非超阶级意志的体现，它只能体现统治阶级的意志，并服务于统治阶级的根本利益。根据马克思主义的看法，"统治阶级的思想在每一时代都是占统治地位的思想，这就是说，一个阶级是社会上占统治地位的物质力量，同时也是社会上占统治地位的精神力量"①。公共政策的指导思想是统治阶级政治倾向和价值观的集中反映，虽然资本主义国家在自由资本主义时期崇尚自由放任而在垄断资本主义时期强调国家干预，但其根本宗旨都是要维护资产阶级统治的需要。当然，公共政策在表现出鲜明阶级性的同时，亦具有一定程度的社会性，这是由国家的政治统治和社会管理这两重职能所决定的。由于社会成员生活在大体相同的环境之中，拥有共同的需要，面对共同的问题，因此政治统治的建立并未消除人们在某些方面的利益一致性。即便在阶级矛盾较为激烈的社会，统治阶级为了维护自己的统治地位，缓和社会冲突，所制定的公共政策也必须适当顾及被统治阶级的成员，尽力保持社会秩序长治久安，使自己借以获利。伴随着当今社会贫困、吸毒、种族歧视、失业、环境污染等各类公共问题的不断涌现，政府制定公共政策时越来越必须考虑最广大公众的需求。同时伴随着政策制定在程序上的日益民主化和公开化，决策者至少在形式上必须使用公共的语言来为其支持的政策作辩护，以争得更多民众的支持。需要指出的是，在不同类型的国家，公共政策中阶级性和社会性的比重是不一样的，在社会主义国家，政治统治的主体是多数人，社会的共同利益比以往的各种社会形态更突出，故此公共政策的社会性亦更明显。

2. 稳定性和时效性的结合

公共政策应当保持一定的稳定性，这首先是因为复杂的社会问题只有经过长期的努力才能够加以解决。美国政策科学家保罗·萨巴蒂尔认为"政策过程通常需要10年的时间"②，毕竟在实践中绝大多数政策都需要一段时间的执行才能使其真正发挥效用。中国在1986年4月颁布了《中华人民共和国义务教育法》，第一次把免费的义务教育用法律的形式固定下来，之后九年制义务教育作为一项国策被长期奉行和遵从，这正是因为政府及全国民众认识到了

---

① 《马克思恩格斯选集》第1卷，人民出版社1995年版，第98页。

② ［美］保罗·A. 萨巴蒂尔：《政策过程理论》，三联书店2004年版，第5页。

"十年树木百年树人"的道理。其次，政策规范着人们日常生活中的言行，规划着经济和社会的发展，如果朝令夕改、变幻无常，不仅会导致人们无所适从，还有损于政策的威信。正是从这个意义上，邓小平同志指出"政策不但要对头，而且要稳定，要有连续性"①，解决香港、澳门问题的"一国两制"方针的提出及五十年不动摇的思想正与此相符。不过，政策的稳定性是相对的，它只能在一定的时间范围内起作用，并且必须不断完善以跟上时代发展的步伐和经济社会生活的变迁。任何政策都不是恒久存在的，在其不适应新情况或者目标已实现时，政策制定者应对其进行调整、修改或终结。例如，在2001年中国加入世界贸易组织之后，国务院下发通知，要求各地对与贸易有关的地方性法规、地方政府规章和其他政策措施予以清理。几年来在65个由行政审批职能部门清理出来的3948项行政审批项目中，取消1195项，改变管理方式82项。需要注意的是，政策不适应新形势的要求，既可能是由于客观环境发生了改变，也可能是由于人们的思想认识发生了更新。中华人民共和国成立以后中国政府和民众曾长期缺乏对市场重要性的认同，受苏东模式的影响，社会主义经济被等同于计划经济，这使我国的工业生产及经济发展受到很大的束缚。20世纪90年代中期以来，社会主义市场经济体制的地位得到确立，市场在资源配置中发挥的基础性作用及价值规律的调节作用得到承认，国家的经济政策相应地发生了很大的改变，而这正体现了与时俱进的要求。

3. 强制性和合法性的结合

一切公共政策都带有强制性，正如美国政治学家西奥多·J. 洛伊指出的那样："所有公共政策都必须理解为强制性的。它们的制定可以是出于最好的和最善意的愿望，执行时可以尽可能做到公正和宽容。然而，这并不能减弱它们的强制性。"② 尽管公共政策的制定旨在解决社会成员面临的共同问题、协调不同群体的利益差别和矛盾，但它在形式上维护公共利益的同时也要贯彻统治阶级意志。此外，任何政策都不可能让所有社会成员满意，它必然会损及某些人的经济利益，给某些人的生活习惯造成不便，或者与某些人的价值观发生冲突。为了推进政策的目标，政府必须以强制力为后盾，并借助警察的权威来惩罚政策对象的不服从和对抗，没有具体处罚措施相伴的公共政策是难以保证其强制性的。我国从2003年5月1日起对涉及人类健康、环保、公共安全的

---

① 《邓小平文选》第3卷，人民出版社1993年版，第215页。

② ［美］雷蒙德·塔塔洛维奇、拜伦·W. 戴恩斯：《美国政治中的道德争论》前言第1页，重庆出版社2001年版。

产品实行强制性认证制度，并规定没有通过认证的产品今后将不得进口和在市场销售，这是政策具有强制性的一个明显的例子。当然，政策要发挥其对个体及团体行为的指导和规范作用，还必须在制定主体、程序及内容方面都是合法的，即由法定的主体遵照法定程序来制定且反映大多数公众的愿望。只有这样，政策才能得到公众的认可和接受，从而为其在实践过程中的顺利贯彻打下良好基础。单纯依靠强制力来执行政策代价是昂贵的，所以任何政府都努力运用宣传、劝说、协商等手段来为其政策赢得更多的拥护者，以提高政策的合法性。对于政府的某项具体政策而言，不管你喜不喜欢都得遵守它，因为你知道它具有强制性，但如果你认为该项政策是合法的，那么你或许不仅在行为上遵守它，而且在心理上也接受它。故此，政策的合法性是与其强制性紧密相联的，"所有的公共政策在实质上都依赖于合法性这一特征才得以生存"[1]。

4. 整体性和多样性的结合

现代社会的各种复杂问题往往相互交错，孤立地解决某个问题是无法取得成功的，这就要求政策制定者从整体来考虑问题，特别注重各项政策之间的相互配合。近些年，伴随着电动车的急速增多，相应的交通伤亡事故也出现明显上升趋势，为此许多省市颁布了《电动自行车安全技术要求》，规定电动自行车的车速最高限定在时速 20 公里之内。可是，这项规定并没真正落到实处，不仅市场上销售的电动车时速"普遍超标"，而且交警也缺乏对电动车时速进行科学测量的工具。很明显，要消除电动车时速过快而带来的安全隐患，需要多部门的通力合作及相关政策的配套支持，并且要从源头抓起。具体而言，质监部门要加强对出厂电动车的严格把关和审核，工商部门应加强监督以避免商家私自销售不合格电动车，交警部门则应在上牌环节进行严格管理和检查。如果只是一味的"头痛医头、脚痛医脚"，那么老问题的暂时解决往往又会导致新问题的出现。埃及的阿斯旺水坝就是我们应当吸取的教训，它在扩大农田灌溉面积、防止旱涝灾害的同时也造成了下游生态环境恶化和污染加重。当然，我们既要突出政策的整体性，也应看到政策在形式、类型、领域、功能、影响等各个方面具有的多样性。20 世纪以来人类面临的社会问题日益增多，这使政府的职能普遍有所扩展：维护法制和产权关系，为私营部门提供服务，对促进社会服务的公共基础设施进行投资……为了履行好这些职能以推动经济社会的发展，各国政府都制定了适用于不同范围和层级的一系列政策。例如在我

---

[1] ［美］E. R. 克鲁斯克、B. M. 杰克逊：《公共政策词典》，上海远东出版社1992年版，第23页。

国，公共政策可按社会领域而划分为政治、经济、科技、国防、教育、环境保护等政策，而经济政策可划分为宏观经济政策和微观经济政策，宏观经济政策又可划分为财政政策、货币政策等，而它们还可再划分为更低一层次的子政策。

婴幼儿春运乘车需购票？

在这几年的春运期间，人们常常碰到一个怪现象，即数月大的怀抱婴儿在乘坐长途客运汽车时被要求购买半票甚至全票，为了探明原因，有记者分别到某市物价局、道路运输管理处及交警支队进行了走访。

物价局有关部门的负责人说，按照国家有关规定，凡身高在 1.2 米以下的未成年人，都可以享受免费乘坐的服务。营运车辆应该严格执行国家规定的收费标准，否则就属于乱收费而将受到职能监管部门的处罚。

运管处的管理人员则告知记者，身高不及 1.2 米的儿童乘车要买票依据的是《道路交通安全法》的有关规定，即客车在载客已满时，免票儿童不得超过核定载客人数的 10%，否则就算超载人。既然交警部门执法时要求 1.2 米以下的婴幼儿也要有座位才算不超载，并且一旦发现客车超载就要就地分流甚至罚款，那么提供座位的运输企业根据规定可以要求他们购买半票或全票。

带着疑惑记者又来到了交警支队法制科，该科的负责同志表示，春运期间交警主要任务是控制超载现象，儿童虽然免票，但一旦出了事故，仍然应该算自然人，不能免除运输部门和监管部门的责任。因此对于免票儿童的数量，交警部门必须加以控制，但希望车主不能以此为借口，去收取不该买票儿童的钱。

听完不同部门的说明，一位被迫为怀中婴儿买票的年轻母亲无奈地说："这么说，他们谁都没错，倒是我怀中才出生的孩子错了？！"

四、公共政策的类型

伴随着当今社会各种复杂问题的涌现，政府政策的数量急剧增多，重要性也日益凸显。在现实生活中，每个领域都有相应的政策来指导个人与组织的活动，规范其行为。为了更好地把握政策制定的性质，加强对公共政策的理论研究，了解政府职能的履行情况，国内外的政策学者们提出了不同的分类方法来对多样化的政策进行归类和考察。

1. 外国学者的分类

在外国学者中，西奥多·J. 洛伊的分类是最为经典亦最常被引用的。他根据公共政策对社会发挥影响的方式而把政策划分为分配性政策、管制性政策与再分配性政策。①

分配性政策是指向某部分人提供利益或施以恩惠，它不会导致得益者与受损者之间的直接冲突，因为前者所得利益通常是由公共财政即所有纳税人来分担的，在这种情况下，作为一个群体的受损者很难辨别。典型的分配性政策有公共土地和资源政策、基础设施建设项目、国防采购及研发计划，以及传统的关税。

管制性政策在其影响方面也是具体的，它将限制和约束加于个人和团体，并会直接增加某些人的成本、缩小或扩展其选择余地。属于管制性政策的包括有关食品药品安全标准的规定、对增设广播电台及飞行航线的批准，以及出租车行业运营牌照的数量管制，等等。与分配性政策不同，管制性政策通常与多个群体或公司之间的竞争密切相关，其结果会导致其中的某个群体或公司得益而其他群体或公司则受损。

再分配性政策是指政府在社会各阶级或团体当中进行有意识的收入、财产和权力的转移性分配，它旨在增进公平和保障人的基本经济、社会权利。再分配主要通过政府的调控机制来起作用，政府进行必要的宏观管理和收入调节，是保持社会稳定、维护社会公正的基本机制。常见的再分配性政策有累进所得税、养老金、失业救济、医疗保障计划等。

另一位国外的学者穆雷·艾德尔曼根据政策的效果或所分配利益的种类而把政策划分为物质性政策和象征性政策。② 其中物质性政策会将有形的资源、实际的权力提供给其受益者，或者将真正的不利条件施加于特定人群。例如，十届全国人大第十九次常委会有关废止《农业税条例》的决定是一项物质性政策，而地方政府有关城市最低工资标准的规定也是一项物质性政策。象征性政策大多为政府针对所面临的紧迫问题而作出的一种姿态或发布的一种声明，

---

① Theodore J. Lowi, "*American Business, Public Policy Case Studies and Political Theory*," *World Politics*, xvi (July 1964), pp. 677-715.

② Murray Edelman, *The Symbolic Uses of Politics*, University of Illinois Press, 1964, chapter 2.

它并不提供表面上承诺的价值，而且其形式上所分配的有利或不利条件也很少对人们产生实际效果。象征性政策的一个著名例子是 1928 年的《凯洛格非战公约》，在这一公约中，法、美、英、德、日等国宣布废弃以战争作为推行国家政策的工具，然而它实际上并没有起到制止侵略战争的作用。在实践中，一些象征性政策往往得到更广泛的宣传，而物质性的政策却常常为人们所忽视。不过，象征性政策有可能逐渐演化为物质性的，物质性政策也可能仅仅因为缺乏执行所需要的资源而沦为象征性的，与此同时还有大量的政策介于象征性政策与物质性政策之间。

在洛伊和艾德尔曼之后，安德森也提出了自己对公共政策的分类方法。他根据政策是否直接改变客观对象为标准而把政策划分为实质性政策和程序性政策。① 实质性政策与政府直接采取的行动与措施有关，例如高速公路的修建、政府福利支出，等等。程序性政策涉及由谁来采取行动以及怎样采取行动，对此美国 1946 年制定的《行政管理程序法案》就是一个例子，它要求行政机构注意已经提出的规则，保证有关人员通过口头、书面参与规则制定过程。

除了上述三种分类方法之外，还有的外国学者根据政策提供的是公共物品还是私人物品而把政策划分为集体利益的政策和个人利益的政策；根据政策是否寻求政府干预以推动社会变革而把政策划分为自由主义政策和保守主义政策。限于篇幅，这里不再赘述。

2. 国内学者的分类

国内学者倾向于从制定主体、层次、效力范围、所起作用的性质及所控制的领域等方面来对政策进行分类。

第一，根据政策制定主体的不同，可以划分为党的政策和国家的政策。党的政策是党根据基本路线的要求而制定的工作规则；国家的政策是各级人大及政府根据现阶段面临的主要任务及经济、社会发展的客观要求而作出的规划或采纳的行动方案。由于党的主张常常会通过法定程序而变成国家意志，因此一部分党的政策可以通过国家机关而成为国家的政策，这是实现党的领导的重要途径，也是党的执政地位的体现。当然，党的政策与国家的政策之间的部分交叉并不表明党的政策可以替代国家的政策，看不到这两者的区别就容易导致以党代政、否定一切权力属于人民的政治理念。

第二，根据效力范围的不同，可以划分为全局性政策和局部性政策。就一个国家而言，全局性政策指在全国范围内发挥效力的政策，例如十一届全国人

① ［美］詹姆斯·E. 安德森：《公共决策》，华夏出版社 1990 年版，第 154 页。

大常委会第二十一次会议决定自 2011 年 9 月 1 日起将个人所得税起征点由 2000 元提高到 3500 元，这就是一项全局性政策。局部性政策通常也称为地方性政策，指在局部性的省、市、县范围内发挥效力的政策，例如《武汉市老年人免费乘坐公交车、船管理规定》就只在武汉市的地域范围内发挥作用，如果超出武汉市的范围就不再适用。

第三，根据政策的层次不同，可以划分为基本政策、具体政策和元政策。① 基本政策是党和政府给有关团体、个人的行动规定或指明大方向的公共政策，它往往是高层次的、大型的、长远的、带有战略性的政策。它既为相关范围内所有具体政策规定总目标，同时又是元政策基本价值理念的体现，一般包括党的基本路线和基本的国策等。具体政策是党和政府针对具体问题而给有关部门和个人规定的行动准则，它常常表现为一系列的行动方案，有相应的机构来实施，并且其效果可在经验基础上观察到。例如，大、中专学生每年寒暑假往返家乡与学校时可凭学生证享受半价购买硬座火车票的优待，这就是铁道部减轻在外地读书的学生经济压力的一项具体政策。元政策是用于规范、指导政府政策行为的一套理念和方法的总称，它包括一些价值性的政策、方向性的政策及程序性的政策。价值性的政策如"效率优先、兼顾公平"、"全面建设小康社会"等；方向性的政策如以经济建设为中心、实行改革开放等；程序性的政策主要是对政策制定主体及程序的规定，如在联邦制国家涉及联邦与成员单位立法范围的划分。

第四，根据政策所起作用的性质不同，可以划分为鼓励性政策和限制性政策。"明确的社会政策必须指导——'指导'的意思是既鼓励又限制——公共部门的方案，以求达到推动开发的目的。"② 鼓励性政策会激发社会团体、个人对某些行为的积极性，并且包含着期望此类行为长期延续或继续发展的意愿。近年来一些城市通过简化审批手续、免征所得税等措施来鼓励大学毕业生自主创业，这是鼓励性政策的一个例子。与此相对照，限制性政策表明党和政府希望制止或减少社会团体、个人的某些行为，它要么以禁令的形式出现，要么伴随着对此类行为的一些惩罚性的措施。例如，我国广告法规定不得利用广播、电视、电影节目以及报纸、期刊的文章来变相发布烟草广告，这就属于一项限制性政策。

---

① 张金马主编：《政策科学导论》，中国人民大学出版社 1992 年版，第 29～32 页。
② 中国社会科学杂志社编：《社会科学与公共政策》，社会科学文献出版社 2000 年版，第 299 页。

第五，根据政策所调控领域的不同，可以划分为经济政策、科技政策、教育政策、社会政策、外交政策、军事政策，等等。其中每个领域的政策又都与若干具体的问题相联，例如经济政策就常涉及货币管理、税收、通货膨胀、就业、土地资源、农业发展等方面的内容。

五、公共政策的功能

公共政策的功能就是其在实施过程中所发挥的功效和作用。它主要体现为导向功能、规范功能、分配功能和象征功能。

1. 导向功能

公共政策的制定除了解决公众所面临的问题之外，还应为社会的发展确立方向，引导人们的思想和行动，从而使整个社会生活中多样的、复杂的、漫无目的的行为被有效地纳入到统一的目标上来。公共政策导向功能的结果既可能有正导向，也可能有负导向。前者如财政补贴家电下乡的政策，它扩大了农村的消费，并让更多农民用上了性价比高的名牌家电产品；后者如西方发达国家二战后的社会福利政策，它在确保弱势群体享有必要的生活保障的同时，又滋长了一些人的懒惰习性。为了避免出现错误的指导，党和政府在制定政策过程中应当努力认识和把握客观规律，进行多方面的论证，并在执行中及时纠正、调整不适当的政策，以使政策真正起到促进经济社会发展的积极作用。

2. 调控功能

现实生活中存在着各种追求不同利益的群体，它们之间的摩擦乃至冲突往往不可避免。为了协调各种利益关系，实现社会的稳定和发展，政府常常要通过其所制定的政策来发挥调节与控制的作用。公共政策的调控功能指政府运用政策手段对社会生活中的利益矛盾和价值冲突进行调节和控制，使之符合政策目标的要求。伴随着社会主义市场经济体制的确立，中国政府在承认市场配置资源的基础作用的同时亦更为注重宏观调控。例如，价格、税收、信贷、汇率等经济手段和法律手段常常被运用以稳定物价、促进经济增长、实现充分就业和平衡国际收支，这就是政府履行宏观经济调控职能的表现。政府政策的调控功能常常表现出特有的倾斜性，亦即会围绕政府不同时期的目标和侧重点而优先推动某个领域、某个行业的发展，或者保护某些利益群体。

3. 分配功能

公共政策常常涉及利益向谁分配、如何分配、为什么分配等问题，它的制定和实施最终会影响到人们在国民收入分配中所占的份额和社会地位。由于社会资源的有限性，因此政策分配的利益常常不可能使所有人满意，也就是说其结果往往意味着一些人得利益而另一些人被剥夺。新中国建立之后，按劳分配为主体、多种分配方式并存的社会主义分配原则得以最终确立，这一原则体现在政府的税收、预算、国债、财政补贴等政策上。不过，分配功能并不仅限于此类分配政策，其他公共政策也常把特定的服务和利益分配给特定人群，或者致使特定人群的利益受损。此外，为了实现"消除两极分化，最终达到共同富裕"的目标，政府政策还应当制定合理的再分配政策来体现社会公平，缩小社会成员之间过大的收入差距。如果社会成员间的贫富差距过大，群体间的矛盾必然激化，这会使社会的不和谐因素增多，最终影响到社会秩序的稳定。

4. 象征功能

在现实生活中有些政策仅具有符号意义，它履行的是一种象征功能，其目的是为了抚慰特定人群、树立政治家的良好形象、赢得民心、影响公众的思想观念，等等。例如，一个国家在对外交往时会对他国出现自然灾害或其他事故表示慰问，对他国作出的有损本国利益的行为表示谴责，这就属于象征功能的履行。虽然此类政策往往只表明政府对某些问题的态度和决心而并不需要具体的实施措施，也很少产生实质性的后果，但如果政府运用得当就能极大地提高自身的合法性。

解决巴以问题的"两国方案"：象征性政策的实例

"两国方案"，即巴勒斯坦国与犹太国家以色列实现持久和平共处的方案。该方案在布什总统任内即已萌芽，当时乔治·W. 布什总统称："两个国家——以色列和巴勒斯坦——在和平与安全下并存。"而巴勒斯坦国可以在以色列边上生存下去，拥有主权和独立。这种简洁的陈述提供了强有力的解决方案，但掩盖了涉及边界、以色列定居点、难民和耶路撒冷等棘手的细节问题。

奥巴马上台之后承诺将积极寻求以色列和巴勒斯坦两国的争端解决方案，他认为建立独立的巴勒斯坦国、以巴两国共存是解决中东问题最佳且是唯一的途径。奥巴马政府在推动巴以问题和谈上态度虽远比布什政府积极，然而"两国方案"所面临的重重困难是毋庸讳言的：巴内部四分五裂，始终不放弃暴力对抗，而以政府为右派控制，迄今仍不接受"两国方案"；以要求巴承认其犹太国家地位，但到目前为止巴一直拒绝这一要求；巴坚持"两国方案"是重启和谈的前提，但以强调主张给巴难民后裔回归权的"阿拉伯和平倡议"是"毁灭以色列的处方"。

尽管奥巴马政府在利用一切机会向伊斯兰世界示好，但正如分析人士指出的那样，只要美国继续控制该地区，占有主导地位并偏袒以色列，美与伊斯兰世界就不可能平等相待，地区民众的反美情绪就不可能消弭。不过，奥巴马政府兜售"两国方案"的新政有利于缓解中东地区的反美情绪，改善美在这一地区的形象，加强美与地区国家的合作。

第二节　公共政策学的形成与发展

公共政策学是一门新兴的学科，经过半个多世纪的发展，它已成为社会科学领域最具吸引力、应用领域最广、社会效用最明显的学科之一。

一、什么是公共政策学

概略而言，公共政策学就是研究政策制定和执行的一般规律的科学。它是一门应用性极强的学科，其产生源于实践的需要，其理论和方法的发展要为解决社会问题服务，而改进政策制定并提供政策建议是其核心目标。公共政策学的研究对象主要是：含政策制定主体、政策客体及政策环境在内的整个政策系统；包括政策问题确认、议程建立、政策方案规划、政策采纳及合法化、政策执行、政策调和终结等环节在内的整个政策过程；分析政策问题、评估政策效果、预测政策走向的方法，以及由执政党、政府制定和实施的各项公共政策。据此我们可以看到，公共政策学的学科体系主要由四个部分组成：第一部分是有关政策科学的基本理论、模型；第二部分是政策制定的过程；第三部分是政策研究和分析的方法；第四部分是公共政策的实践及具体内容。

公共政策学与经济学、管理学、政治学、心理学、哲学等学科都有一定的联系，不过总体上看它是一门跨学科的科学，需要运用多学科所提供的研究工具、方法、手段并从不同的视角来研究公共政策，而且政策内容及所涉及领域的多样性也常常需要广博的知识背景。拉斯韦尔曾把多学科性看作是政策科学区别于先前学科的一个基本特征，这在今天依然得到了强调，"但是，现在有大量的文献关注一般的公共政策，政策科学在很大程度上已经自成一个'学科'"①。它不仅逐渐确立了自身特定的研究对象，而且日益强调系统化知识、理性、创造性在政策制定过程中的重要作用。

根据学者们的看法，加强对公共政策的研究主要有科学的、专业的和政治的三个方面的重要意义。②

第一，有助于科学的理解。了解政策决定的原因和结果有助于促进人们对政治系统的理解，增加对政治的认知。由于政府并不总会对其决策的原因进行细致说明，或者其所说明的决策原因可能只是表面的而非深层的，故此要懂得政府为什么选择某项政策就需要集中注意于决定政策内容的政治因素和环境因素上，亦即把公共政策视为因变量来考察；另一方面要知道特定政策对人们的行为及社会价值发生什么样的影响，就需要把公共政策视为自变量，并运用科学的方法来评估其效果。

第二，有助于给出专业的意见。一旦从事公共政策研究的学者对政策决定的原因和结果有了深入的了解，他们就会明白什么样的政策能用来实现特定的目标，或者什么样的政治因素、环境因素容易导致某一特定政策。这使他们能够为个人、团体或政府获取特定的政策目标提供参考，例如告知政府采取何种紧缩政策有利于增长过快的经济实现"软着陆"；告知环境保护集团如何采取行动才能够争得政府的立法支持，等等。

第三，有助于提供合理的政策建议。政策科学曾深受行为主义思潮的影响，坚守价值中立原则。然而随着时代的发展，越来越多的政策研究人员认识到，作为专业人士，他们不应该置身于政策制定过程之外，而应积极介入规划过程，并说服政府采取必要行动来解决面临的公共问题。为了摆脱"非科学性"的批评，有些人明确区分了政策分析与政策倡议，他们认为从事政策分析工作只需要系统地考察和描述政策过程即可，并不一定要赞成或反对这些政策。然而，这种区别其实并无多大意义，毕竟在实践中对政策的解释往往与对什么是合理政策的建议联系在一起，真正固守传统的价值祛除理念的政策学者已经不多了。

---

① ［美］迈克尔·豪利特、M. 拉米什：《公共政策研究：政策循环与政策子系统》，三联书店2006年版，第5页。

② Thomas R. Dye, *Understanding Public Policy*, Prentice Hall, 2001, p. 4. ［美］詹姆斯·E. 安德森：《公共决策》，华夏出版社1990年版，第9～10页。

二、公共政策学的形成与发展

公共政策是统治阶级意志的体现，任何统治阶级要想有效地维护其政治统治，都必须重视政策的制定和实施。因此，对政策的研究是伴随着人类社会进入国家状态而产生的。虽然古今中外都曾经有过许多专门负责为统治者出谋献策的智囊人物，还先后出现过大量的政策主张、观念和思想，但现代意义上的公共政策学是第二次世界大战之后才在西方逐渐发展起来的一门独特的学科。

1. 公共政策学的形成

政策科学的出现曾被誉为当代西方社会科学发展过程中的一次"科学革命"，当代西方政治学的一次"最重大的突破"，以及"当代公共行政学的最重要的发展"，而这门科学最初是与著名政治学家拉斯韦尔的名字联系在一起的。1951年，拉斯韦尔和勒纳合编了一本书，即《政策科学：范围和方法的新发展》，这本书被许多人看作是政策科学诞生的标志。在该书中，拉斯韦尔详细地论述了政策科学的对象、性质和发展等问题，并概括了政策科学的六大特征，即以民主体制为前提、追求政策的合理性、对时空的敏感性、跨学科研究、学者和政府官员的共同参与以及必须具有发展的眼光。拉斯韦尔与该书的其他作者认为，政策科学的研究旨在运用正确的方法来改进政策制定，从而有效解决人类社会面临的各种实践问题，并以此来促进人类社会的进步与发展。到20世纪50年代中期，拉斯韦尔又撰写了另一部著作《决策过程》，提出了包括功能分析的七个范畴在内的理论体系，即情报、建议、规定、行使、运用、评价和终止。① 拉斯韦尔所提出的政策科学化的主张得到了一些美国学者的响应和支持，他们"在传统上是研究院或公共管理或企业管理系、政治科学系、政治经济学系、法学系等类似学科的毕业生"②。这些学者把数学、经济学、社会学等领域的一些研究手段和方法运用于各种政策问题的分析，以帮助联邦政府制定出更为科学和更具可操作性的政策。

不过，就学科建设的角度而言，政策科学在20世纪60年代中期之前并没有太突出的理论成果，而只有运筹学、系统分析、线性规划和成本效益分析等方法和技术上的进展。这种状况一直到60年代中后期才有了改变，在此过程中发挥了重要作用的就是以色列希伯来大学的教授叶海卡·德罗尔。从1968

---

① ［美］詹姆斯·E. 安德森：《公共决策》，华夏出版社1990年版，第27页。

② ［英］亚当·库珀、杰西卡·库珀主编：《社会科学百科全书》，上海译文出版社1989年版，第561页。

年至 1971 年，他先后出版了《重新审视政策制定过程》、《政策科学探索》和《政策科学构想》，这三本书被称为政策科学"三部曲"，也被药师寺泰藏称为公共政策学的第二个分水岭。① 德罗尔继承和发展了拉斯韦尔的政策科学思想，并对政策科学的对象、性质、理论和方法等问题作了进一步的阐述。他的基本观点包括：政策科学的目的在于认识和端正社会发展方向，政策科学所关注的是政策制定系统，政策科学打破了许多学科之间的传统界限，政策科学的建立是以抽象的政策制定理论框架为基础，政策科学试图将探讨价值的确定作为基本内容，政策科学既对科学中的理性知识进行研究，又承认超理性过程的重要性……②继拉斯韦尔和德罗尔之后，那格尔、林德布洛姆、查尔斯·琼斯、戴伊和邓恩等人也在公共政策的研究方面作出了突出的贡献，他们共同促成了西方的"政策科学运动"。

政策学者肖像：叶海卡·德罗尔

叶海卡·德罗尔是政策科学领域的重要代表人物。他 1928 年出生于奥地利的维也纳，10 岁移居以色列，后来在耶路撒冷的希伯莱大学和美国哈佛大学学习法律、政治学和社会学。德罗尔致力于推动政策科学的规范化，他撰有多种著作，除"政策三部曲"外，《疯狂的国家：违背常规的战略问题》、《逆境中的政策制定》等也有深远的影响。德罗尔曾在 1968 年赴美担任兰德公司的高级顾问，在那里他与政策分析家奎德一起创办了理论刊物《政策科学》，并倡导举办了第一个政策科学国际培训班。

德罗尔热衷投身于社会实践及提供政策咨询，他曾经是二十几个国际组织、跨国公司的政策顾问，担任过以色列国防部的高级政策规划和分析顾问，并在马斯特里赫特的欧洲公共行政中心从事过欧盟政策研究。德罗尔曾得过许多奖项，例如 1983 年他曾作为"一位对公共政策的理解作出贡献的著名学者"而被国际政策研究联合会授予首届哈罗德·拉斯韦尔年度奖；1986 年在美国政治学会的年会上他又荣获"富布莱特 40 周年纪

---

① ［日］药师寺泰藏：《公共政策》，经济日报出版社 1991 年版，第 44 页。

② ［美］斯图亚特·S. 那格尔：《政策研究百科全书》，科学技术文献出版社 1990 年版，第 5～6 页。

当然，公共政策学的发展还反映在政策研究机构的建立、大学里政策专业
的设置、政策研究期刊的繁荣及政策研究人员的增多上。在 1967 年到 1971 年
的短短几年里，美国的芝加哥大学、密歇根大学、耶鲁大学、哈佛大学、杜克
大学等高校先后成立了政策科学研究所、公共政策研究所或公共政策学院，有
了政策科学、政策分析专业并开设了相关课程，各种独立、半独立的政策研究
机构也先后出现，这充分说明政策科学研究已引起了人们的广泛重视。从专业
期刊来看，德罗尔和奎德创办的《政策科学》是其中较早有影响的杂志，后
来美国又出现了《政策分析》、《政策研究杂志》、《公共政策》、《政策分析与
管理杂志》等，① 学者们以其为阵地而发表了大量的论文，从而推动了政策研
究的兴盛。此外，自林德布洛姆首次提出"政策分析"这个概念后，政策分
析人员逐渐成为对政府一种官方公职的描述，美国的联邦政府各部门以及州和
地方政府都设立了政策分析职位，这标志着政策科学的职业化已达到相当的规
模。

那么，公共政策学是在什么样的背景下形成的呢？首先从实践来看，公共
政策学的形成是为了满足社会发展及政府管理的需要，有人甚至认为"现代
政策分析的发展主要是源于美国政府的巨大发展，而不是社会科学知识的发
展"。20 世纪六七十年代，西方各种社会问题如犯罪、种族歧视、环境污染、
贫困、吸毒等逐渐凸显，这引发了人们对改进政府政策质量、提高政策干预有
效性的思考。其次，从理论上看，政治学的不断发展起到了有力的推动作用。
传统政治学采用制度主义、历史的方法来研究政治，只局限于对政策制定主体
的静态描述，而行为主义政治学家开始关注政治过程和政治行为，强调要从多
学科、多角度来研究政治体系，因此政策制定过程在行为主义时期得到了更为
深入的探讨。到后行为主义时期，政策的价值、目标不再被看作是与科学研究

---

① 陈振明主编：《政策科学》，中国人民大学出版社 1998 年版，第 12 页。

相分离，政治学家被鼓励积极介入政治以提供专业意见，这使政策研究与实践的联系更为紧密。再次，研究技术和方法的发展为公共政策的理性化研究提供了重要支撑。20 世纪五六十年代，西方国家的自然科学和社会科学取得了巨大的成就，这种成就部分体现在技术与方法的突破上，如计算机、数据库的发展，统计学、运筹学的出现，数学模拟、回归分析及民意调查的运用，等等。这些新技术与方法使人们得以真正科学地来分析政策，虽然也使公共政策学异乎寻常的复杂化，因此公共政策学"最早是作为一种充满了复杂难懂的数学公式和原理的学问问世的"①。最后，公共政策学的形成还得益于政策研究组织的兴盛及充足的资金来源。第二次世界大战之后，美国的兰德公司、布鲁金斯学会，日本的国策研究会，美国的政策研究所等政策研究组织先后成立，它们集中了大量高水平的各领域的专家来从事政策研究，很好地促进了政策研究的科学化。看到这些研究在帮助政府应对各种复杂问题方面所发挥的积极作用，美国联邦政府及各类基金会都投入了较多的资金来扶持公共政策的研究，从而使其发展更为迅速。

2. 公共政策学的发展

公共政策学自形成以来经历了若干个发展阶段，其理论侧重点各有不同。

从 20 世纪 60 年代末到 70 年代初，美国政策科学中占主流的研究路径是所谓的"趋前倾向"。在这个时期，社会公众普遍感到政府在解决社会问题方面的能力过于软弱，需要改变传统的靠经验来作决策的方法，引入更为理性化的决策方式，而专家的力量则被认为能够有效弥补政府知识和信息的欠缺。凭借着细致、全面的政策分析及卓有成效的咨询研究，兰德公司等思想库得到了社会的普遍重视，许多研究者开始广泛采用数学、统计学、心理学的技术和方法来帮助政府改进政策制定，并提供政策建议，规划政策方案。与此同时，政府部门在实际决策过程中也非常重视和依赖各类智囊团及分析人员的研究报告，而日益繁复的社会问题更为政策分析家的工作提供了机遇和挑战。

20 世纪 70 年代中期以后，公共政策的研究中出现了"趋后倾向"，亦即强调对政策制定后其他活动的研究，推动这种转向的现实根源是当时美国一些社会改革政策的失败。加州大学的普雷斯曼和威尔达夫斯基对联邦政府创造就业机会的政策项目"奥克兰计划"进行了跟踪研究，并写成了经典的《执行：华盛顿的宏大期望如何在奥克兰破灭》。该书令人信服地证明：政策科学要想成为行动科学，就应当在政策执行与政策制定之间建立起密切的联系，再好的

---

① ［日］药师寺泰藏：《公共政策》，经济日报出版社 1991 年版，第 2 页。

政策方案若没有正确、有效的执行亦将导致失败。政策评估也是这时期的重要研究领域，20 世纪 60 年代美国联邦政府机关对大约 300 项政策加以评估研究，总经费约为 3000 万美元，而 70 年代末期评估的政策达到 1000 项，总经费达 1.7 亿美元，这在客观上促进了政策评估的发展。① 伴随着这股"趋后倾向"的思潮，越来越多的学者加强了对政策周期及其全过程的探索，并提出了利用评估来进行政策调控的观点。

进入 20 世纪 80 年代之后，西方的公共政策研究又有了新的发展，主要体现在下述几个方面：

第一，强调政策制定系统的改进。具有代表性的是德罗尔的观点，他认为"对付逆境，政府中枢决策系统的政策制定是其他途径所不能替代的，提高政府中枢系统的决策能力、改进逆境中的政策制定，理应成为各国政府行政与政策研究的当务之急"②。

第二，注重政策的伦理、价值向度。在这方面有影响的论著包括布坎南的《伦理和公共政策》、邓恩的《伦理价值和政策分析实践》、高罗普的《公共部门的管理、系统与伦理学》及波斯顿等人的《公共政策——为什么伦理重要》。他们注重从政治哲学或特定案例入手来探讨政策的伦理及价值问题，其主要观点可以用汤普森的一句话来概括，即"好的公共政策如果说不是在伦理上最好的政策的话，那么它也必须得在伦理上是可接受的"③。

第三，致力于公共政策的国际比较。对此做出突出贡献的有阿尔蒙德、阿斯福特、海德海默等人，他们的研究侧重回答下述问题：如何建立跨国政策比较的理论框架？政策主体、客体与环境的不同对于政策过程有何影响？不同国家在面对同一问题时采纳相同的政策却结果迥异，其原因是什么？

第四，从事政策工具的研究。早在 20 世纪 80 年代初，荷兰的吉尔霍德委员会就曾做出结论说"各种政策失灵是由于对政策工具的知识不足造成的"④。有鉴于此，来自荷兰与美国的一些学者开展了合作，探讨政策工具的类型、政治环境、可接受性与可见性等问题，从而极大在推进了人们对政策工具的认识。

---

① 陈振明主编：《政策科学》，中国人民大学出版社 1998 年版，第 8 页。

② 丁煌：《西方行政学说史》，武汉大学出版社 1999 年版，第 284 页。

③ Paul B. Thompson, etal. , *Ethics*, *Public Policy and Agriculture*, Macmillan Publishing Company, 1994, p. 75.

④ ［美］B. 盖伊·彼得斯等编：《公共政策工具：对公共管理工具的评价》，中国人民大学出版社 2007 年版，第 13 页。

国家政策风格的比较：英国、法国和瑞典①

比较项	英国	法国	瑞典
政策改变	非激进的	偶尔激进的	激进的
集权	非集权的	高度集权的	集权的
磋商	相当广泛的磋商	有限的磋商	广泛的磋商
开放度	秘密的	完全秘密的	开放的
冲突水平	相当低	高	低
审议	不太充分的审议	非常充分的审议	较充分的审议

除此之外，各国学者还从政策文化、政策网络、政策方法论、对外经济政策制定与国内政治结构、公共政策与公共管理等方面进行了深入而有价值的研究。经过半个多世纪的发展，公共政策学如今已成为西方一个独立而又相当有影响的学术领域。尽管不同国家的政策研究各有其优势，但总体上看都呈现出两个共同的特点：一是定量化，强调抽样调查、指标测量、模型设计等定量研究方法的运用；二是实用性，关注现实的、具体的政策问题，强调政策研究的实效。

三、当代中国的公共政策学

中国是一个历史悠久的文明古国，历朝历代都曾有过丰富的政策思想和实践，例如统治者提出的"无为而治"、"重农抑商"、"惠民养民"等思想。在20世纪二三十年代，中国出版了为数众多的介绍特定政策领域的著作，其中最具代表性的包括商务印书馆万有文库的几种：《工业政策》（丁振一著）、《殖民政策》（刘光华著）、《失业人及贫民救济政策》（马君武著）、《社会政策》（朱亦松著）、《国际商业政策史》（唐庆增著），等等，但从总体上看其内容偏向于经济政策的描述，视域不广且理论深度不足。中华人民共和国成立以后，党和政府对政策制定给予了高度重视，还通过长期的实践而积累了宝贵的经验，但在公共政策的理论构建、系统研究、分析方法及学科发展方面始终未能有大的突破。

十一届三中全会后，党和政府的工作重心从阶级斗争转向经济建设，并实

---

① Arnold J. Heidenheimer, etal. , *Comparative Public Policy*, St. Martin, 1990, p. 351.

行了改革开放。面对新形势的要求，各级政府越来越认识到政策咨询的不可或缺。从1979年开始，党中央、国务院各部委及一些省市先后成立了政策研究室或经济研究中心等政策研究机构，为党和政府的决策提供专业咨询。伴随着实践的需要，国内开始有一些来自政治学、法学、经济学等相邻学科的学者投身于公共政策学的研究之中。1983年，《理论探讨》杂志刊登了孟繁森的《需要建立一门研究党和国家生命的科学——政策学》，这是国内较早倡议建立政策科学的文章。到1986年，万里同志又在全国软科学工作座谈会上作了题为《决策民主化、科学化是政治体制改革的一个重要课题》的讲话，明确提出要从事政策研究。

进入20世纪90年代之后，中国的公共政策学有了较为迅速的发展，并在如下几个方面取得了突出的成就：

第一，翻译和介绍了许多国外著名的公共政策学名著，例如克鲁斯克和杰克逊的《公共政策词典》、安德森的《公共决策》、药师寺泰藏的《公共政策》、那格尔的《政策研究百科全书》、萨巴蒂尔的《政策过程理论》、黑尧的《现代国家的政策过程》、金登的《议程、备选方案与公共政策》，等等。

第二，出版了一系列开创性的、致力于建构适合中国国情的公共政策学的专著和教材，其中影响较大的包括张金马的《政策科学导论》、陈振明的《政策科学》、陈庆云的《公共政策分析》、桑玉成和刘百鸣的《公共政策学导论》、张国庆的《现代公共政策导论》、宁骚的《公共政策学》等。

第三，高校陆续开设与公共政策相关的课程，并着手培养该专业的研究生和博士生。北京大学、厦门大学、中山大学等高校很早就有教师从事专门的政策研究，90年代中期这些学校率先在行政学硕士点内设立了政策分析方向。尽管目前公共政策未被列入国家学科专业目录，但教育部直属高校大多已开设公共政策的相关课程，并在政治学或行政学专业范围内招收了公共政策方向的硕士生和博士生。

第四，召开了一系列有关政策研究的学术研讨会，并成立了全国性的学术团体。90年代中国的政策研究人员分别在长春、曲阜、哈尔滨、临安及苏州召开了五次全国性的政策科学研讨会，全国性的学术团体则主要有两个，即中国行政管理学会下属的全国政策科学研究会和国务院发展研究中心等机构发起的中国政策科学研究会，① 这些学术团体及活动很好地促进了政策学者思想的交流及碰撞。

---

① 陈振明主编：《公共政策分析》，中国人民大学出版社2003年版，第28页。

当然，在看到上述成就的同时，我们也不能够忽视，由于中国公共政策学的研究和教学起步时间不长，因而很多地方还需要进一步加强。例如从总体上看，目前已经问世的不少公共政策学论著理论化水平不高，缺乏对前沿问题的掌握和了解，未能充分吸收西方先进的政策研究成果，同时在将政策科学体系本土化方面亦有不足；另一方面，目前国内公共政策的研究力量仍然较为薄弱，研究队伍需要大力发展，研究人员也亟待提高政策分析的技巧和方法。此外，尽管某些政治学、行政学和管理学的期刊都设有政策研究专栏，但目前仍没有全国性的学术期刊来专门刊登政策科学方面的相关成果，这与国外形成了鲜明的对比。所幸的是，进入新世纪以来，伴随着公共管理学科的兴盛，中国的公共政策研究有了更为坚实的基础，但要真正建立起具有中国特色的公共政策学理论框架，研究人员还应付出艰辛的努力。

☞ 思考题：

1. 托马斯·戴伊把政府选择不去做的任何事也看作公共政策，这是为什么呢？
2. 请从最近的时事新闻中找出各种不同表现形式的公共政策。
3. 政策制定与行政决策有什么样的区别和联系？
4. 公共政策为什么既具有阶级性又具有社会性，既具有强制性又具有合法性？
5. 试举例说明象征性政策对实际社会生活发挥的重要影响。
6. 就个人而言，学习公共政策学有哪些方面的积极作用？
7. 西方的公共政策学是在什么样的背景下形成的？
8. 当代中国公共政策的研究取得了哪些成就，又存在哪些方面的不足？

第二章　政策研究组织与政策模型

第一节　政策研究组织的类型及其历史发展

政策研究组织是为了适应现代国家所面临的政策问题日益繁复及决策难度不断增加而建立和发展起来的，它有着多种别称，如智库、智囊团、思想库和脑库（英文中的对应词为 think tank，brain trust，think factory 等）。第二次世界大战以来，政策研究组织在政策制定过程中的作用越来越重要，并逐渐成为"现代国家决策链条中不可缺少的一环"。这些组织研究的领域十分广泛，包括世界能源、环境保护、海洋开发、公民权利、国家间关系、核战略等方面，有人在形容美国脑库时甚至说："脑库的研究报告决定着美国人从出生到死亡的一生。"① 尽管政策研究组织的规模有大有小，但它们都致力于为统治集团出谋划策或对既有政策进行综合评估；另一方面，政府在很大程度上也依赖政策研究组织所提供的专业信息和分析报告，并且常常有意识地扶持它们的发展。可以说，思想库的出现对于改善政策系统和提高决策质量有着积极的影响，而其数量及成熟程度也成为衡量一个国家公共决策水平的重要尺度。

一、什么是政策研究组织

要给政策研究组织下个准确的定义，是很困难的，因为不同的政策研究组织之间的差异往往与其共性一样多。《布莱克维尔政治学百科全书》把思想库界定为"一系列参与公共政策分析和/或研究的各种不同类型的机构"②。托马斯·戴伊则把政策规划组织界定为"掌权阶层整个制定政策过程中起协调作用的中心点。它们把企业、金融机构、大学、基金会、新闻机构、有势力的律师事务所的最上层人物，以及高级知识分子、政府中最有影响的成员等结合

---

① 徐之先、刘挹林编著：《日本的脑库》，时事出版社 1989 年版，第 4 页。
② ［英］戴维·米勒、韦农·波格丹诺编：《布莱克维尔政治学百科全书》，中国政法大学出版社 1992 年版，第 759 页。

在一起"①。在这里，我们可以一般地将政策研究组织看作是由具有不同学科知识背景的专家、学者和有经验的前政治家、行政人员所组成的综合性的政策研究和咨询机构，其主要工作是进行跨学科的综合性的政策理论研究、政策规划、政策分析、政策评估等工作，以帮助改进执政党及政府部门的政策质量。政策研究组织不同于纯学术团体及科学研究机构，更不同于过去那种由有学识的文人组成的幕僚机构，从其研究活动我们可以看出它们具有如下一些基本特征：

第一，以改进政策制定、增进对政策系统和政策过程的认知为目标。政策研究组织往往是围绕某些具体的政策领域来开展调查研究和综合分析的，这些研究课题可以是政府部门委托给它们的，也可以是它们根据形势发展需要而自行选取的，或者是通过与政府部门的沟通而共同确定的。不论特定的研究领域是什么，政策研究组织都不会忘记自己研究和分析的是政府的政策及政策制定，而目标是促进决策的科学化和民主化。政策研究组织要么面对现实，以提供信息及政策咨询为己任；要么着眼未来，以提出预测和政策建议为目标；要么关注效果，以其对政策全面而系统地评估来促进政策宣传或推动政策调整。通常来说，政策研究组织不追求高额的利润，并非以盈利为导向，尽管委托研究及咨询业务的增多也在慢慢改变这一点。

第二，高素质的研究人员构成合理的研究队伍。现代社会面对的是各式各样极为复杂的政策问题，这些问题所涉及的具体领域往往专业化极强，而且问题与问题之间亦是相互交织的。在这种情况下要想全面把握政策问题和提出可操作性的政策建议，就必须充分利用多学科专家、学者的智慧并且开展广泛而深入的合作，因此跨学科研究则是现代政策研究组织的典型特征。日本的综合研究开发机构曾对204家脑库的3611名研究员进行过学历调查，其中具有学士学位者、硕士学位者与博士学位者分别占69.6%、22.4%和3.2%，而主要学科遍及经济学、统计学、法学、政治学、心理学、社会学、人类学、理学、工学等各个领域，② 这很好地反映了政策研究组织在人员素质及学科构成方面的整体实力。

第三，从事政策研究和咨询时具有相对独立性。熟悉中国历史的人都知道，明清时期有些人曾靠自己具有的刑名律例、钱粮会计、文书案牍等方面的

---

① ［美］托马斯·戴伊：《谁掌握美国——卡特年代》，世界知识出版社1980年版，第263页。

② 徐之先、刘挹林编著：《日本的脑库》，时事出版社1989年版，第11页。

专门知识而成为师爷，他们与主官之间是人身依附关系。现代政策研究组织则基本上是以"局外人"的身份来参与政治的，它们的研究活动具有相对独立性。大多数研究、咨询机构在组织上不隶属于某个部门或者企业，不受其控制或约束，而接受政府或企业委托从事调研项目的机构也会有意识地避免委托者对其研究工作的干扰。这种相对独立性有助于政策研究组织站在更加中立和超脱的立场上开展研究，确保研究结论的客观性和准确性。许多著名的思想库都鼓励研究人员要抛弃条条框框的束缚而敢思敢想，它们相信独立的研究才能出产真正有价值和有分量的智力成果。

第四，实行政策研究、咨询及教学培训相结合。政策研究组织一般不专门从事学术性研究，它对特定政策的分析常常是供政府咨询之用的，而且其研究成果也必须靠政策制定及执行的实践来检验。与此同时，政策分析对专业技术的要求很高，为了适应开展调研活动的需要并增强研究人员的知识储备、分析能力，政策研究组织都十分注重对人才的选择和培训，少数条件优越的智库还将研究人员派往国外学习或从事调研。以兰德公司为例，它不仅从各地聘请高级研究人员，设有研究生院，也开办讲座培训政策分析人员；另一方面，开展政策方面的教学既需要利用研究活动所获得的理论知识，也需要促进与政策制定者的沟通与联系，这正体现了政策研究、教学及职业活动之间的相互依存。

第五，综合运用现代科学理论和先进的技术手段。第二次世界大战以后系统论、信息论、控制论等"三论"的出现，科学技术的飞速发展，以及20世纪60年代以来电脑的普遍使用都为发达国家智囊团的信息搜集、资料处理和调研活动提供了有利的条件。伴随着研究领域的日益广泛及跨学科研究的兴盛，政策分析的路径不断拓宽，并日益呈现出多样化的倾向。在这样的背景下，有的机构创造了一些独特的研究方法，如兰德公司的"程序预算编制法"、"成本效用分析法"、"系统分析法"；有的机构提出了独特的研究理论，如乔治城大学战略和国际问题研究中心估计世界各国实力的"战略发展趋势理论"；有的机构还运用独特的研究方式，如斯坦福国际咨询研究所的"趋势估计和监视计划"，借以跟踪不断发展的形势。①

二、政策研究组织的类型

政策研究组织可以根据其组织隶属性质及资金来源而划分为官方思想库、半官方思想库、民间思想库及跨国思想库四种主要类型。

---

① 吴天佑、傅曦编著：《美国重要思想库》，时事出版社 1982 年版，第 6 页。

1. 官方思想库

官方思想库都隶属于执政党或政府的职能部门，有些甚至本身就是执政党或政府出于加强某方面政策研究的需要而设立的，它们往往直接反映其所属的政策制定者的态度和立场，研究领域也视所属政策制定者的需要而定。法国的经济与社会理事会是一个典型的官方思想库，它有法国"第三议会"之称，可以接受政府就有关共和国或者共同体的经济性质或社会性质的一切问题咨询，而且关于经济性质或者社会性质的一切计划和关于规划的法律草案均须提请它来提出意见。中国的国务院发展研究中心也是这样的官方思想库，其主要职责是研究国民经济、社会发展和改革开放中的全局性、综合性、战略性、长期性问题，为党中央、国务院提供政策建议和咨询意见。官方思想库在搜集所需的政策信息及资料方面具有无可比拟的优越性，政府乐于协助它们，也在某些政策议题上严重依赖于它们。不过，由于组织上受执政党或政府部门的领导，因而它们在从事政策研究和咨询时很难保持完全的独立和真正的客观。

2. 半官方思想库

半官方思想库不直接隶属于执政党或政府，但得到其资金的支持，或者有一定比例的研究项目来自各级政府部门的委托。例如斯坦福国际咨询研究所和德国的基尔世纪经济研究所就是如此，前者每年总收入的70%来自与美国政府和美国军方的合同收入，后者的经费中有一半以上是政府所提供的。中国海南的改革发展研究院也是一个半官方思想库，它是以政府机构、大企业为股东，有着官方背景的民间政策研究机构，它的研究领域涉及改革发展中诸多重大热点、焦点问题，诸如"政府改革"、"企业改革"、"农村改革"、"基础领域改革"、"收入分配制度改革"、"社会保障制度改革"等，许多意见已经被海南省委、省政府采纳。半官方思想库能够较为容易地获取相关的政策信息和所需的分析数据，它们对政府的政策制定发挥着一定的影响，特别是在接受咨询委托时这种影响更大。但是，接受政府方面的资助有时会损及其独立性和客观性，而且会使其研究视野的宽广度受到限制。

半官方思想库：布鲁金斯学会

布鲁金斯学会是美国最为重要的思想库之一，它因为在历史上与民主党关系密切而被称为"民主党人的流亡政府"，较为强调输出"自由派"思想。该学会提出的第一项重要政策建议是要求改变国会分项审议对各部门和机构的拨款计划的做法，设立年度联邦预算。根据这一建议，国会在1921年通过了财政预算和会计法案，规定由总统行政办公室每年制定一个完整的联邦预算计划，然后将其一揽子交给国会批准通过后执行。在20世纪60年代，布鲁金斯学会对政府政策的作用逐渐增大，约翰逊总统的"向贫困开战计划"、实施医疗保健和医疗补助项目以及全国食品印花税计划等都出自其设计。肯尼迪入主白宫后，该学会研究人员又参加了制定"新边疆"构想的特别工作小组，从空间研究计划到制定经济政策等向肯尼迪政府提供意见。在70年代，布鲁金斯学会又推动国会制定了新的预算制定程序，促成了美国从朝鲜半岛撤出地面作战部队的建议。在此之后，布鲁金斯学会的影响力有所下降，原因是其所奉行的凯恩斯主义路线不为里根、布什政府所欣赏。克林顿上台后，布鲁金斯学会重新受到重视，其主席塔尔博特先后任国务院特别顾问和副国务卿，在政界和学界中影响极大。该学会长期接受来自军方和石油工业的捐赠，也从为政府官员提供的咨询会议中征收高额费用。为了确保自身研究的独立性，布鲁金斯规定所接受的政府资助应当控制在总收入的20%以内。

3. 民间思想库

民间思想库由私人、大学和民间团体创立，其经费来自基金会、公司和私人的捐赠、校方拨款以及提供咨询服务的收益。民间思想库绝大多数集中在美国，有代表性的如外交政策研究所、哈佛国际和地区问题研究所、哥伦比亚大学的国际动态研究所，等等。英国的伦敦国际战略研究所和日本的野村综合研究所是为数不多的总部设在美国之外、开展政策研究时间较长且拥有极高国际声誉的民间思想库。中国的民间思想库发展较晚，天则经济研究所是其中较为知名的一个，该所荟萃了国内一流的经济学家、法学家、社会学家以及其他学科的学者，其宗旨是支持和推进经济学理论和前沿性社会经济问题的高质量研究，为中国的改革实践提供制度创新的解决方案。民间思想库可以自由选择研究对象和课题，它们不依附于政府，故此能够提供更为独立和客观的政策咨询意见，以供政府决策时参考。虽然民间思想库很难像官方思想库那样便捷地获取所需的各类政策信息，但是针对普通公众所进行的调查和访问能够使其更为冷静和全面地评估政策的效果，而这常常是政府部门所忽视或注意不够的。

4. 跨国思想库

跨国思想库由来自不同国家的专家和学者构成，主要研究人类社会面临的普遍性问题，例如环境保护、战争与和平、能源开发及利用、人口控制、贫困与疾病防治等。很显然，这类思想库是伴随着全球问题的激增而出现的，它体现了通过加强国际间合作来解决全球问题的思路。成立于 1968 年的罗马俱乐部是世界上最有影响的跨国思想库之一，它主要从事有关全球性问题的宣传、预测和研究活动，其宗旨是阐明人类面临的主要困难以引起政策制定者和舆论的注意。1972 年，罗马俱乐部发表了第一个研究报告《增长的极限》，该书是有关环境问题最畅销的出版物，引起了公众的极大关注，卖出了三千万本并被翻译成三十多种语言。跨国思想库能够较好地利用各国学者所贡献的集体智慧，也有利于从事跨国调查和研究，它通过对各国政府的影响而有效地推动了全球治理。不过，参与跨国思想库研究的各国学者绝大多数来自发达资本主义国家，这使其研究报告常常不可避免地带有某些偏见或一定的倾向性。

三、政策研究组织的历史发展

1. 初创期

尽管人们对于世界上第一个思想库诞生于何时莫衷一是，但大家公认，第一批现代思想库是在两次世界大战期间首先出现于美国。这个时期伴随着美国对外扩张的需要及经济大萧条的来临，军事、外交及经济成为政府最为关注的事务，1919 年的胡佛研究所、1921 年的对外关系协会、1927 年的布鲁金斯学会都是在这种背景下建立起来的。胡佛研究所是由胡佛所创立的，全名为"胡佛战争、革命与和平研究所"，这很好地说明了其研究的主要议题是什么。对外关系协会则是外交方面最有权势的思想库，它在 20 世纪 20 年代帮助制定了《凯洛格和平公约》，30 年代加强了美国反对日本在太平洋扩张的立场，40年代又设计了《联合国宪章》的主要部分。布鲁金斯学会我们前面作了介绍，它对美国政府国内政策的制定具有极大的影响力，在大萧条时期它与其他思想库一道致力于研究如何使美国成功地摆脱经济危机。根据学者们的看法，思想库最早出现于美国是由于其分散的政治体制为思想库的出谋划策提供了足够大的空间，而来自基金会的大量资金支持则使思想库得以依靠雄厚的财力开展调查研究。总体来看，初创期的政策研究组织数量很有限且研究范围狭窄，它的研究方法仅限于传统的统计学方法等，也未能获得广泛的承认。

2. 发展期

第二次世界大战后，德、意、日战败，英、法等老牌资本主义国家因为战争而削弱，美国的综合实力则有大的提高。为了适应称霸世界的需要及进一步实现对外经济、军事扩张，美国联邦政府、基金会及私营公司都加大了对政策咨询项目的资金投入，以更好地研究复杂多变的国内形势及国际形势。在这种背景下，新的一批思想库相继问世，其中包括排名全球 10 大超级智囊团榜首的兰德公司、被称为"冷战思想库"的外交政策研究所以及被推崇为"世界上具有第一流水平的研究所"的斯坦福国际咨询研究所，等等。这个时期的思想库数量有所增加，它们建立了更为合理的组织结构，配备了多学科的研究人员，开发出了较多的研究技术和方法。它们还加强了与政府的互动，并且在出谋划策之余积极帮助统治集团进行冷战的意识形态宣传、制造和左右舆论，向各级政府输送治理和决策人员。与此同时，这些思想库也逐渐把自己的研究领域拓展到了科技、能源、福利等方面，尽管外交、防务与经济问题仍然是它们研究的重心。

3. 繁荣期

20 世纪 60—70 年代上半期，思想库的发展在西方国家出现了前所未有的繁荣景象。这个时期的苏联已经大大缩小了与美国的实力差距，而美国则在与苏联冷战的同时又受困于越战的泥潭及国内的诸多社会问题。为了走出困境，美国的统治集团越来越重视思想库的作用，这使其数量激增，而且研究领域更为宽广。根据统计，美国现有的 1000 多家思想库中有相当大的比例出现在这个时期，其中包括以核战争及未来学研究见长并将"设想难以置信的事"奉为座右铭的赫德森研究所，素有"强硬路线者之家"之称并与美国国会关系密切的乔治城大学战略和国际问题研究中心，等等。西欧、日本及其他资本主义国家的经济在这段时间里都有了飞速的发展，这使政府和企业也拥有了充足的资金来扶持本国思想库的建设，这其中有代表性的如德国和平与冲突研究基金会、日本野村综合研究所和加拿大公共政策研究所。当然，这个时期的思想库之所以会有如此大的发展，跟计算机的运用及普及也是分不开的。技术、方法的革新不仅使政策研究者得以分析、解释和预测之前难以分析、解释和预测的问题，也确保了思想库研究成果的准确性。

4. 多元期

自 20 世纪 70 年代中后期开始，西方发达国家普遍进入后工业化社会，而发展中国家的经济也有了一定程度的发展。伴随着冷战的趋于缓和及全球经济联系的日益紧密，军事政策研究已远不如经济政策研究受重视。这个时期出现的思想库仍然主要集中在欧美各国，如 1982 年成立的美国卡特中心、1995 年成立的德国应用政策研究中心、1998 年成立的英国外交政策中心。不过有些发展中国家为了加强对某些政策领域的研究，也开始建立了少数实用型的思想库，包括韩国科技研究所、中国国际经济交流中心和印度和平与冲突研究所，等等。跨国思想库同样大多数出现在这一时期，其中最具代表性的如 1975 年成立的三边委员会和 1983 年成立的欧洲政策研究中心。前者对北美、西欧和日本"三边地区各国共同关心的国际经济体系、金融、贸易、能源、南北关系和东西方关系等问题进行磋商和讨论，以协调它们在这些方面的政策，对各自的政府施加影响"①。后者是一个独立的欧盟政策研究机构，它的研究领域涉及大欧洲计划、能源与气候变化、司法与内务、人口老龄化及欧洲的自由与安全。除此之外，有些国家还针对网络监管、艾滋病预防、非法移民等新问题的出现而设立了相应的政策研究机构，这使思想库逐渐朝着多元化的方向发展。

第二节　代表性的政策模型

政府政策的制定是非常复杂的，建立一定的理论模型来提取其中的某些构成要素，有助于人们更加细致和深入地认识政策过程的本质。因此，政策模型具有重要的价值，它是公共政策分析的基础，而公共政策学的发展也常常体现为更有说服力的政策模型取代既有政策模型的过程。在公共政策研究中，经常使用的理论模型主要包括精英决策模型、集团决策模型、政治系统决策模型、完全理性决策模型、有限理性决策模型、非理性主义决策模型、渐进决策模型、混合扫描决策模型，等等。这些政策模型都从一定角度增进了我们对公共政策的认知，不过它们都是对现实政策过程的简化，因此会有适用性的问题，这是需要注意的。

一、精英决策模型

精英决策模型的代表人物有托马斯·戴伊，而其近著《自上而下的政策制定》的题名就很好地反映了他对于政策过程的理解。

精英决策模型依赖于社会分层的如下假定，即一切社会都划分为两个阶级：少数的精英和多数的大众，前者凭借其对身份、财富、资讯、知识、技能、职位的控制而掌握着国家权力，后者则因缺乏上述这些政治资源而处于被统治的地位。政府应该由少数人来支配的这种思想由来已久，不过系统阐述精英理论并且从社会现实出发来对其加以考察的是 19 世纪末 20 世纪初的几位社会学家，包括莫斯卡、帕累托、米歇尔斯等人。虽然这些人使用的精英概念各

---

① 吴天佑、傅曦编著：《美国重要思想库》，时事出版社 1982 年版，第 209 页。

不相同，但他们都否认古典民主理论中"人民主权"、"公意"等价值取向，而强调精英治国的不可或缺。

精英理论家对普通人的政治能力评价不高，他们都赞同熊彼特的观点，即"典型的公民一旦进入政治领域，他的精神状态就跌落到较低水平上。他会毫不犹豫地承认，他辩论和分析的方法是幼稚的，局限于他实际利益的范围"①。建立于这样的认识基础上，戴伊等人断言在政策制定方面公众通常是冷漠的、自私的、消极的，精英则是活跃的、有责任心的、主动的。普通人对相关的政策信息知之甚少，也难以真正理解政策问题的性质和内涵，于是不得不依赖精英来为其做出影响其切身利益的重大决策，而他们唯一能做的就是通过对精英的选举来间接影响其决策行动。

由此我们可以推导出精英决策模型的核心观点：政策不是由多数民众决定的，而是由少数精英制定出来的，政策的变迁也是精英们根据自身价值观、偏好的变化而对政策重新界定后产生的结果。精英做决策时不应、事实上也很少受公众的影响，他们对社会的基本制度及其运行规则有大体一致的看法，并会根据这种看法来制定政策。戴伊等人相信，公共政策反映民众意愿的主张只是一种虚构的神话，现实中公共政策是自上而下制定的，精英在其中起决定性作用。当然，"精英论并不是说国家政策会无视或反对民众的福利，只是说对民众的福利作出什么反应在于精英，而不在于民众"②。精英对民众需要什么的判断既依赖于他们较高的学识和智慧，也依赖于他们对那些将受到其政策影响的人的移情能力。

精英决策模型不重视政府决策体制形式上的差异，它侧重于研究工会领袖、企业家、政府官员、军官、利益集团领导人、宗教领袖等有权势者的行为，因为最终做决策的总是这些精英。很显然，这个模型过于强调少数精英的重要性而贬低普通民众，属于英雄史观，是与人民群众创造历史的马克思主义基本原理相背离的。它否定了"所有人都生而平等"的信条，拒斥了"每个人都是自己利益的最好判断者"的观念，因而最终摒弃了"人民的统治"的理想。精英决策模型需要"精英"的可操作性定义，并且需要大量经验材料来证明任何社会都存在一个居于支配地位的精英集团，这常常是非常困难的。

---

① ［美］约瑟夫·熊彼特：《资本主义、社会主义与民主》，商务印书馆1999年版，第386页。

② ［美］托马斯·戴伊、哈蒙·齐格勒：《民主的嘲讽》，世界知识出版社1991年版，第5页。

不过，正如学者们指出的那样，关于精英集团的分析特别适用于对军政府和独裁政治的研究①，在权力集中的社会里，一个精英阶层的辨别往往更为容易，而且他们所发挥的对政策制定的影响亦是决定性的。

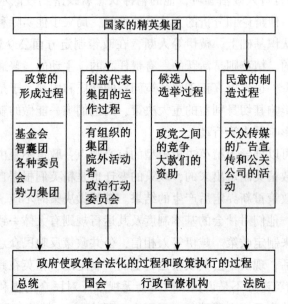

自上而下的政策制定模式②

二、集团决策模型

对集团在政治中的重要性的认识应当归功于行为主义政治学家，正是因为他们将目光从宪政架构、国家机构转向政治行为和政治过程，才使集团参与成为政治学研究的重要对象。在政治研究中，集团通常是指"利益集团"或"压力集团"，它们被称为"无形的帝国"、"隐形的政府"、"第二圈的政策制定者"，等等。虽然对利益集团的系统研究可以一直追溯至阿瑟·本特利1908年出版的《政治过程》，但集团政治学是在20世纪五六十年代才成为成熟理论的。当时美国知名的政治学家几乎都从事过利益集团的研究，比如戴维·杜

① ［英］戴维·米勒、韦农·波格丹诺编：《布莱克维尔政治学百科全书》，中国政法大学出版社1992年版，第225页。

② ［美］托马斯·戴伊：《自上而下的政策制定》，中国人民大学出版社2002年版，第5页。

鲁门、小 V. O. 基、西奥多·洛伊等，他们相信集团是分析一切政治行为的基础，或者说绝大部分的政治行为需要通过对集团的研究才能加以解释。

在集团理论家们看来，政治生活中的个人是无效能的，他们只有在集团中才能发挥作用。未组织起来的个人既缺乏有效表达自身意愿的手段，也无法真正影响到公共政策的制定。为了更好地增进自身的利益，他们需要结成集团来参与政治，并借助集团的活动来实现其利益的表达。因此，利益集团之间的相互作用和斗争是政治生活中的基本事实，而公共政策则是压力集团之间力量相对大小的结果。集团决策模型的代表人物有厄尔·莱瑟姆，他的下述观点被广为引用，即"公共政策实际上是在任何特定时候，通过集团斗争而形成的一种均衡……立法机关仲裁集团斗争，认可联盟的成功，记录失败、和解和征服"[1]。

很显然，在集团决策模型中政府所扮演的角色是不重要的，它像本特利所认为的那样仅仅是团体压力的记录器，[2] 在政策制定中处于被动的协调者、裁判者地位。不同的利益集团为争取各自的利益而相互竞争，政府则宣布谁胜谁败，并且通过公共政策的制定而将这种结果反映出来。由于集团之间的力量对比是会发生变化的，因此公共政策也会相应做出调整，以体现利益集团竞争所达到的一种新的均衡。当然，利益集团要想有效地介入政策过程并发挥影响，就必须拥有若干可供利用的政治资源，例如成员规模、财富、凝聚力、领导水平、与政府相关部门官员的亲密关系，等等，它们常常决定着集团实力的强与弱。

总体而言，集团决策模型能够较好地说明某些政策的制定，例如与行业利益相关的政策。它更适用于西方社会尤其是美国社会，因为那里的利益集团组织得更好，而且的确是活跃的政治行动主体。不过，集团决策模型的局限性亦是很明显的。首先，它对重要政治人物及行政官员的作用估计过低，它"关于政府的观点过于单纯化，因为它假设政府官员没有他们自己的、需要通过对政府机器的控制来实现的利益和野心"[3]。其次，它忽略了无组织的利益也常常能够在政策制定中得到反映这一事实，故此政策并非只是源自集团间的竞

---

① 转引自张金马主编《政策科学导论》，中国人民大学出版社 1992 年版，第 120 页。

② ［美］艾伦·C. 艾萨克：《政治学：范围与方法》，浙江人民出版社 1987 年版，第 318 页。

③ ［美］迈克尔·豪利特、M. 拉米什：《公共政策研究：政策循环与政策子系统》，三联书店 2006 年版，第 58 页。

争。最后，它没有综合考虑一国的政策环境，包括重大危机的出现、国际上的压力、本国主流意识形态和价值观，等等。在很多时候，影响政策制定的关键因素与集团力量无关，而且有些集团的出现本身就是特定政策所促成的。

三、政治系统决策模型

"系统"一词来源于古希腊语，是由部分构成整体的意思，而系统论则是研究系统的一般模式、结构和规律的学问。系统论的核心思想是系统的整体观念，即任何系统都是一个有机的整体，它不是各个部分的机械组合或简单相加，系统的整体功能是各要素在孤立状态下所没有的新的特质。系统论把所要研究和处理的对象当作一个系统来分析系统的结构和功能，研究系统、要素、环境三者的相互关系和变动的规律性。在 20 世纪五六十年代，它被广泛应用于社会科学的研究，取得了极为突出的成果，其中就包括戴维·伊斯顿的政治系统论。在《政治系统》、《政治分析的框架》及《政治生活的系统分析》这"三部曲"中，他详细阐述了政治系统分析的基本观点，并围绕着政治系统、输入、输出、反馈等概念而建构了完整的理论框架。

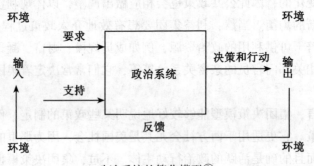

政治系统的简化模型①

根据伊斯顿的看法，政治系统由社会系统中与社会价值的权威性分配有关的机构及其行动构成，它的范围可以大至国际组织，也可以小至工会和企业组织。但是，任何政治系统都置身于一定的环境及其周边的各种状况及事件之中，并且既受环境的影响又反作用于环境。环境对政治系统的影响是通过要求和支持的输入来实现的。个人和团体会为了满足自己的利益而向政治系统提出采取具体行动的主张，也会根据对政治系统绩效的评估而表现出不同程度的行

---

① ［美］戴维·伊斯顿：《政治生活的系统分析》，华夏出版社 1999 年版，第 37 页。

动或态度方面的支持，例如遵守选举结果、遵守法律、按期缴纳赋税。政治系统对环境的反作用是通过政策的制定和实施来实现的，因此公共政策是政治系统对环境的要求和支持而作出反应的一种输出。

值得注意的是，在政治系统决策模型中，政策制定被看作是一个不断往复的循环过程，而与此有关的概念就是反馈，它很好地体现了政治系统作为开放系统的特性。反馈环节的存在表明政策公布和实施后对环境的影响会通过新的要求和支持而再度输入政治系统，并且常常会导致新政策的出台或既有政策的调整。有关政策输出效果的评估如果总是能够及时而准确地返回政府部门，就将极有利于加强对政策实施过程的监督与控制。由于存在信息的这种反馈，政策制定者就能够更为连贯地根据其对政策目标的考虑而随时修正其行为。"没有反馈，各种输出将完全相互独立；而有了反馈，输出就可能是高度相互关联的、累积性的和前后一贯的"①。

时至今日，系统论的观念已为政策分析学者们普遍认同，而相关的术语也被广泛采用，这充分说明了其所具有的吸引力。相对于国家和政府，政治系统这个概念更为灵活，它可以很方便地适用于利益集团和政党等非正式机构，也可以适用于原始社会，那儿的政治活动不是由专门的政府机构来开展的。② 政治系统决策模型很好地说明了政治现象的复杂性和动态性，它注意到了政治系统与环境之间的互动，也看到了反馈及政策调控的重要作用，这是难能可贵的。不过，作为一个高度抽象而精练的模型，政治系统决策模型没能清晰地说明政策是如何从政治系统这个黑箱中发展而来的，也就是说，它没能清晰地说明政治系统内部的结构和转换机制。

四、完全理性决策模型

完全理性决策模型是各种政策模型中最为人所熟知的一种政策分析模型，虽然它受到了很多的批评，但不可否认在当前政策制定的理论和实践中理性化的假定与倾向依然占有重要地位。完全理性决策模型对理性的看法受到了十七八世纪欧洲大陆理性主义思潮的影响，两者都相信人拥有理性，可以通过识别、判断与评估实际理由来使自身的行为符合特定目的，并依靠逻辑推理而不

① ［美］戴维·伊斯顿：《政治生活的系统分析》，华夏出版社1999年版，第442页。

② ［美］杰克·普拉诺：《政治学分析辞典》，中国社会科学出版社1986年版，第120页。

是经验或表象来获得对事物的认知。

建立在这样的理性观基础上，完全理性决策模型把政策制定视为决策者针对政策问题择取最优解决方案以实现最大社会效益的过程，它包括如下几个步骤：第一，决策者看到特定政策问题的存在，将其提上了政策议程，并对其性质及所面临的各种自然状态作了全面的了解。第二，决策者根据对政策问题的分析而明确了要制定的政策的各种目标和价值，并根据它们的重要性而依次排序。第三，决策者将解决问题的所有可能方案全部列举出来，并就每个方案在不同自然状态下的收益及损耗进行评估。第四，经过综合比较，决策者会正确地选择能最大限度实现预定目标或价值的方案，然后将其采纳为正式的政策而付诸实施。

很明显，这样的政策模型依赖于若干基本假定。首先，它假定决策者是完全理性的，他有超强的分析问题的能力和极好的逻辑推理能力，并会遵循最优化原则来行事。也就是说，他会不断寻求最佳方案来实现最大化的利益。其次，它假定决策所需的各项信息都是完备的，而信息搜寻成本要么不存在，要么极低。因此，在决策中对目标和价值的认识存在共识，对备选方案的拟定是无遗漏的，对自然状态的认识是清晰的，对不同方案的定量化评估是准确的。最后，它假定决策者有足够多的时间来搜集决策所需要的各项信息、比较各种决策方案的优劣及作出正确无误的选择。

上述假定受到了很多人的质疑，批评者认为社会上没有经常一致的价值存在，可能只有特殊团体与个人的价值，且许多价值彼此冲突；这许多相互冲突的价值并不能比较或权衡，如无法比较个人尊严和增加税收价值；最初适于决策者所面对问题的资料有限，有关特殊问题的额外资料虽可得到但成本太高，许多问题的重要面，尤其是有关将来的事件、所涉及的资料往往无法获取，因此许多决策只有在不可避免的求知状态下做出；决策者的智慧不足以在大多数不同的政治、经济与文化价值夹杂在其中的环境内正确估计成本与利益；决策者无法确知不同政策方案的后果，有时宁愿萧规曹随，以免除不必要麻烦、非预期后果。① 针对这些批评，有的政策学者修正了完全理性的假定，承认了理性的局限，提出了有限理性决策模型。

五、有限理性决策模型

有限理性决策模型是相对于完全理性决策模型而言的，它的提出者是美国

---

① 参见林水波、张世贤《公共政策》，台湾五南图书出版公司1982年版，第22～23页。

的赫伯特·西蒙。作为一位学术视域非常广泛的学者，西蒙的研究成果遍及应用数学、统计学、运筹学、经济学、企业管理、心理学、计算机科学等各个领域，不过决策理论是他最重要的贡献，其观点主要体现在《管理行为》、《组织》、《管理决策新科学》中，1978年他还因为对决策程序的开创性研究而获得了诺贝尔经济学奖。

西蒙认为，完全理性的假定是错误的，有关决策的理论必须考虑到人的基本生理限制以及由此而引起的认知限制、动机限制，还必须考虑到复杂的决策环境。现实生活中的决策制定者是介于完全理性与非理性之间的有限理性的"行政人"，而所谓有限理性即"缺乏全智全能的理性，就是备受限制的理性"。① 由于决策活动往往都是在一定时间的制约下做出的，而决策者处理信息的能力又是有限的，因此过多地依赖信息只会延误决策的时机。事实上，决策者制定政策时常常会发现相关的信息很难搜集齐全，或者因为要付出过于高昂的代价而不划算。

在这种情况下，绝对的最优化原则是无法实现的，取而代之的只能是相对的满意原则。遵循满意原则，决策者不应当坚持寻求最佳的解决问题的办法——那常常是做不到的，而应采纳能够解决问题的那种令人满意的方案。这种令人满意的方案虽然不是最优解，但却是次优解，它虽然不能实现效益的最大化，但却是切实可行的、效益大于成本的、在短时间较易发现的一种解决方案。与完全理性决策模型中政策目标既定不同，在有限理性决策模型中，决策者的期望值亦即满意的标准本身是可以变化的，当按原先确定的满意标准无法找到可供选取的方案时，就需要重新制定或修正原有的标准。

总体而言，西蒙的有限理性和满意原则纠正了传统行政学家对理性的过于偏激的看法，从而使得对社会生活的理性解释更具说服力。有限理性决策模型认识到了完全理性假定的局限性，但它并未否定理性，而是仍然遵循着理性的思路：满意实际上等于现实的最优而非可能的最优。如果说完全理性更多地体现了决策者主观意愿的话，那么有限理性则更多地反映了客观条件的制约。尽管在政策制定过程中的确不能忽视非理性因素的重要性，但"无可否认地是，现代的决策者总尽可能地使其决策置于比较理性的基础上，譬如在资讯的处理方面，使用电脑就是此种欲望的具体体现"②。另一方面，同样有许多研究证

---

① ［美］赫伯特·A. 西蒙：《现代决策理论的基石》，北京经济学院出版社1991年版，第82页。

② 吕亚力：《政治学方法论》，台北三民书局1979年版，第266页。

明，决策者的确止步于寻找足够好的、令人满意的决策方案，而不是煞费苦心地探求最优化的解决问题的办法。

六、非理性决策模型

非理性决策指不依靠人的理性认识能力和科学分析方法，而凭借主观猜测、本能反应或者抽签、占卜等迷信手段进行的决策。在人类历史上，非理性决策曾经占有很大的比重，例如中国商朝时期的统治者就常根据龟骨受热后产生裂纹的位置及形状来决定出征等重大事项，甚至时至今日仍有学者的研究表明"在美国，理性主义的公共政策分析大约只对 20% ～ 25% 的公共政策产生了影响，其余大部分的公共政策都是由另外一些方法及其组合决策的"①。

有鉴于此，一些人认为政策制定其实不是追求理性化的过程，更不是寻找最优或满意的解决问题的方案的过程，而从根本上说涉及的是价值和信仰的选择问题，其中，宗教、意识形态、伦理、传统、习惯等往往起主导作用。这些人还同时指出，既然支配政策过程的是上述非理性因素，那么要对公共政策进行准确分析就不能依靠系统分析、运筹学、成本效益分析等理性方法，而只有从各种政策背后的非理性因素入手进行定性分析才能够作出有说服力的说明。运用非理性决策模型学者们可以很好地解释了理性模型所无法解释的某些政策现象，尤其是冷战时期东西方集团的外交政策：谁与谁结盟最终取决于姓"社"还是姓"资"。

到了 20 世纪 70 年代，科恩、马奇和奥尔森等学者又进一步发展了非理性决策模型，提出了垃圾桶决策模型以描述组织机关在目标模糊、决策手段不明确及流动性参与等情境下的决策行为。他们认为现代社会组织的内外环境异常复杂，决策目标、问题、解决办法、决策制定者和执行者也不断发生变化，这会使组织决策更多地带有垃圾桶决策的特点。在垃圾桶决策模型中，决策不被视为一连串有序的步骤，即从一个问题开始到一个解决方案结束，而且问题辨识和问题解决可能毫不相关。在这种情况下，决策过程往往隐藏在一个充满问题和解决方案的垃圾箱里，垃圾箱晃动晃动，其中的问题在寻找解决问题的方案，解决问题的方案也在找寻问题。② 科恩等人认为，只有当问题、解决方案

① 林德金等编著：《政策研究方法论》，延边大学出版社 1991 年版，第 63 页。
② M. D. Cohen, J. G. March & J. P. Olsen, A Garbage Can Model of Organization Choice, *Administrative Science Quarterly*, Vol. 17, pp. 1–25, 1972.

和参与者碰巧于某个合适的时机（亦即政策之窗打开时）连接在一起的时候，才可能做出一个正确的决策，如果解决方案和问题不相匹配，问题就不会得到解决。

很明显，垃圾桶决策模型是一个典型的非理性决策模型，它有助于解释为何某些政策能够形成而某些议题又悬而未决，还可应用于分析模糊情境下带有无政府状态的组织的决策。例如，有台湾地区学者就曾用它来分析不同教育政策之间的矛盾及某些教育政策的目标与措施之间的不协调。垃圾桶决策模型试图说明现实生活中的组织往往是在有限时间内草草决策的，真正决策过程很少包含理性的精确分析。但是此模型并不适用于充当行动的指导，也无法解释所有的决策过程。"即使是无政府状态的组织，有时也会有理性的决策出现。组织就像人一样，同一个人有时候很理智，有时候很情绪化。组织面对不同状况的问题，也可能采用不同的决策模式。"① 更何况大多数政策制定仍在很大程度上依赖理性，而且公共政策的系统研究也是建立在"理性"分析可得的这种假定基础上的。

七、渐进决策模型

渐进决策模型是由美国政治学家林德布洛姆最先提出来的，他与西蒙一样，也认为人的理性是不完全的，且受到时间、分析成本等各种因素的限制，故此决策无法达到完全理性。不过，林德布洛姆还着重批判了理性决策模型把手段与目的相分离的做法，即把政策制定视为先澄清目标再为此而分步骤来寻找手段的做法。在他看来决策其实是"一个非常复杂的分析和政治的过程，这一过程既无开端，也无结尾，其界限极不确定"②。

林德布洛姆相信，大多数政策制定所走的都是一条"渐进调适"的道路，它强调的是新、旧政策之间的延续性，而这样做的理由是非常充分的：（1）以往制定的政策投入了大量人力、物力和财力（亦即所谓沉淀成本），全盘抛弃它而另起炉灶会带来巨大的损失；（2）既有政策已经形成了特定的组织和价值观，进行急剧变革只会造成人们心理上的不适应和行为上的抵制；（3）现实生活中决策者没有足够能力来预知一项全新政策所能产生的后果，过于求新和求变必定会欲速则不达；（4）政策制定时常常因价值观的分歧和模糊而

---

① 江芳盛：《垃圾桶模式在教育决策分析上的应用》，《教育政策论坛》（台）第 1 卷第 2 期（1998），第 25 页。

② ［美］查尔斯·林德布洛姆：《决策过程》，上海译文出版社 1988 年版，第 5 页。

难以取得一致的看法，探寻全面革新之道蕴含着极大风险。

建立在前述分析基础上，林德布洛姆提出合理的决策应当"在政策比较上限制那些与现行政策差异程度较小的政策来得到简化"①，并尽可能地采纳修修补补的、渐进的、不断调适的方式。他还向决策者提出了如下一些建议：必须保持对以往政策的承诺，专注于政策微小的和逐步的改变；必须着眼于减少现行政策的缺陷和促进目标与备选方案之间的相互调适，而不用过多地分析与评估新政策方案；必须遵循按部就班、积小为大和稳中求变的原则，通过小变来谋求大变，以避免大的社会震荡；必须把决策看成是一个连续或系列的过程，以保持高度的灵活性、恢复力和持久性，从而提高他为复杂问题制定良好政策的能力。

应当承认，渐进决策模型中的某些观点是很有道理的，例如公共问题的解决不能够总是依靠一次性决策和个人理性，而应当寄望于长时段和群体的长期智慧。虽然我们不能说所有的公共政策都是政府过去行为的延续，但对于预算等常规性决策来说，渐进调适的这种特征描述还是比较准确的。此外，从规范层面来看，渐进决策有利于减轻现行的一些具体政策的偏差。尽管如此，我们也必须看到，渐进决策模型的适用范围仍是有限的，它不适用于说明社会变革时期和危机事件之后的政策制定，而且它偏于保守——只围绕现状作边际调整最终会有利于社会中势力最大且又有效组织起来的那部分人的利益。"然而，由于渐进主义实际上是以多元的政治系统和各式各样的行政组织来达到广泛性，所以拒绝渐进主义可能减少政治团体对发展及维持代表性政治机构的强调"②。

渐进决策模型中的越南战争

倡导渐进式决策并不意味着反对变革，而是要求通过一点点的变化来确保决策过程的稳定性，并为其赢得更多的支持。在实践中，政府所做的多次细小的调整也常促成重大的政策转向，尽管这种转向有时未必是起初

---

① 彭和平、竹立家等编译：《国外公共行政理论精选》，中共中央党校出版社 1997 年版，第 229 页。

② ［美］戴维·罗森布鲁姆、罗伯特·S.克拉夫丘克：《公共行政学：管理、政治和法律的途径》，中国人民大学出版社 2002 年版，第 355 页。

意欲推动的。

　　1959 年，越共决定武装统一越南，并派遣大量军事人员前往南越组织武装颠覆。当时的国际形势使肯尼迪政府很快决定，要在越南问题上显示出美国的力量和对抗共产主义的决心。他们同时认为冲突最好遵循朝鲜模式，只局限在通过代理方使用常规武器，作为减轻两超级强权间直接核战争威胁的一种方式。

　　然而，北越很快控制了南方的大部分乡村，虽然有美国的军事援助，但政治威权与腐败导致吴庭艳政府民心丧尽，无力阻止民族解放战线扩大势力。1961 年 5 月，为了进一步帮助吴庭艳政府，肯尼迪派遣一支特种部队进驻南越，开启了战斗部队进入越南的先河。

　　特种部队并未实现 18 个月内"平定南越"的承诺。1964 年夏，美国驱逐舰遭到北越鱼雷艇袭击，遂以轰炸北越海军基地作为报复。这就是著名的"东京湾事件"。美国国会很快通过了"东京湾决议案"，授权总统以他的判断动用包含武力在内的一切行为来应付此事件，此后越战不断升级。

　　1965 年 3 月，3500 名美国海军陆战队员成为第一批进入战区的美军战斗人员；7 月 24 日约翰逊总统将在越美军提升至 125000 人，并于翌日派出第 101 空降师的 4000 人员进入越南；11 月底五角大楼要求提升美军数目至 40 万人以便执行计划中的大规模扫荡行动；到了 1966 年 8 月，已有多达 429000 名美军士兵驻守在越南。

　　美军所拥有的优良装备和空中支援使北越转而实行游击战，避免与美军的正面冲突。尽管伤亡非常惨重，但北越人依然保持着巨大的军事力量，他们坚信无限制的消耗战最终会迫使美国人撤出越南。

　　与此同时，战争的残酷也通过媒体刺激了美国人民，到 1968 年反战示威游行已遍及各地。数年之后美国终于被迫签署《关于在越南战争结束、恢复和平的协定》，开始逐步从南越撤出军队。

八、混合扫描决策模型

　　如前所述，理性方法和渐进方法都有其各自的利与弊。为了发挥两者的优势、克服前者的不现实性和后者的墨守成规，美国学者阿米泰·埃兹奥尼提出了将理性方法和渐进方法结合起来的第三种决策方式：混合扫描，他相信这种方法既受到经验事实的支持又在规范层面上是正确的。

混合扫描决策模型试图借鉴渐进模型而从宏观上把握政策方案的总体特征，不拘泥于次要的细节，并避免对无关备选方案的考察；同时又借助理性模型广阔的视野，牢牢抓住政策目标而不忽略有创新的政策选择，并注意对重点方案的深入考察和检验。这三种方法的比较可以通过举例来说明：倘若我们要建立一个全球气象卫星观测系统，那么：（1）遵循理性主义的方法，我们将运用一部广角摄像机来尽可能地经常地观测整个天空，以便全面了解气象情况，这样做会产生过多的数据，分析代价很高，而且有可能为我们的活动能力所不及；（2）遵循渐进主义的方法，我们将运用一部能够作细微观测的摄像机来集中注意于过去我们对其气候状况比较熟悉的地方，以及一些邻近的区域，这样做使我们忽略发生在未曾想到的地区的、本应引起我们注意的气候现象；（3）遵循混合扫描的方法，我们将交替运用两部摄像机，一部是广角摄像机，它能大面积地扫描和覆盖整个天空，但观测不了细节；另一部摄像机则聚集于特别有意义的地方，并对其做小面积的扫描和更深入的观测。混合扫描或许注意不到某些只有用观测细微的摄像机才能发现问题的地方，但与渐进主义方法相比，它能使我们注意到陌生区域中明显出现问题的地方。①

从理论上讲，混合扫描决策模型非常有吸引力，而且综合运用不同方法来优化政策制定的努力也应予以肯定。埃兹奥尼提出了应当如何对待信息和方案的原则：既要有全局观念又要有侧重点，他还认为决策者必须有一定程度的理性考虑——"大体正确强似完全不对"，而不能局限于对以往决策的修修补补。上述观点都有其合理性。然而在实践中理性模型和渐进模型往往难以如此完美地结合在一起，例如最先被排除在外并被认为无足轻重的方案可能事后被证明为是最有效的解决办法。此外，在什么条件下适用理性模型，在什么条件下适用渐进模型，这往往需要决策者根据实际情况来进行细致地分析和思考。事实上埃兹奥尼自己也承认，当前仍然非常缺乏"有关决策战略从理性主义或渐进主义转向混合扫描的这类情况的案例研究和定量研究"②，而且对哪些因素阻碍或促进混合扫描方法的运用我们也知之不多。

---

① Amitai Etzioni, "Mixed Scanning: A Third Approach to Decision Making," *Public Administration Review*, Vol. 27 (1967), p. 389.

② Amitai Etzioni, "Mixed Scanning Revisited," *Public Administration Review*, Vol. 46 (1986), p. 13.

☞ **思考题：**

1. 政策研究组织具有哪些基本特征？

2. 中国当前有哪些重要的思想库？

3. 试比较不同类型的思想库在信息来源与资料搜集、对政策制定的影响、独立性与客观性、研究领域和视野宽广度等方面的差异。

4. 精英决策模型将维护底层民众福利的责任归之于精英，但有批评者认为精英没有经历过底层民众的生活，不会充分理解他们所面临的问题，你如何看？

5. 有些人认为由集团来分享决策权有利于推动民主，你认为是这样吗？

6. 有限理性决策模型所倡导的满意原则能够较好地描述现实生活中的一些政策制定，试举例加以说明。

7. 决策者受非理性因素影响而做出的决策有时也被视为是理性的，为什么呢？

8. 渐进决策模型的局限性主要体现在哪些方面？

第三章 政策环境

时代变迁及高考制度的废除与恢复

高考一般指由国家统一组织命题、调度及统一时间举行的普通高校招生考试。

新中国建立初期，高校的情况复杂多样，故此根据"维持现状，立即开学"的方针而沿用过去单独招生的方式，结果造成各校间招生结果极不平衡的问题。

1952年6月，教育部首次明确规定高等学校招生实行全国统一招生考试。至此，废除科举制度后一直施行的高校自主招生政策彻底宣告结束。

统一高考制度建立后的几年，对组织管理、考试内容、报考资格及录取原则等各项内容进行了调整与改进，逐步完善了分文史、理工、医农、艺术、体育等类报考的方式，从而得以真正选拔和培养出了许多优秀的专业人才。

1957年，有人提出招生考试应强调政治挂帅，提高政审标准，对包括工人、农民在内的广大无产阶级，采取保送入学的办法，该办法的实施导致次年招收的新生质量严重下降，于是1959年又恢复了全国统一高考制度，并取消了免试保送上大学的做法。

1966年"文化大革命"开始，受"左"倾思潮影响，那一年的6月13日，中共中央、国务院称以往的招生考试办法基本上没有跳出资产阶级的框框，必须彻底改革。五天后《人民日报》发表社论，开始以更激烈的言辞抨击高考制度，宣布要将它"扔进垃圾堆里"，自此高校开始停止招生。

1971年高等学校逐步恢复招生，招收的新生初中毕业即可，但须经过两年以上劳动锻炼，同时废除招生中的文化考试，改为"自愿报名，群众推荐，领导批准，学校复审"，由此产生了该时期非常特殊的"工农兵大学生"。

"文革"结束后，人们的思想观念发生了翻天覆地的变化。1977 年 8月，复出不久的邓小平在一次有 40 多位教育界著名人士及官员参加的会议上决定立即恢复高考。此后不久国务院批转教育部《关于 1977 年高等学校招生工作的意见》，正式恢复了高等学校招生统一考试的制度。这是结束"文革"后，在中国老百姓中引起巨大反响的第一件事。

很明显，高考制度的废除与再度恢复在当时都是影响千千万万人命运的一项重大政策。由于此类政策都是在一定的背景下出台的，因此考察政策环境对于了解特定的政策常常有极大的帮助。那么，什么是政策环境？它与公共政策的关系怎样？政策环境具有哪些特征？它主要包括哪些内容？本章将着重探讨这些问题。

第一节　政策环境概述

任何公共政策都是在一定的环境下形成和运行的，因此研究政策环境与公共政策的关系具有特别重要的意义。

一、政策环境的含义

从系统论的观点来看，所有的事物都可以被看作一个相对独立的系统，它处于更大的系统之中并构成这个更大的系统的子系统。如果系统是开放的，而不是封闭的，那么它会具有可分辨而又可渗透的界限。这种界限既能够使系统与其环境区别开来，确保其具有一定程度的自主性和独立性，同时又意味着系统与其环境之间存在着双向的影响与被影响关系。作为系统之外又与其相关联的事物、境况及条件，环境是系统生存和维持的基础，而系统要发挥效能就必须不断与其环境交换人员、信息、能量、材料，等等。对于不同的系统来说，环境的内容不同，环境中最重要的影响因素亦不同。由于任何系统都置身于一定的环境之中，并且在一定的环境中运行、演化，故不存在没有环境的系统。正因为这样，要更好地认识某个系统，就必须结合其环境来展开研究。也正因为这样，要更好地完善某个系统，就必须根据环境的变化来对其进行相应调控。如果只把系统看作封闭的并"只集中注意它的内部作业，不考虑其环境的影响，这样是比较简单些，但这会导致错误的结论"①。

在现实生活中，政策系统同样是一个需要考虑其外部环境的有机系统，它是"政策制定过程所包含的一整套相互联系的因素，包括公共机构、政治制度、政府官僚机构以及社会总体的法律和价值观"②。这个系统由政策主体、客体及其相互作用而构成，它总是处于各种环境之中，并受环境的直接或间接影响。国内有学者认为政策环境是构成政策系统的一个更大的"超系统"；也有学者认为政策环境是行政生态的一部分，强调政府与其环境的互动和动态平衡；还有学者将政策环境理解为提供政策的需求和输入的因素，探讨需求输入同政策中枢决策系统的政策输出之间的关系，这些看法都有一定的道理。在这里，我们把政策环境界定为影响公共政策产生、发展和终结的一切因素的总和。

那么，影响公共政策产生、发展和终结的因素主要有哪些呢？对此仁者见仁、智者见智。美国行政学家安德森在其《公共决策》中概括出了地理特点、人口统计要素、政治文化、社会结构和经济体制等环境构成，并提到在一国外交政策和国防政策制定时他国亦成为环境的重要组成部分。中国台湾学者朱志宏则在《公共政策》一书中区分了内社会环境和外社会环境，"其中包括文化的、制度的、社会的、经济的、政治的、心理的，甚至自然的因素"③。在本章中，我们将重点考察自然环境、经济与社会环境、政治与文化环境、国际环境对政策制定的影响，它们共同构成了政策环境的主要内容。

二、公共政策与政策环境的互动

公共政策与政策环境之间是紧密相连、双向互动的，换言之，公共政策既受政策环境的影响，又反过来影响其政策环境。

首先，任何公共政策都是特定环境所造就的。历史唯物主义原理告诉我们，研究公共政策必须结合社会的经济基础、社会生产力状况及社会上层建筑各个组成部分，因为公共政策属于政治上层建筑的范畴，它根源于并服务于一定的经济基础。作为政治系统的一种输出，公共政策是政府为了缓解环境对其

---

① [美] 弗里蒙特·E. 卡斯特、詹姆斯·E. 罗森茨韦克：《组织与管理——系统方法与权变方法》，中国社会科学出版社 1985 年版，第 149 页。

② [美] E. R. 克鲁斯克、B. M. 杰克逊：《公共政策词典》，上海远东出版社 1992 年版，第 26 页。

③ 朱志宏：《公共政策》，台湾三民书局 1991 年版，第 79～80 页。

的压力——通过政治社团的参与和选举等活动加以表达——而制定出来的，因此一项政策的出台往往意味着环境中某个具体的公共问题的存在。不过，要推动问题列入议程并促使政府为其采纳此种行动而非彼种行动，还有赖于多种因素的综合作用：各派政治力量的支持、充足的资金支持、社会价值观念的认同、媒体宣传所促成的良好时机，等等。这就是说，公共政策总是依附于一定的政策环境并且以其为母体，它不能脱离和超越其所处的政策环境。1979 年中国政府提出要建设"经济特区"以更好地吸引外来投资，这与"文革"结束后实行改革开放的大环境是相一致的；20 世纪 80 年代美国斥巨资打造"星球大战计划"以消除苏联日益增长的核威胁，这是美苏争霸的冷战下的产物；近几年来各国政府纷纷推出经济刺激计划以救市，这也必须与全球金融危机的背景联系起来进行考察。甚至各国政府的政策制定方式也都受其不同的国内外环境的影响，例如在二战后初期，日本政府的外交政策基本上都由美国决定，毕竟它只是麦克阿瑟领导的美军所占领的一个战败国。

其次，公共政策必须适应政策环境的变化。政策环境并非一成不变的，随着时间的推移，政治力量间的对比常发生改变，所需的财力可能短缺，社会主流价值观不断更新，有利的舆论及时机会丧失。在这种情况下，政府需要不断推动政策的革新，或者终结原先的政策，或者重新制定新的政策，而政府执政能力的高低在一定程度上也取决于采纳的政策是否适应政策环境的变化。在实践中，政策环境的变化常常意味着政府面临着新的挑战和要求，此时如果不能对政策进行必要的调整，就难以有效解决政策问题，无法满足人民群众日益增长的物质文化需求，甚至会阻碍经济社会的发展。反之，政府若能根据政策环境的变化而采取恰当的应对措施，就能够获得良好的经济效益和社会效益，进而巩固自己的合法性。举例来说，燃放烟花爆竹曾长期被看作是民俗的一种，属于个人自由。然而 1993 年北京市人大常委会却在众多人大代表、政协委员和市民的要求下通过了一项法规禁止燃放烟花爆竹，其背景是该年春节期间北京市因烟花爆竹造成 171 起火警和 544 人被炸伤，危害很大。"禁鞭令"带来了更多的安全感，减少了火患，但同时淡化了节日的氛围，于是不断有人冲破禁令，要求废除禁鞭令的声音也越来越大。为了维护法规的权威，每年春节期间都有不少的民警花费大力气来参与禁放工作，可却是"执法成本很高，社会效果不好"。到了 2005 年，北京市人大常委会在充分征询民意之后颁布了《北京市烟花爆竹安全管理条例》，由禁鞭改为限时限地燃放，新政策受到了市民的普遍欢迎，并最终促成了各大城市的纷纷解禁。

再次，公共政策对环境具有能动的反作用。如前所述，任何一项公共政策都是特定环境所造就的，它受制于各种自然和社会因素且必须适应其环境的变化。不过，公共政策并非始终是消极的和被动的，它的实施常常对政策环境产生深远的影响，从而部分地甚至极大地改变政策环境。特别是在现代社会，公共问题的日益繁复使政府干预的范围不断扩大，而政策也逐渐成为必不可少的优化环境的手段，党的十四大有关建立社会主义市场经济体制的决定就是一个明显的例子。在1992年以前，中国长期实行的是计划经济，它在快速推动工业化的同时也造成了所有制形式单一化、企业严重依赖政府主管部门、吃"大锅饭"现象严重、官僚主义习气盛行。随着社会主义国民经济的日益巩固和发展，高度集中的计划经济体制的弊端越来越显露出来，在一定程度上阻碍了社会主义生产力的发展。所幸的是，党中央及时调整了政策，提出要建设市场经济、尊重市场的基础调节作用和遵循价格规律办事。这一决定很快使政策环境发生了重大改变。尽管在当时仍有不少人把市场调节看作是资本主义的东西，但是市场很快在实践中体现出了自己的优越性，也为自己赢得了越来越多的拥护者，这正是公共政策对政策环境能动的反作用的体现。当然，公共政策对环境的反作用并非都是有益的，如果制定政策时没有做充分的论证，没有广泛听取民意，那么一项坏政策也可能会使环境恶化，在这方面我们同样有许多应当铭记的教训。

三、政策环境的特征

政策环境是公共政策之外、构成政策形成和运行条件的外部生态环境，它具有复杂性、动态性、交叉性的特点。

1. 复杂性

政策环境不是由单一因素构成的简单系统，毕竟在任何一项政策的制定、实施到终结的全过程中，都会有各式各样的环境因素对其施加影响。这其中既包括自然环境，也包括社会环境；既包括国内环境，也包括国际环境；既包括历史环境，也包括现实环境；既包括物质环境，也包括精神环境。它们对公共政策的影响既有直接的，也有间接的；既有显在的，也有潜在的；既有强烈的，也有微弱的；既有长期的，也有短暂的。因此，政府部门在制定和实施相关政策时，必须注意用全面的、综合的眼光来考察政策环境，从多方面、多角度去了解政策环境。如果只是片面地强调和夸大政策环境的某些构成，而忽视了其他同样具有重要意义的构成，就无法制定出完善的政策，也难以使所实施的政策达到预期的效果。

2. 动态性

在现实生活中，许多常规性政策面对的是相对稳定的政策环境，这是一个社会的政治、经济制度具有稳定性的体现，它使人们得以把握环境提出的要求和提供的条件，以便制定出与之相适应的政策。但是，需要注意的是，政策环境的稳定性是相对的，因为"一切事物都处在永恒的运动之中"。公共政策的所有环境因素实际上都处在发展变化之中。这种变化，一方面源自社会的基本矛盾，即生产力和生产关系的矛盾以及经济基础和上层建筑的矛盾。这两对矛盾存在于一切社会形态之中，它们规定着社会的性质和基本结构，并推动着人类社会由低级向高级发展；另一方面政策一旦制定和实施，就必然对造就它的环境产生反作用，这也会使环境不断发生改变，例如使某些弱势群体受益、推动特殊利益集团的形成、重塑人的思想观念，等等。所以，公共政策的动态性要求政府部门必须用联系的、运动的观点来看待环境中的各种矛盾和问题，善于审时度势，因时、因地地制定和实施政策。

3. 交叉性

政策环境的交叉性指政策环境对公共政策的影响不只是简单的作用与反作用的过程，还包括各项公共政策的交叉影响和公共政策实施所造成的连锁反应。在实践中，某个环境因素 A 可能同时作用于政策甲和政策乙，政策甲对环境因素 A 产生反作用后形成的新环境因素 B 又可能作用于政策丙，环境因素 B 和政策丙还可能共同构成政策戊的环境因素 C。这种交叉性的存在要求政策制定者在规划某项具体政策时必须考虑到相关政策的影响，以避免非预期的后果。举例来说，在 20 世纪 90 年代初的房改政策之前，国内各单位都实行福利分房制度。为了保障更困难的职工有住房，各单位都制定了一些细则，以使先结婚和先有孩子的家庭能够先享受福利分房。然而，这样做的结果是许多青年职工为住房而谋求早结婚，为住房而谋求早生孩子，从而与国家鼓励晚婚晚育的人口政策形成了抵触。

第二节 自 然 环 境

一、自然环境与公共政策

自然环境指环绕人们周围且直接或间接影响人类社会的各种自然因素的总和，它们是人类生存和发展的物质基础，是人类创造其辉煌文明的前提条件。人类社会同其所处的自然环境相互作用，构成了不可分离的有机统一体。不过，自然环境不等于自然界，它只是自然界的一个特殊部分，仅限于那些构成人类生存条件的自然因素。随着生产力的发展及科学技术的进步，越来越多的自然因素会对人类社会发生作用，而自然环境的范围亦会逐渐扩大。然而，由于人类是生活在一个有限的空间中，人类社会赖以存在的自然环境是不可能延展到整个自然界的。

关于自然环境的重要性，很早就有学者进行过论述。古雅典的亚里士多德认为地理位置、气候、土壤等会影响民族的特性与社会性质，希腊人因其所处的希腊半岛处于炎热与寒冷气候之间而被赋予了优良品性，故他们天生能统治其他民族。16世纪的思想家布丹提出，民族差异起因于所处自然条件的不同，不同类型的人需要不同形式的政府。近代法国启蒙哲学家孟德斯鸠则在《论法的精神》中重点探讨了气候和土壤对国家法律和政策的影响，例如"一个从事商业和航海的民族比一个只满足于耕种土地的民族所需要的法典，范围要广得多"①。甚至当代年鉴史学大师布罗代尔也把自然环境等长久起作用、变化最慢的现象称之为长时段的"结构"，认为它们在许多历史现象或事件的背后发挥着真正的决定性作用。虽然这些观点常过于偏颇，但不可否认自然环境的确构成了人类生活的组成部分，它能在一定程度上塑造民族的性格、文化习俗、法律以及政府制度。

自然环境是一个国家所面临的最现实和最稳定的条件，它与公共政策有着密切的关联。首先，自然环境的状况往往制约着政府领导人的政策选择。中国古代历朝政府都实行重农抑商的政策，这是因为黄河流域以温带季风气候为主，有利于农作物的生长，适合农业的兴盛。新西兰政府大力发展畜牧业，其畜牧业产值占农业总产值的80%左右，这是因为该国拥有非常辽阔的草原和牧场。加拿大政府以开采森林、发展农业经济、提高木材生产效益为重点，这是因为该国的森林资源丰富，面积居世界第三位。中东国家的政府把石油开采和炼制视为国民经济的支柱，并依靠其获取了巨额的财富，这是因为它们身处世界石油资源储藏量最丰富的地区。因此，公共政策的制定必须从自然环境出发，有效地利用自然环境的优势和避免其劣势，以推动国家经济社会的发展。尽管随着现代自然科学的发展，人类已经能够运用各种先进的技术手段来观察和了解自然环境的变化，但不容否认，许多自然现象仍然无法认识，一些特大自然灾害也无法进行准确预测的，这就要求我们始终保持对自然的敬畏之心和遵循自然规律办事，警防"大自然的报复"。

其次，公共政策应对自然环境的改善起到良性作用。由于人类是靠自然界

---

① [法]孟德斯鸠：《论法的精神》上册，商务印书馆1961年版，第284页。

的供给来维持生活的，因此人类必须尽力为自身的可持续发展创造有利的环境。在人类历史上，为获得眼前利益不惜竭泽而渔的做法并不罕见。恩格斯在《自然辩证法》中曾说道："美索不达米亚、希腊、小亚细亚以及其他各地的居民，为了想得到耕地，把森林都砍完了，但是他们梦想不到今天这些地方，竟因此成为荒芜不毛之地，因为他们使这些地方失去了森林，也失去了积聚和贮存水分的中心。"① 对于那些率先走上现代化道路的国家来说，其工业化的进程也无不是以自然资源的大量消耗作为代价的。事实上，当前世界范围内的生态恶化正是近代以来人类各种频繁的开发活动所导致的，而既要促进经济发展又要保护环境的双重任务常使后发国家面临着更大的压力。为了减少对自然环境的破坏并对其进行优化，需要依靠政府积极的政策引导，例如沙特政府在1975年后利用石油收入来科学改造干旱沙漠地区和开发海水资源，并取得了很好的收效。令人欣慰的是，中国政府这些年来逐渐加快了环境保护立法和"三废"治理的步伐，而党的十七大报告也把"人与自然和谐相处"作为构建社会主义和谐社会总要求的一个重要方面，这必将对我国今后的政策制定起到指导作用。

二、自然环境的构成

自然环境主要包括地理位置、气候条件、水、动物、植物、矿藏、太阳辐射等，科学家们通常把这些因素划分为大气圈、水圈、生物圈、土壤圈、岩石圈等五个自然圈。在这里我们将集中讨论两种极为重要的自然环境因素对公共政策的影响，即地理位置和矿产资源。

1. 地理位置

地理位置对国家的政治行为具有很强的解释力，认同此种观点的几位欧美学者于20世纪初创立了地缘政治学——德国人豪斯浩弗把它界定为利用地理知识来支持和指导国家政策的一门艺术。②

在地缘政治理论中，最有影响的当属马汉的海权论和麦金德的大陆心脏说。根据马汉的观点，要跻身于世界强国之林，就必须称霸海洋，而称霸海洋有赖于控制战略海道和海峡。英国能够发展为日不落帝国，在很大程度上得益于其长期保持了"海上霸主"的地位，而这种地位的维持又源于英国政府根

---

① 《马克思恩格斯选集》第3卷，人民出版社1972年版，第517页。
② 陈汉文编著：《在国际舞台上——西方现代国际关系学浅说》，四川人民出版社1985年版，第59页。

据自身地理位置选取的明智的国家政策：英国与欧洲大陆隔着英吉利海峡，它不需维持陆军即可封锁欧洲大陆的港口，并控制出入欧洲北部的航线，这样的地理位置促使英国政府坚定不移地追求海外殖民地、推动海上贸易、大力发展海军，最终实现了海洋统治权。与马汉的看法不同，麦金德认为由于陆地交通工具的飞速发展，陆权已重新对海权占据了优势，英国的衰落正反映出这一点。麦金德把欧亚大陆和非洲合称为"世界岛"，把世界岛最偏远的地方称为"心脏地区"。由于心脏地区有丰富的资源，具有重要的战略意义，而东欧是通向这个地区的门户，于是他得出了这样的结论："谁统治东欧，谁就能主宰心脏地带；谁统治心脏地带，谁就能主宰世界岛；谁统治世界岛，谁就能主宰全世界。"① 在第二次世界大战中，大陆心脏说曾经成为德国法西斯主义所谓征服世界的理论依据，这是非常令人遗憾的。

不过，海权论和大陆心脏说尽管都有其局限性，但它们也包含着如下真知灼见，即国家必须根据其地理位置来选择恰当的发展战略。20世纪六七十年代，日本从废墟中再度崛起，令世界称奇。在总结其经济起飞的经验时，学者们不约而同地提到一点，即日本政府充分利用了其四面临海、海岸线曲折、多优良港湾的优越自然条件，将工业沿海分布，大力发展造船业、海洋运输业、加工贸易型经济，这样的工业政策规划是非常科学合理的。再举个例子，伊拉克战争之后，约旦政府抓住伊拉克重建的巨大商机，利用与伊拉克（约旦北部的亚客巴港是进入伊拉克北部唯一的港口）、沙特、黎巴嫩、埃及接壤的中心位置，出台各项优惠政策来发展与伊拉克贸易，如规定途经约旦进入伊拉克市场的产品在约旦免税，对伊拉克人实行免签证等，其所获得的利润是极其丰厚的。需要指出的是，地理位置对决策者的制约作用是有限的，好的决策者既能够利用地理位置的优势，也能够克服地理位置的劣势。美国旧金山经圣克拉拉至圣何塞近50公里的一条狭长地带本不是非常好的投资区，但政府非常宽松的政策环境仍使它吸引了很多投资家，实现了资金和技术的结合，成为有名的"硅谷"。这充分说明，机械唯物主义的"地理环境决定论"是错误的。

2. 矿产资源

矿产资源指经过地质成矿作用，使埋藏于地下或出露于地表、并具有开发利用价值的矿物或有用元素的含量达到具有工业利用价值的集合体，通常分为金属矿产、非金属矿产和能源矿产三大类。矿产资源是重要的、非再生的自然资源，是社会生产发展的重要物质基础，并且关系到国家安全，因此各国政府

---

① ［英］麦金德：《历史的地理枢纽》，商务印书馆1985年版，第13页。

都无不注意立法对其加以合理开发、利用和有效保护。

例如，美国里根政府在 20 世纪 80 年代初美国与苏联紧张关系加剧之际制定了《物资和矿物原料国家政策、调查和开采法》，规定必须保证国家拥有为维护国家安全、人民福利和工业生产水平的足够的原料。韩国政府储备战略资源的主要方法是高价收购，限制使用。2008 年韩国政府将铟、钨、钼、锗等在内的 12 种稀有金属列为"国家极为稀缺的战略资源"，并和民间企业积极开拓海外资源市场，获取充足的石油、天然气等重要资源，以确保国家战略资源储备库的充足性，这些措施取得了很好的收效。① 加拿大的联邦政府在1996 年制定了"通过合作伙伴关系，促进可持续发展"的政策，与各省区政府合作，共同管理金属矿产。印度政府则在矿产资源开发政策方面鼓励利用国外资源与资金，它出台了四部投资法来为外商创造良好的投资环境，并在审批、勘探开采许可证、税收等方面鼓励多元化开发。

中国是一个矿产资源较为丰富的国家，许多矿产储量位居世界前列，截至2000 年底，已发现的矿产有 171 种，其中探明储量的矿产 157 种，矿产地两万多处。不过，中国的矿产资源也存在着能源矿产结构不理想、重要金属矿产质量欠佳、非金属矿产分布不平衡等弊病。为了给中国经济的持续快速协调健康发展提供重要保障，中国政府先后制定了《矿产资源法》、《对外合作开采海洋石油资源条例》、《矿产资源开采登记管理办法》、《探矿权采矿权转让管理办法》、《矿产资源补偿费征收管理规定》、《矿产资源监督管理暂行办法》等 20 多项配套法规和规章。2009 年，国土资源部还组织实施了《全国矿产资源规划（2008–2015 年)》，这对于贯彻落实节约资源与保护环境的基本国策，构建保障和促进科学发展新机制等将具有重要的现实意义。

石油禁运与西方国家的中东政策

由于矿产资源的分布并不是均衡的，因而在现实政治中某些国家能够凭借其对重要矿产资源的控制而更有效地推动经济社会的发展，或实现国家利益。

1973 年 10 月，埃及和叙利亚同时向以色列发起进攻，第四次中东战争由此爆发。在战争中，阿拉伯国家对西方人支持和庇护以色列的态度深

---

① 席来旺等：《各国储备战略资源确保国家安全》，《人民日报》2009 年 7 月 3 日。

感不满，决定利用石油武器教训西方大国，于是石油输出国组织决定提高石油价格，减少石油生产，并对发达资本主义国家实行石油禁运。阿拉伯国家一致认为，美国应该为其支持以色列的立场受到惩罚，因此，应该对其实行最大限度的禁运。在尼克松总统向国会要求给予以色列22亿美元的援助后的第二天，沙特阿拉伯和其他阿拉伯石油生产国对美国实行了完全石油禁运。

禁运引发了二战后资本主义世界最大的一次经济危机——当然阿拉伯世界的经济同样受沉重打击，它提高了沙特阿拉伯在世界政治舞台的地位，并成功地促使美欧日各国重新检讨自己的中东政策。由于日本对中东石油的依赖程度高达100%，所以它赶紧撤回了以往暧昧不清的中东立场，表明支持阿拉伯国家，并在该年底使阿拉伯产油国正式承认日本为友好国家，解除了对它的石油禁运。欧洲国家由于遭受阿拉伯国家威胁石油禁运和贸易杯葛，早已停止向以色列供应武器和军需品。华盛顿政府也加强了与沙特阿拉伯的谈判，它在禁运后成功地建立了一个外国援助新模式：用沙特阿拉伯的钱聘请美国公司建设沙特阿拉伯。

禁运的时间虽短，其影响却无法估量。沙特阿拉伯原油的卖出价从1970年1月1日的1.39美元/桶飙升至1974年1月1日的8.32美元/桶。美国政客及后来的政府永远无法忘记20世纪70年代初期到中期这个沉痛的教训，自此保障石油供应成为一种不可动摇的决策前提。

第三节　经济与社会环境

一、经济环境

经济环境主要指一个国家的经济体制、经济发展水平等各种因素，它是政策规划的出发点，是政策实施的基本物质条件，并在很大程度上影响政策的目标和方向。

1. 经济体制

经济体制通常指一国国民经济的管理制度及运行方式，是国家组织生产、流通和分配的具体形式。人类有史以来的经济体制，要么属于计划经济体制，要么属于市场经济体制，而这两个大类又可以细分为资本主义自由市场经济体制、私有制基础上的有计划的市场经济体制、公有制为基础的中央计划经济体制、公有制为主导的市场经济体制等四个类别。①

经济体制的不同，常常决定国家经济政策的数量及政府政策干预的范围。在计划经济体制下，所有经济活动都纳入了国家计划，经济活动的组织主要依靠行政指令来进行：生产资料由国家统一调拨；工厂产品由国家统购包销；劳动力由国家统招统配；对外贸易由国家统进统出。在这种情况下，国家需要制定方方面面的经济政策来确保计划的贯彻，政府的政策干预也必然深入到经济生活的每个角落。与计划经济体制不同，市场经济体制下的企业很少受政府直接管理，资源配置主要依靠市场来完成，商品交易遵循等价交换原则，国家的作用限于宏观的经济调控，故此国家需要制定的经济政策数量更少，政府政策干预的范围也更狭窄。

经济体制的不同，还影响到国家经济政策的准确性及政府政策干预的有效性。虽然计划经济有利于避免重复建设、企业恶性竞争、工人失业等弊病，但是计划最终是靠人来拟定的，而人的主观判断很难反映经济运行的客观实际和千变万化的社会需求。于是，科学测算相关指标的困难往往使国家经济政策带有很强主观性，这极大增加了失误的可能性，而政府的政策干预因为体制的根本问题得不到解决也无法真正发挥作用。在市场经济体制下，生产要素可自由流通，而且市场需求将驱使所有企业考虑减少成本、增加产量、提高质量的方法。为了确保资源得到最优配置，政府需要充分尊重价格规律作用，并注重政策引导和外部保障，而不是样样靠人来估算、事事都归国家管。这样做能降低不合理的经济政策出台的几率，避免盲目性，并使政策干预与市场调节得到最好的结合，即通过政府的政策干预来确保市场有序和规范地运行。

2. 经济发展水平

经济发展水平反映的是财力的状况，而政策的制定和实施都需要财力支撑。戴伊在对美国 50 个州政策输出的研究中发现，经济发展水平是影响教育、福利、公路、税收及公共调节等政策的最重要的因素。② 那么，经济发展水平对公共政策的影响主要体现在哪些方面呢？

首先，经济发展水平的高低决定着政策目标的确定及政策优先性的选择。处在经济发展较低阶段的国家总是把增加人均收入、减少失业、降低通货膨胀等经济方面的目标放在更为显著的位置。为了有效调动资源以迅速实现工业化

---

① 姚先国、罗卫东：《比较经济体制分析》第 2 部分，浙江大学出版社 1999 年版。

② ［美］詹姆斯·E. 安德森：《公共决策》，华夏出版社 1990 年版，第 41 页。

和都市化，这些国家会在必要时限制政府提供某些公共福利和服务，并对经济结构及产业布局进行周密调整。与此相对照，更为富裕的国家往往能更全面地对政策目标进行权衡，它们会改变排他性的经济目标优先的做法，注重经济发展的品质，增进公民的幸福感，并对经济增长带来的生态恶化、两极分化等问题给予特别关注。

其次，经济发展水平的高低决定着政策能否保持稳定且按预期规划实施。穷国的决策者常常无法做出有效的特别是中长期的政策规划，制定出来的各项政策也往往因为官僚机构没能及时获得足够的资金而被延误或搁置。其原因是很明显的：这些国家的经济形势既困难又多变，不确定的因素过多，为减少贫困造成的压力，国家不得不把拨付给某项政策的资金挪作他用，于是预算亦需要反复编制。正是在这个意义上，美国公共行政学家威尔达夫斯基得出一个结论，即穷国无稳定的好政策。

最后，经济发展水平的高低决定着政策合法性的高低及所获民众支持的多少。从某种意义上，政策合法性取决于政府的统治绩效，而统治绩效如何，归根结底要看民众得到了多少实惠。一般来说在经济发展水平较高的国家里，国民有更多的可支配收入、更好的发展前景和更大的经济保障，因而对政府政策的认同度也更高。李普赛特曾经指出："那些已经较成功地适应工业系统需要的国家，其国内动荡是最少的，因而不是保留了传统的合法性，就是树立了强大的新象征。"[1] 虽然政府的合法性并不会自动地带来政策的合法性，但大多数民众都拥护给他们带来利益的政府的政策。

二、社会环境

公共政策的社会环境指的是政府制定和实施具体政策时所面对的总的社会状况，它主要涉及人口数量和结构、民族和种族、公民组织和团体等。

1. 人口数量和结构

一个国家的人口如果过多，粮食、就业、卫生、住房、教育、交通、治安等方面的问题就会凸显，政府的压力也会更大。为了解决人口增长过快带来的问题，东南亚和非洲的许多国家都制定了计划生育政策，以使人口与环境和资源相协调。中国自20世纪70年代以来全面推行计划生育，并在1982年定其为基本国策，从而使人口的出生率和自然增长率明显下降，人口无计划增长的

---

[1] ［美］西蒙·马丁·李普赛特：《政治人：政治的社会基础》，上海人民出版社1997年版，第60页。

局面得到了控制和扭转。当然，对地广人稀的国家来说，其移民政策往往更宽松，取得归化国籍较容易，且通常是鼓励生育人口的。举例来说，前苏联和现在的俄罗斯都设立过荣誉勋章，用以奖励那些多生孩子的"英雄母亲"；而近年来的法国、西班牙、蒙古等国政府也实施了一系列鼓励生育的人口发展政策，例如给予多子女家庭以补助，等等。

与此同时，倘若一个国家人口中的性别比例或年龄比例失衡，也会带来远患和近忧。在现今的中国，男性已比女性多出几千万，这会导致未婚男青年增多，从而直接影响社会稳定与和谐。所幸的是，中国政府已经采取了一系列措施来缓解目前的男女性别比失调，例如通过立法来严格限制非医学原因的性别鉴定，倡导"关爱女孩行动"等，不过要在短期内取得大的收效仍需更大力度地采取针对女孩的优惠政策。年龄比例的失衡是一个更为普遍的问题，它不仅影响发展中国家，也影响发达国家。在日本和西欧，老龄化已造成了众多的问题，如老年人的生活保障、医疗护理、养老金发放、心理健康，等等。中国目前由于生活质量和健康水准得以提高，老龄人口的增长量和增长速度是很惊人的，这就要求政府尽快建立起完善的老年社会保障体系，确保老年人特别是农村老年人的养老、医疗问题能得到妥善解决。

2. 民族和种族

民族是"人们在历史上形成的有共同语言、共同地域、共同经济生活以及表现于共同的民族文化特点上的共同心理素质这四个基本特征的稳定共同体"[1]。现今世界上几乎一大半国家都拥有多个民族，它们之间会因为生活方式、风俗习惯等方面的差异而产生不同的民族问题。特别是有些国家的统治者持极端的民族沙文主义立场，他们对本国的少数民族进行压迫和剥削，从而常常挑起民族纠纷，造成民族与民族之间的不平等。中华人民共和国成立后，中国政府制定了多项政策以促进民族之间的团结，其中具有代表性的如实行民族区域自治制度、推动少数民族地区的社会改革、培养和使用少数民族干部、尊重和发展少数民族语言文字、放宽计划生育的要求，等等，因此可以说中国是民族政策最为完善的多民族国家。

种族指在体质形态上具有某些共同遗传特征的人群，又称人种。世界上有哪些种族并无公认的看法，但绝大多数人都承认它是客观存在的。从 19 世纪起，有些人类学家认为种族和人的智力、道德水平有很深的联系，因此不同种族的文化之间有高下之分。在这样的种族主义思潮影响下，一些国家的统治者

---

[1] 《斯大林全集》第 11 卷，人民出版社 1955 年版，第 286 页。

采取了对所谓劣等种族进行压迫和实施隔离的做法，更极端的甚至实行种族灭绝。这其中最具代表性的如南非，它的种族隔离制度不仅延续时间长，而且通过隔离设施法、混种婚姻禁止法等形式被系统地贯彻实施。虽然时至今日种族隔离已被公认为是对"人类的犯罪"，各国政府也都已在法律中明确承认了所有种族的平等权利，但对于收入水平和受教育程度都较低的少数种族来说，如果缺乏有效的政策举措，其整体的社会地位就很难得到实质性提高。

美国少数种族的优惠政策：肯定性行动计划

肯定性行动计划是一项在 1964 年《民权法》基础上发展起来的平等权益的措施和法案，指美国政府制定的以反歧视为目标的向部分弱势群体作适度倾斜的社会政策，即在求学、就业、颁发奖学金以及接受政府贷款和分配政府合同时，在竞争能力和资格基本相同或相近的情况下，黑人、印第安人等有被优先录取、录用或优先得到贷款和政府合同的权利。肯定性行动计划的初衷是为了纠正和弥补数百年来令人感到耻辱和难堪的种族歧视所造成的伤害，帮助社会上遭受种族歧视的广大黑人和其他少数种族的成员获得平等对待的机会，从而改善他们的经济地位和社会处境。从实践来看，肯定性行动计划确实给以黑人为代表的少数种族带来了好处，因而得到了他们的衷心拥护。然而，由于过分地采用配额制度来表现这种照顾，肯定性行动计划也引发了诸多的争议。比如，在黑人学生和白人学生的入学竞争中，黑人学生往往由于配额制度的存在，即使入学成绩低于某些白人学生，他们也仍然被录取，而某些白人学生则被拒绝录取。这样的结果引起了许多白人的不满，他们认为肯定性行动计划以种族为基础对少数种族实行优待，是一项极不公平的政策，实行的是对白人的"反向种族歧视"，违背了美国社会公平竞争、机会平等的原则。由于这个问题的特殊性和复杂性，最高法院的态度一直摇摆不定，而其对所涉及案件的判决更多反映出的是大法官内部的矛盾冲突。

3. 公民组织和社团

公民组织和社团的数量、影响力可用来衡量一个国家公民社会的成熟程度，通常来说在经济较发达及公民享有结社自由权的国家里，它们的数量会更多，影响力也更大。

这些类型各异的公民组织和社团活跃在政策过程的每一个阶段，它们会作为特定群体的代表向政府提出利益诉求，以推动相关问题列入政策议程；它们会给议员和政府官员以专业的政策信息和数据，甚至直接替政府部门从事政策规划工作；它们还会发表带倾向性的意见和评估，以直接支持或反对某项具体的政策。由于许多政策都有得利者和受损者，故同一政策常常受相互对立的公民组织和社团的影响，例如在美国中东政策的制定过程中就可能看到美国以色列事务委员会和阿拉伯美国人全国协会的行动，其中前者的宗旨是"防止出现破坏以色列安全的美国同阿拉伯的结盟"，而后者则以"疏远以美关系"为目标。在上世纪五六十年代，曾有些集团理论家认为政策就是集团之间力量对比的产物，而政府只是无足轻重的裁决人。这种观点已为后来的学者所摒弃，因为他们都清醒地认识到，公民组织和社团虽然在政治生活中扮演着极为重要的角色，但政府的作用仍然是不容忽视的，况且它们中有不少本身亦是政策所造就的。

需要指出的是，绝大多数的公民组织和社团只关心某个特定的议题，也通常只在此领域有较强的影响力。在《谁统治？一个美国城市的民主与权力》中，政治学家罗伯特·达尔阐明了纽黑文市权力分散的状况：由于每个权势集团都各有其问题领域，因此不存在一个对所有问题领域都有影响力的权势集团。在当代中国，工会、共青团和妇联等只是执政党领导下负责联系特定人群、政府亦主动与之合作的政治社团，它们不像西方国家的利益集团那样通过向政府施压来达致某方面目的的。尽管如此，它们仍然在其所联系的事务上拥有被咨询权和监督权，例如工会可动员工人对劳动保护、保险、工资、住房等政府法规执行情况进行监督。在改革开放后，伴随着经济的飞速发展，中国沿海地区出现了成员基于利益维护的需求而自愿结成的、在组织关系上不隶属于执政党和政府、行为也不直接受其领导的一些公民组织和社团。这些组织和社团的出现，有助于扩大群众参政和更好地反映民众意愿，不过也使健全管理法规和完善分类管理制度成了当务之急。

第四节　政治与文化环境

一、政治环境

公共政策的政治环境是对公共政策的制定发挥重要作用的各种政治要素的总和，主要指一个国家的政治体制、国家结构形式、政党制度等。

1. 政治体制

政治体制亦称政体，即国家政权的组织形式，它体现着一国政治生活的基本架构和公共权力的分配，因而其类型和原则会对政策的制定方式、内容、质量和稳定性等产生影响。

首先，从政体类型来看，专制政体中的许多政策都是在特权阶层把持下秘密制定的，它体现的只是少数权贵的智慧和意志，并且常因为其反复无常的性情而缺乏稳定性，朝令夕改。在民主政体中，社会大众可以通过选举和监督他们的代表而分享决策权，故政策需要依靠对公共利益的维护来证明自身的合法性，并且其制定必须遵守法定程序和公开性。当然，资本主义民主制只是资本家捍卫其统治和剥削制度的政治外壳，而法律所维护的公共利益实质上体现为资本家的整体利益，只有社会主义民主制才赋予了民众真正的而非形式上的决策参与权，从而使其得以更好地反映大多数民众的利益诉求。

其次，从政体原则来看，社会主义国家都遵循议行合一原则，由人民直接或间接选举的代表机关统一行使国家权力，国家行政机关和其他国家机关由人民代表机关产生，各自对国家权力机关负责并受其监督。在这种情况下，立法机关或权力机关制定的法律具有最高效力，党和政府制定的政策都只有在人民代表机关通过或授权后才具有法定效力，同时因为立法权和行政权是统一的，所以政策的执行具有较高的效率。在资本主义国家，政权的组织遵循分权制衡原则，即把国家权力划分为立法权、行政权和司法权，分别由三种机关掌管，并在这三种机关之间保持一种制约与平衡。虽然分权制衡极大减少了权力被滥用的可能性，但权力间的相互掣肘也降低了决策和执行的效率，同时司法机关通过违宪审查权来挑战立法机关的权威，使得司法裁决也成为重要的政策形式。

2. 国家结构形式

国家结构形式涉及的是如何规范国家整体及其组成部分、中央和地方之间的权限问题，它可以划分为单一制和联邦制两个大类。

在单一制国家，地方权力的行使来源于中央授予，宪法是由国家一级的制宪机关或立法机关来制定和修改的，不需要各级地方的同意。中央掌握着更为宏观的基本政策的制定权，而各级地方的政策则必须以中央政策为指导，是其具体化。以中国为代表的单一制国家通常都有数级地方政府，不同层级的地方政府之间存在领导与被领导关系，故每一级地方政府都必须遵从上一级地方政府的政策。在联邦制国家，联邦与成员单位之间的权力划分是由宪法规定的，因此联邦的法律虽然需要得到成员单位的遵守，但联邦也不得侵犯成员单位所享有的政策权限，而且成员单位之间的政策差异也很大。像美国这样典型的联邦制国家一般是由司法机构来裁决联邦与成员单位之间的权限纠纷的，故联邦与成员单位可就哪些事项制定政策不仅取决于宪法，也取决于联邦法院如何解释宪法文本。

通常而言，联邦制下的成员单位被认为在制定政策方面拥有更大自主权，因为它们与联邦的立法范围都是由宪法加以保障的，而修改宪法需要双方同意。尽管如此，单一制并不等于中央集权，在英国这样有着悠久地方分权传统的国家，郡、市、区等地方被赋予了较广泛的立法权（当然中央可随时剥夺地方的某些政策权限）。需要说明的是，联邦制的成员单位下也有各级地方，它们与成员单位的关系具有单一制性质，亦即成员单位政策与地方政策之间同样存在决定与被决定关系。此外，由于联邦与成员单位分享某些方面的政策权限，因而压力集团常在游说后者失败时转向前者，或者在游说前者失败时转向后者。例如，20世纪二三十年代的美国小零售商曾到各州游说并成功地使它们向大型连锁店征收很多的州税——尽管这些连锁店在华盛顿有强大的影响力；而美国有色人种促进会则绕过了各州强大的白人种族隔离主义者而在联邦政府层级上获得了让步。①

3. 政党制度

政党制度是统治阶级有组织地通过政党来开展竞争，以单独或联合执政，从而维护其政治和经济利益的形式和手段。根据一国主要政党的数目和掌权方式，政党制度大致包括一党制、两党制、多党制和多党合作制等类型，其中每一种政党制度下的政策制定都各有其特点。

一党制主要有两种表现形式：法西斯主义一党制和民族主义一党制。法西斯主义一党制实行的是法西斯党的恐怖政治，党取消了代议机构并由其首领来决定内政外交的所有事项，政策依靠强大的组织宣传和高效的官僚机构来确保其贯彻实施。民族主义一党制是在亚非拉的新独立国家出现的，这些国家的执政党在反殖民扩张、反帝国主义的斗争中赢得了国民的极大拥护，为了巩固自己的执政地位，它们注重的是政策对民族团结和国家整合所具有的作用，并力图做出更有效的和更具延续性的政策规划，以推动经济社会发展。

两党制和多党制是资本主义国家典型的政党制度，其共性是政党的自由竞争和轮流掌权。由于存在着两个或多个政党的竞争，故此每个政党都需要将不同的利益综合为备选的政策方案以供选民评判。为了证明自己守信，政党需要

① Alan R. Ball, *Modern Politics and Government*, Macmillan, 1983, p. 104-105.

兑现之前的政策承诺，为了迎接下次选举，执政党需要不断地通过良善的政策来讨好选民。两党制和多党制使人民得以表达不同的政策偏好，并允许反对党对执政党的现行政策展开批评和质疑，以便取而代之，这是应予肯定的。但是，形式上的民主不能掩盖政权的资产阶级性质，总体上看资本主义国家各政党的政策有许多相同点，这不仅是因为都需要争取最大多数的选民，也表明它们之间并无实质差异。

多党合作制是具有中国特色且适合国情的一种政党制度，它与多党制的区别是各民主党派在中国共产党领导下依法参政，而不是轮流执政。多党合作可以避免走向专制极权，又能确保政权掌握在代表最广大人民根本利益的中国共产党手里。在这样的政党制度下，政策不至于因为政党间的倾轧而频繁变动，同时力度越来越大的党内民主也进一步畅通了政策性建议的上达渠道。由于民主党派是参政党，故在国家采取重大措施或决定国计民生的重大问题时，中国共产党都事先同民主党派进行协商，取得统一认识，然后才做出正式决策。作为各民主党派参政议政的重要场所，各级政协在推动广泛的政策商谈、提出政策性建议、宣传政策主张及实践协商民主方面一直发挥着重要作用。

二、文化环境

公共政策的文化环境是对政策制定具有深远影响的一个社会的文化状况，通常包括意识形态、政治文化及价值观等。

1. 意识形态

意识形态是用来解释社会应当如何组织和运作的一组系统的观念集合，"它们代表了对社会和政治生活的一种整体的视角、价值承载者和行动指南"。① 根据马克思的看法，一切社会占统治地位的思想都是统治阶级的思想，而意识形态也必然是统治者世界观的体现。

意识形态对政策制定的影响是显而易见的，因为在冷战时期各主要大国的外交政策几乎都受"东方对西方"的这种思维支配。仅以美国为例，"铁幕降下欧洲"的焦虑不仅体现在二战后初期的"马歇尔计划"中，也反映在20世纪50年代对朝鲜半岛的干涉和60年代入侵古巴的行动中。其中"马歇尔计划"的出台为了"支持那些正在抵抗武装的少数人或外来压力的征服企图的自由民族"；出兵朝鲜是为了遏制共产主义向世界蔓延的趋势；而赶卡斯特罗

---

① ［英］杰弗里·托马斯：《政治哲学导论》，中国人民大学出版社2006年版，第283页。

下台则是为了防止古巴成为苏联指挥下致力于颠覆其他美洲共和国的武器。

在苏东解体之后，曾有人重拾意识形态终结的论调，声称人类已经不再需要连贯的构想社会经济和政治目标的抽象思想体系，所有国家都将全力聚集于公共管理问题，争论只限于政策工具及细枝末节的分歧。然而，新千年少数穆斯林驾机撞向美国世贸中心的狂热举动很快改变了这一切，人们发现意识形态不仅始终存在，而且越来越多元化，原因在于每个特定群体都会把其捍卫的利益和主张加以"意识形态化"。美国政府在"9·11"后开始把恐怖主义作为一种极端的意识形态来看待，而反恐战争则被布什形容为"争取文明之战"和21世纪的意识形态决战，这都充分说明了意识形态在当代的重要性。

2. 政治文化

政治文化是公众长期形成的对政治体系的一整套相对稳定的认知、情感和评价，它通过社会化过程而世代延续，成为凝结在政治体系中的非物质"遗产"。

根据阿尔蒙德和维巴的看法，政治文化可以划分为三种不同的类型，即地域型政治文化、依附型政治文化和参与型政治文化。在地域型政治文化中没有广泛的政策参与，不存在对政策变革的渴望，而且人们也不关心政府的事情，他们依靠非专业化的酋长、巫师等来指导其宗教和社会事务。在依附型政治文化中，人们对政治体系的输出有准确的认知，但是缺乏影响政策制定的效能感，故此只能被动接受政府的政策。在参与型政治文化中，人们对有关的政策信息有较充分的了解，他们相信自己可以控制公共政策，并且愿意为此而积极活动以影响政治机构。

除了类型的差异外，我们还应注意各个国家独具特色的政治文化，它们常常会导致不同国家的民众有不同的政策偏好。受不同政治文化的熏染，针对同样的政策问题，不同国家可能出台不同的政策，针对同样的政策目标，不同国家可能选取不同的政策工具。举例来说，在美国，很少有人赞成政府兴办企业，然而在同样奉行自由市场经济的英国却很少有人反对政府兴办企业。再举一例，垄断和不正当竞争的问题虽然在美国和德国都促成了相关立法的通过，但与美国的反托拉斯法相比，德国《反对限制竞争法》对工业卡特尔的态度显然更为宽容得多，它特别规定了"不适用卡特尔法的特殊经济领域"。

需要指出的是，任何一个国家的政治文化都包含着不同地区和群体的各种政治亚文化，它们的存在可以部分地解释地区间的政策差异，也可以说明为何针对不同地区和群体实施的同一政策会有不同的效果。

3. 价值观

价值观涉及人的政治信仰、精神追求及喜好憎恶，是人们对某些事物进行处理、评判和抉择时取舍的标准。

在政策过程的每个环节，我们都可以看到不同的价值观渗透在其中：确认政策问题时，某种价值观认为它是需要政府采取行动来解决的政策问题，而另一种价值观认为它属于私人性问题；设定政策目标时，某种价值观希望尽最大可能地确保机会公平，而另一种价值观注重的是如何使弱势者受益更多；从事政策规划时，某种价值观小心谨慎地遵从既有经验，而另一种价值观倾向于开发有创造性的新思维；执行政策方案时，某种价值观固执地反对一切偏离并视其为不合法，而另一种价值观愿意持更为变通的态度并视其为灵活性的需要；评估政策效果时，某种价值观充分肯定的是低成本的投入和高效率的产出，另一种价值观则质疑其对既有民主政治过程和行政人员公益精神的破坏……

由于政策过程最终是靠人来启动和参与的，因此"政策制定的目的可能反映了那些涉及政策制定过程的人的内心主观愿望和他们对过去、现在和未来的看法"①。值得注意的是，虽然价值观相比人的行为来说是更深层的东西，但是有效的政策引导仍然可能使其发生改变——当然这种改变是缓慢的。况且价值观还会随经济、社会的发展（或者因为某些特殊事件）而发生改变，然后通过对公共舆论的影响推动政策革新和调整。美国学者英格尔哈特在《静悄悄的革命》中曾提出过"后物质主义价值观"的概念，以说明西方社会的民众在工业化后越来越看重政治、生活和环境质量的状况，而政府所遭遇的不信任和不满意在一定程度上也是由于它不能及时调整政策重心，没能很好地适应公众价值观的这种变化。

第五节 国际环境

一、全球化：国内与国际的互动

国际环境主要指一国与他国的相互关系及他国间相互关系的总和。作为深切感受着全球化浪潮之冲击的现代人，我们不会忽略掉他国及国与国之间发生的任何重大事件，因为在当前的世界国内和国际始终是交织在一起的。然而，国际环境的重要性并非自明的，事实上在哥伦布发现美洲之前的很长一段时间

---

① ［美］E. R. 克鲁斯克、B. M. 杰克逊：《公共政策词典》，上海远东出版社 1992 年版，第 36 页。

里，它对政策制定的影响是微不足道的。对古代各国的统治者来说，他国的经济与社会状况如何是无关紧要的，因为这些因素不足以干扰本国民众的生活，它们纯粹是"外部的"事件。受河流、山川的阻隔，近代之前国与国的往来极不方便，信息的传递亦耗时颇多，这就不难理解为何在古代人的思想观念里，自己的国家常常与天下、世界一样。如果说在前现代的世界里只存在着散布于不同地域、相互间缺乏了解、自给自足自营生产的各个国家的话，那么很显然国际本身都是个值得怀疑的概念，更遑论什么国际对国内的作用了。

工业革命之后，伴随着科学技术的进步及交通、通讯手段的发展，国与国之间在经济、政治、文化等方面的联系日益紧密，而人员、物质和精神产品的流动也越来越多地突破了国界的束缚，这种变化最终促成了全球化的出现。作为现代性的基本制度特征向全球范围转变的必然结果，它使"数量日众的人生活在这样一种环境中，即各类脱域制度将地区化的实践与全球化的社会关系连接在一起，组织着日常生活的主要方面"①。通俗地讲，全球化时代与其之前的时代最大的不同就在于：今天某个地方发生的事件其影响可能会在数月之后波及到几千公里以外的其他地方，而非仅限于当时当地。面对着逐渐增强的全球化趋势，所有国家的政府在制定和实施公共政策时都不仅要考虑本国国内的各种因素，也要对国家间的相互关系（结盟还是敌对）和重大的国际事件有准确地认识和把握。

需要注意的是，在不同的历史时期，政策制定中国际因素的影响可能有大有小。通常来说，在大规模战争爆发或霸权国家出现的时候，政策的制定更多地受到国际的影响，而在和平时期或霸权衰落时期，政策制定主要受国内影响。正如一位权威学者在谈及对外经济政策时所指出的那样："只要国际政治经济中权力的分配不成问题，对外经济政策战略就主要受国际政治经济的结构所制约。然而当国际政治经济的结构不再被看作是理所当然时，国内力量在塑造对外经济政策中的相对重要性就提高了。"② 另一方面，国际力量的作用也会因为政策领域的不同而迥异，例如工业、外交、军事等领域的政策制定更多受国际影响，而教育、交通、税收等领域的政策制定主要受国内影响。在全球化不断加速的新世纪，任何一个国家的政策规划都理所当然地要面向全球，不过我们也必须看到，这一进程中隐含着美国化和西方化的危险。为了抗拒文化

---

① ［英］安东尼·吉登斯：《现代性的后果》，译林出版社 2000 年版，第 69 页。

② ［美］彼得·J. 卡岑斯坦编：《权力与财富之间》，吉林出版集团 2007 年版，第 11 页。

第三章 政策环境

69

殖民和扩张，许多国家都出台了一系列政策来扶持和保护本国文化产业，这是十分必要的。

法国的电影产业政策

第二次世界大战后，好莱坞电影横扫世界，在其全球攻略下，传统的主要电影生产国家电影产量一路下滑，电影市场低迷。与之形成鲜明对照的是，作为民族电影的旗手，法国电影一直保持着较高生产水准，电影票房稳定在市场份额30%以上，而这在很大程度上得益于法国政府对电影产业的长期扶持政策，主要包括如下内容：

第一，实行电影资助制度，即从影院、电视、录像等电影相关行业中征税，建立电影扶植资金，给电影产业以充足的财政保证。

第二，采取激励措施，推动电影艺术创新和扶植新人新作，鼓励发行商多发行处女作，以长期保持本国电影市场的活力。

第三，倡导"文化例外政策"，对电影文化的保护采取积极主动的措施，如实行电影中的法语保护政策。

第四，用政策保证透明通畅的投资机制，既吸收外国投资又提倡投资来源的多样化，以尽量化解投资风险。

第五，通过外交部，利用电影资料馆、电视档案馆的网络工程和组织法国电影回顾展等形式，保证法国故事片和纪录片在世界范围内的发行和推广。

上述政策的实施，极好地避免了法国电影产业的好莱坞化，保证了法国艺术电影文化的独立性，扩展了法国文化的影响力，并向世界展示法国的软实力。

二、和平与发展的世界

第二次世界大战后，出现的新科技革命深刻地改变了各国的经济社会生活和当今世界的面貌。首先，新科技革命使全球经济关系发生了重大变化。伴随着新科技革命引起的经济全球化，世界各国的生产、流通、投资等逐渐联结为一个整体，无论是发达资本主义国家、发展中国家还是社会主义国家，其经济发展都只有在相互依存、相互渗透的条件下才能得以真正实现，经济发展越来越成为各国的共同要求。其次，新科技革命和世界经济的发展，使世界政治格局也发生了重大变动。特别是冷战结束后世界多极化的趋势越发明显，国际形势总体上出现了相对和平的发展趋势。尽管世界并不太平，局部地区的战争仍有发生，但制止战争的因素也在逐步增长，在较长时期内不发生大规模的世界大战是有可能的。

得益于和平与发展的国际环境，各国政府都将主要的注意力集中在了经济建设上，因为经济搞上去才能建立起雄厚的物质基础，才能提高综合国力，才能自立于世界民族之林，才能在国际事务中发挥应有的作用。中华人民共和国建立之初曾在推进社会主义改造和拓展工业基础方面取得巨大的成就，但很快就因为受阶级斗争为纲的"左"倾思潮影响而陷入了十年"文革"的泥潭。所幸的是以邓小平为领导的中国政府及时调整了政策重心，于1978 年再次确立了改革开放和以经济建设为中心的指导思想。这是深刻总结中国几十年经验教训和正确认识国际环境后作出的正确决策，三十多年来中国的迅速发展以及国际环境的重大变化，已经并将继续雄辩地证明这一决策的正确和深远影响。

然而不可否认，世界的和平与发展仍面临着各种各样的挑战：多极化和经济全球化在发展中蕴含着曲折；不公正、不合理的国际政治、经济旧秩序尚未根本改变；局部的战乱、紧张、动荡此起彼伏（20 世纪 90 年代以来就有海湾战争、科索沃战争、伊拉克战争等）；南北差距在进一步拉大；原教旨主义引发的恐怖主义等非传统安全问题更加突出；全球安全面临的不确定因素日益增多。对亚非拉的发展中国家来说，要在这样的世界里抓住机遇发展自身，就必须制定出有远见的、可持续的对内和对外政策，而其中尤为重要的是如何在维护本国国家利益的同时，通过双边和多边的合作及竞争来壮大自己，以及如何在有效维护国家主权的同时，与强权政治和霸权主义作坚决的斗争。

作为一个负责任的大国，中国曾多次表示愿同各国加强协调与合作，为实现一个持久和平与普遍繁荣的世界做出应有的贡献。建立在和平共处五项原则基础上，中国政府制定了自己的和平外交政策，主要体现在如下几点：第一，始终奉行独立自主的原则，不同任何大国或国家集团结盟。第二，反对霸权主义，主张国与国之间通过协商和平解决彼此的纠纷和争端。第三，积极推动建立公正合理的国际政治经济新秩序，以反映时代进步的要求和各国人民的普遍愿望。第四，实行全方位的对外开放政策，同世界各国和地区广泛开展贸易往来、经济技术合作和科学文化交流。第五，严格履行所承担的国际义务，致力于推进国际军控、裁军与防扩散事业，坚定不移地维护世界和平和地区稳定。

三、全球问题与全球治理

全球问题是与全球化趋势相伴、在全球范围内普遍存在、严重威胁全人类生存和发展、只有靠全人类的共同努力才能解决的迫切问题。当今世界，全球问题主要包括失去控制的人口增长，社会的两极分化，饥饿和营养不良，广泛的贫困和失业，能源危机和资源匮乏，文盲及与时代相脱节的教育，犯罪和吸毒，恐怖主义活动，全球气候变暖，政治腐败和官僚主义，军事力量扩充及核扩散，民族和宗教冲突，艾滋病感染人数大幅上升……面对这些令人棘手的问题，所有国家特别是发达国家的政府需要反思过去和面向未来。之所以要反思过去，是因为这些问题都是由人的活动所导致的，不从过去吸取教训，问题会继续恶化；之所以要面向未来，是因为它们都必须靠今后的合作来解决，没有全球视野，问题就难以根除。

在过去几百年间，世界各国都曾为其盲目追求经济增长的政策方针而付出沉重的代价：汽车产量倍增造成尾气排放过多和温室效应，无限制地开采造成矿产资源的短缺，乱砍滥伐造成水土流失严重，大量购买武器造成愈演愈烈的军备竞赛，种族歧视和剥削造成仇恨、清洗和屠杀，权力监控不足造成寻租和以权谋私，社会保障不健全造成弱势者贫困化和社会矛盾激化。反思这一切，需要总结的首要教训就是应当正确处理经济发展与生态保护、社会和谐的关系，在适度经济增长的前提下，探寻适合本国国情的应对环境、能源、人口、腐败、犯罪等问题的途径和方法，本着对子孙后代负责的态度，用可持续发展的思路来指导政策制定，而非杀鸡取卵、竭泽而渔。

时至今日，全球问题已超越社会制度的差异和意识形态的分歧而成为发达国家和发展中国家、社会主义国家和资本主义国家政策议程中共有的议题，关系到全人类的根本利益。要解决它们决非一朝一夕的事情，也不能完全依赖主权国家，而必须靠各国政府和人民长期的互助及共同的努力，正如近些年来在反恐怖主义、加强气候监控、打击毒品走私、甲型 H1N1 流感防治等问题上已经出现过的某些形式的跨国合作一样。很显然，这种以问题为导向、主体多元化、强调参与和协调、注重规则及有序性的新型管理活动不同于传统的统治行为，它属于一种全球治理。根据全球治理委员会的定义，"治理是或公或私的个人和机构经营管理相同事务的诸多方式的总和。它是使相互冲突或不同的利益得以调和并且采取联合行动的持续的过程。它包括有权迫使人们服从的正式机构和规章制度，以及种种非正式安排"①。

总体而言，治理的全球化使过去一些悬而未决的问题有了显著进展，也使非政府组织和普通公民得以广泛地参与政策制定和实施。通过倡导谈判与协商，如今的国际组织能够发挥更大的作用，特别是在建立相关问题的合作机制上。然而，"绝大多数公民都大大低估了以下事实的程度，即大多数国家的海洋法是在伦敦的国际海事组织中拟定的；空气安全法是在蒙特利尔的国际民用航空组织中拟定的；食品标准是在罗马的粮食与农业组织中拟定的；知识产权法是在日内瓦的世界贸易组织和世界知识产权组织中拟定的"②。那么，这些为解决全球问题而实施的国际性的干预措施意味着什么呢？在反全球化人士看来，它们可能会对小国的国家主权构成冲击，因为国际货币基金组织等有权势的国际机构大多是由发达国家所主导的，削弱国家主权的重要作用有可能在客观上导致强国和跨国公司借以干涉他国内政，迫使小国在制定政策时作出各种让步。为避免这种隐含的危险，就必须允许所有国家以平等身份参与对话，并拥有相应的代表性和决策权，毕竟没有话语权也就无法真正分享治理权。

☞ 思考题：

1. 政策环境是如何与公共政策相互作用的？
2. 试举例说明政策环境的交叉性。
3. 亚洲小国不丹是世界公认的十大环保国家之一，该国政府通过立法规定森林覆盖率不得低于60%，请对此作一些评价。
4. 德意志联邦共和国本是在合法性极低的情况下建立的，然而卓有成效的经济政策却使其政府很快赢得了民众的高度认同，这说明了什么？
5. 前苏联在民族文化政策制定中推行大俄罗斯主义，最终导致了民族利益矛盾激化和苏维埃政权危机的发生，对此我们应吸取哪些教训？
6. 民主的政体被大多数人认为能使政策制定更好地反映民意，然而也有些民主的批评者认为它会导致政策制定缺乏效率，你如何看？
7. 请列举当前公共政策制定中所体现的各种不同的价值观。

① 俞可平主编：《治理与善治》，社会科学文献出版社2000年版，第270页。
② ［英］戴维·赫尔德、安东尼·麦克格鲁：《治理全球化：权力、权威与全球治理》，社会科学文献出版社2004年版，第15页。

8. 伊拉克战争是美国在未经联合国授权的情况下发动的，请从多方面把握其战略意图：建立中东军事基地、控制伊拉克的石油、推进美式价值观、遏制原教旨主义……

第四章　政策问题与政策议程

孙志刚事件与收容遣送制度的废止

1982 年 5 月 12 日，中华人民共和国国务院发布了《城市流浪乞讨人员收容遣送办法》，规定对于家居农村流入城市乞讨的、城市居民中流浪街头乞讨的、其他露宿街头生活无着的人员（在某些大城市未办理暂住证的外来务工人员视同流浪者）予以收容、遣送。在这一办法的实施过程中，越多越多的人认识到原办法中限制公民人身自由的规定是与宪法和有关法律相抵触的，并且容易导致暴力、殴打及对被收容遣送人员合法权益的侵犯。

2003 年 3 月 17 日晚，毕业于武汉科技大学的孙志刚因未携带任何证件外出而被广州市公安局天河区分局黄村街派出所民警错误收容，并在广州市收容人员救治站被护工轮番殴打致死。该事件由《南方都市报》的记者最先报道出来，引起了普遍的关注，并在社会上掀起了对收容遣送制度的大讨论。先后有来自多所高校的 8 名法学专家上书人大，要求就此对收容遣送制度进行违宪审查。同年 6 月 20 日，国务院总理温家宝签署国务院令，公布《城市生活无着的流浪乞讨人员救助管理办法》，同年 8 月 1 日，《城市流浪乞讨人员收容遣送办法》被正式废止。

孙志刚事件反映出特殊时刻"政策之窗"的开启可以促成公共政策的重大转变，事实上，在实践中收容遣送人员滥用权力的问题早已不是稀罕事，部分收容所员工对被收容者进行敲诈勒索甚至辱骂殴打的违法行为也时有发生。但是，如果没有孙志刚事件，那么改收容为救助的政策转变是不可能如此迅速发生的，这说明政策问题进入政策议程的时机是非常关键的。

在本章中，我们将依次考察什么是政策问题？政策问题有何特征？政策问题是如何得到确认的？政策议程包括哪几种类型，以及影响政策议程的行为者主要有哪些？等等。

第一节　政策问题的确认

公共政策的功能在于解决社会公众所面临的一些特定的问题，所以问题是政策过程的起点，问题总是先于政策的制定，而且问题的性质及特点常常决定了相关政策形成过程的性质及特点，从这个意义上说没有政策问题的确认就不会有公共政策的出台。

一、问题与政策问题

人类社会生活中存在着各式各样的问题：个人会遇到身高偏矮、择业不易等问题；家庭会遇到收入过低、住房面积小等问题；学校会遇到师资不足、校舍亟待维修等问题；企业会遇到成本太高、竞争激烈等问题。然而，这些问题中有很多不需要政府也不应该由政府来加以解决，因为政府的政策干预所要解决的不是个人问题，也不是一切公共问题，而是某些引起公众广泛关注、得到政府充分重视并且属于政府管辖权限范围内的特定公共问题，即政策问题。

1. 问题、个人问题和公共问题

在人们与周边环境发生互动的过程中，凡是人们的目标、期望、偏好、计划等不能实现的状况，或者反过来说，凡是现实中与人们的期望和预定目标不相符合的状况，都可统称为问题。问题是"人们的需要、受剥夺感或不满足感的体现"①，反映出来的是客观实际状况与主观心理期望之间的差距。它既产生自外部客观情境，又涉及人的主观认识。由于不同的人往往拥有不同的主观需求和理想蓝图，因此同样的客观情境对于某些人而言是问题，而对另一些人而言可能就不是问题了。

问题可以宽泛地划分为"个人问题"和"公共问题"两大类。其中个人问题是个人依据自身需求，在争取现实状态向期望状态转化过程中遇到困难或产生矛盾而形成的差距。在人生道路上，个人问题随时都会碰到，因为人的需求任何时候都不可能完全得到满足：低层次的需求得到满足后，高层次的需求又会随之而来。个人问题需要个人通过努力去克服，而个人能力的提高也正是在不断发现问题、分析问题和解决问题的过程中得以实现的。一般来说，个人问题的影响范围较为狭窄，它只涉及一个人或少数几个人，但它却构成公共问

① C. O. Jones, *An Introduction to the Study of Public Policy*, p. 17, Wade Worth Publishing Co., 1970.

题的基础。

所谓公共问题，就是社会上绝大多数人或相当一部分人所面对的共同问题，是阻碍他们的共同期望实现的各种客观因素及情势。公共问题超越了个人狭小的空间而与社会成员的生活息息相关，它涉及的人群范围较广泛，并且其影响所及已不仅限于某个区域或社会生活的某个领域。尽管公共问题并非抽象的而是由个人问题组成的，但是个人问题只有在特殊的情况下才会转化为公共问题，也就是说个人问题转化为公共问题必须满足相应的条件：一是问题产生的影响具有广泛性，即个人所遇到的问题不只影响到个人，也牵涉到众多社会成员的利益；二是问题的解决具有广泛性，即问题不是个别人或少数人通过努力能够解决的，而只有通过调动社会各方面的资源和力量才可能克服或解决。

通常情况下，个人问题与公共问题之间的区别是很明显的，例如一个大学生本科毕业后是继续深造还是选择就业，这只涉及他自身的偏好，纯属个人问题。但如果大学生们在本科毕业后普遍遭遇到择业难的困境，那就是一个公共问题了，因为它与多数人的利益密切相关。与公共问题类似，社会问题也会影响到社会大部分的成员的共同生活，但它多指公众所面对的社会现象领域的问题，即破坏社会正常活动、妨碍社会协调发展的社会现象，如人口问题、毒品问题、生态环境问题、劳动就业问题、种族歧视问题、青少年犯罪问题和老龄化问题，等等，此时公共问题包含着社会问题。不过，在日常生活中，公共问题与社会问题也常被人们用作同义语，都指与纯粹的个人问题相区别、涉及大多数社会成员并且为民众普遍关心的那些问题。

2. 政策问题

囿于政府有限的资源、手段和能力，实践中不是所有的公共问题都必然会转化为政策问题，某些公共问题可以经由协商或者通过非政府组织的活动而得到解决，也可能随时间流逝而自然消失，无需诉诸政府，因此，政策问题的外延与公共问题的外延并未重合。既然如此，我们应该如何把握政策问题的内涵呢？在这里还是先看看国内外学者们的一些有代表性的界定吧。

美国政治学家安德森提出："政策问题可以被定义为某种条件或环境。这种条件和环境引起社会上某一部分人的需要或不满足，并为此寻求援助或补偿。寻求援助和补偿的活动可以由那些受环境影响的人直接从事，也可以由别人以他们的名义进行。"[①]

台湾学者林水波和张世贤认为，政策问题是"在一个社群中，大多数人

---

① ［美］詹姆斯·E. 安德森：《公共决策》，华夏出版社1990年版，第65页。

察觉到或关心到一种情况，与他们所持的价值、规范或利益相冲突时，便产生一种需要、受剥夺或不满足的感觉，于是透过团体的活动，向权威当局提出，而权威当局认为所提出者属其权限范围内的事物，且有采取行动，加以解决的必要者"①。

内地的张金马教授在其主编的《政策科学导论》中强调："公共问题、社会问题只有当通过个体与集团的行动向政府有关部门提出，而且该问题又属于该部门权限，政府又试图采取干预的手段去解决时，才会把它们列入政府议程，此时的问题就成为政策问题。"②

综合上述学者们的界定，我们可以归纳出政策问题所具有的五层含义：第一，政策问题是客观存在的公共问题，表明现状出了偏差或存在不足；第二，政策问题与公众流行的价值观有冲突，被认为是不公正的或不合理的；第三，政策问题已被多数人所察觉，有了明确的"问题"意识；第四，政策问题已通过个人或团体的行动予以表达，并产生了一定的压力；第五，政策问题属于政府管辖范围，且被列入政府议程。

二、政策问题的特征

政策问题具有关联性、主观性、人为性和动态性等特征，接下来让我们分别对它们进行概略的说明。

1. 政策问题的关联性

政策问题往往并非孤立存在，而是相互依存的，换言之，某个领域的问题可能会影响到其他领域，例如春运期间出行游客众多就常导致车票难买、环境脏乱、财物被盗、误班误学等一系列问题。与此同时，政策问题还总是相互交织的，亦即某个问题可能只是问题"丛林"中的一个组成部分，比方说美国黑人犯罪率高就是与其易失业、过度贫困、家庭不完整、遭受种族歧视等问题紧密相联的。在这种情况下，试图用分析性路径来将它们拆解或分割成各个要素要么是不可能的，要么是困难的，而且即便能够做到也很难获得对政策问题的清晰认识。因此，关联性的特征提醒我们，只有从整体、系统的角度来把握政策问题才能真正准确地辨别、界定乃至最终解决它们，这就是为什么有时候"同时解决 10 个相互关联的问题比解决一个问题自身

---

① 林水波、张世贤：《公共政策》，台湾五南图书出版公司 1980 年版，第 72 页。

② 张金马主编：《政策科学导论》，中国人民大学出版社 1992 年版，第 134 页。

要来得容易"①。

2. 政策问题的主观性

政策问题是思想作用于环境、主观作用于客观的产物,其所指涉的外部客观状态、现象和情境等只有在经过人脑的思考和加工、被发现与人所信奉的价值观不相契合时才会被判定为是"问题"。于是,某种社会现象在不同时期、经由不同人群看来可能是问题,也可能不是问题。举例来说,在中国古代,一夫多妻被视为理所当然,而在当代"小三"却成为影响很多人家庭幸福的社会问题,其所反映的正是社会主流价值观的变迁。不仅如此,被普遍指认为是问题的某种客观状况在持不同价值观的不同人群眼里也可能属于不同性质的问题。好比中国农民贫困化的问题,一些人看到的是农民负担过重、农产品价格低;另一些人看到的是农民保守、图安逸、思路不开阔;还有些人看到的则是农民有效参与不足,政治上缺乏充分的代表。

3. 政策问题的人为性

政策问题的存在通常导源于人类对自然界和社会的改造,导源于人的行为,故而具有人为性的特征,这主要表现在三个方面。首先,政策问题往往与人们违背客观规律,破坏与自然界和谐、协调的关系有关。在这方面有很多需要吸取的教训:水土流失和沙漠化问题是由于人类乱砍滥伐所致,能源紧缺是由于人类不间断开采和无节制使用所致,温室效应和大气污染是由于人类机动车排放大量尾气所致……其次,政策问题可能是先前某些社会成员的错误行为,或者政府不恰当的政策所造成的。例如,前苏联末期族际矛盾激化及各共和国离心倾向加剧的问题就在一定程度上肇因于前苏联政府某些领导人推行的大俄罗斯主义。最后,政策问题还涉及特定人群的利益,需要通过他们的公共活动予以表达,并根据一定的价值观来确认。正因如此,脱离人的行为的政策问题是不存在的。

4. 政策问题的动态性

政策问题反映出的是公众对现状的不满意及希望对其加以改进的意愿,它可能因为社会生活的发展及人们价值观念的更新而逐渐缩小、消失,也可能不断扩散乃至恶化,例如人口、能源、环境等问题就大多是到20世纪才逐渐演变成为严重的全球问题的。除此之外,政策问题的解决方案也会随着外部环境因素及人们对问题内容、性质的理解发生变化而变化。20世纪90年代,以北

---

① [美]威廉·N. 邓恩:《公共政策分析导论》(第二版),中国人民大学出版社2002年版,第159页。

京为代表的许多大中城市纷纷立法禁止鞭炮燃放，以减少因燃放烟花爆竹造成的财产损失和人身伤害事件，而十余年后又正是这些大城市在陆续改禁为限，以体现对民俗的尊重。更何况就某些具有时效性的政策问题而言，所拟定的相应解决方案若不能及时付诸实施，必然失去时机而无法再发挥作用。正因如此，"对于复杂的政策问题，分析永远不会终止"，"永远不能证明它已经找到了正确的政策，它将一直面临挑战"。①

三、政策问题的类型

政策问题的种类很多，按照不同标准可以对其进行不同的分类，例如按照问题发生的领域可以划分为经济问题、政治问题和文化问题；按照问题作用的范围可以划分为全国性问题和地方性问题，等等。在这里，我们将根据问题结构——与政策问题相关的各种内在要素的构成状态，依次介绍政策问题的三种不同类型：结构优良的问题、结构适度的问题和结构不良的问题。②

1. 结构优良的问题

结构优良的问题涉及的是一位或几位拥有相同价值偏好序列的决策者对少数备选方案进行政策选择。在做这样的选择时，每种备选方案的效用大小都可以根据前述的价值偏好序列来加以判定，而且每种备选方案的结果要么具有完全的确定性，要么在可预测和可接受的风险范围之内。因此，结构优良的问题属于可以完全计算机化的问题，其所有备选方案的结果都可以预先加以规划，对此最典型的代表就是政府或其他公共机构的基层执行部门中的大量操作性问题。

2. 结构适度的问题

与结构优良的问题一样，结构适度的问题也涉及一位或几位决策者对数量有限的备选方案作出选择，而且政策价值取向也基本反映了决策者对排列好的政策目标顺序的共识。但与前者不同的是，在面对结构适度的问题时，各种备选方案的后果并不是确定的，也无法在可接受的误差范围内加以计算。此时决策者可能会陷入决策的困境，正如在所谓的"囚徒困境"中一样，该例子很好地说明了个体看似理性的选择可能会导致小到团体、政府机构，大到社会整体的集体不理性。

---

① ［美］查尔斯·林德布洛姆：《决策过程》，上海译文出版社 1988 年版，第 22 页。
② 参见 ［美］威廉·N. 邓恩《公共政策分析导论》(第二版)，中国人民大学出版社 2002 年版，第 163～164 页。

理性选择与囚徒困境

囚徒困境是博弈论的非零和博弈中最具代表性的一个虚构出来的例子，它在1950年最早由兰德公司的梅里尔·弗勒德和梅尔文·德雷希尔提出，然后经艾伯特·塔克以囚徒方式阐述并正式得名"囚徒困境"。

在经典的囚徒困境中，犯有重罪的两名嫌疑犯遭到逮捕，由于警方没有足够证据指控两人有罪，于是就分开关押他们并避免他们相互沟通。然后警方分别和两人见面，并向双方提供以下相同的选择：1.若一人认罪并作证检控对方（即"背叛"对方），而对方保持沉默，此人将即时获释，沉默者将被判监禁10年。2.若两人都保持沉默（即互相"合作"），则两人同样被判监禁半年。3.若两人都互相检举（即互相"背叛"），则两人同样被判监禁两年。

那么，涉案的两人会作何选择呢？根据博弈论中的理性假定，即每位参与者都会尽力寻求自身最大利益而不关心另一参与者的利益，困境中的两名理性囚徒因身处信息隔绝的境地，都会这样设想：1.若对方沉默，那么背叛会让我获释；2.若对方背叛指控我，我也要指控对方才能得到较低的刑期。所以，囚徒困境最终的可能结果是双方参与者都背叛对方，两人同样服刑两年。

3. 结构不良的问题

结构不良的问题通常涉及许多个不同的决策者或决策机构，他们所持的价值偏好要么是不可知的，要么无法按统一的标准来排出优先顺序，同时政策备选方案及其结果也是不清楚的，而决策的风险和不确定性也难以估计。在这种情况下，政策选择的目的主要不是去揭示各种已知的确定关系，也不是要去计算备选方案所具有的风险或不确定性，而是要明确问题的本质。与前两类问题不同的是，结构不良的问题属于完全不具传递性的政策问题，它说明的是在偏好排序缺乏一致时不可能选出一个优于其他所有方案的方案，对此经济学家肯尼思·阿罗已经通过"不可能定理"进行了详细的论述。[①]

---

① 参见［美］肯尼思·阿罗《社会选择与个人价值》第1章第1节"社会选择的类型"，四川人民出版社1987年版。

值得注意的是，在当今各国的政治生活中，结构不良的问题所占有的比例越来越大，而且许多新出现的重要的政策问题也都是结构不良的问题。这其中的原因有很多，例如公民社会的日渐成熟导致政策过程的参与者增加，政策涉及的利益相关主体众多导致价值间的相互冲突，各种风险的频发导致信息获取的难度提高而精确度下降……此种状况给决策者的判断能力和分析能力提出了更高的挑战，并且要求他们更专注于政策问题的构建及确认。

四、政策问题确认的一般程序

政策问题的确认是一项非常复杂而细致的工作，也是有效解决政策问题的前提和关键，如果决策者没有清晰、准确地把握政策问题的性质、内容及其产生的原因，就不可能有的放矢地提出针对性的解决方案。从某种意义上而言，"问题的挖掘和确认比问题的解决更为重要"，因为"对一个决策者来说，用一个完整而优雅的方案去解决一个错误的问题对其机构产生的不良影响比用较不完整的方案去解决一个正确的问题大得多"。① 在实践中，政策问题的确认大体上包括问题的察觉、问题的界定和问题的陈述三个主要步骤。

1. 问题的察觉

问题的察觉指某一问题逐渐扩散并达到较为严重的程度、已被相关主体发现并产生受剥夺感和不满足感、引起政府有关部门关注并认为值得为此采取行动的过程。作为政策问题确认的开始阶段，问题的察觉表现为"感觉到有问题存在"即意识到一种问题情境的存在，它可以通过各种途径来实现：人大代表的视察及对选区的走访、政府有关部门的行政检查、专家学者的调查研究、人民群众的上访及控告、新闻媒体的披露和报道，等等。在问题的察觉阶段，决策者和政策分析人员应从问题情境出发，尽可能多地搜集与问题相关的要素、材料和数据，并尽可能完整地列举不同社会集团或部门的相关主张和利益要求，以为问题的界定打下良好基础。

2. 问题的界定

问题的界定就是运用最基本和最一般的学科概念，对问题进行特定的分析和解释，尤其是要做好问题归类和问题诊断的工作。问题归类指弄清问题的性质、发生的领域、范围等，例如政策分析人员要明确所面对的问题是一个经济学问题、政治学问题抑或是其他问题。如果被认定为是经济学问题，就需要从

---

① J. S. 利文斯顿：《受良好教训管理者的神话》，《哈佛商业纵览》1971 年第 1 期，转引自张金马主编《政策科学导论》，中国人民大学出版社 1992 年版，第 133 页。

商品和服务的生产与分配、市场价格、成本与收益等角度去分析；如果被认定为是政治学问题，就需要考虑权力分配、政治体制、政党斗争、集团压力等要素。问题诊断指运用搜集到的各种信息和科学手段对问题的症结和原因进行分析，了解现实状态与理想状态之间究竟有哪些差距，然后搞清楚问题发生的主观原因、客观原因、直接原因、间接原因等。需要注意的是，问题的界定不纯粹是一个知识运用的过程，也涉及世界观和意识形态。这些因素会渗透在政策分析人员的潜意识里，从而促使他们把诸如某个国家贫困落后的根源判定为帝国主义剥削、国民素质低、领导能力差或者产业结构不合理。

3. 问题的陈述

问题的陈述指通过可操作性的语言，将问题加以具体描述和表达，从而将其形式化的过程。一般来说，它涉及的是用数学模型来对先前已被定性的问题进行定量分析，以详细地勾勒出其各个方面，如边界条件、变量、发展趋势，等等。模型是有用的，因为它可以排除不相干因素而简化问题，突出重要变量之间的关系，并帮助政策分析人员解释和预测政策选择的结果。当然，在简化和抽象化的同时，模型也可能造成对现实的选择性曲解。所以，在这个阶段上，主要的困难在于经过形式化处理和表述的问题是否真实地揭示了问题的性质和特征。决策者和政策分析人员必须警惕，模拟技术自身的不完善使其在反映复杂的社会问题特别是结构不良的问题时常常力有不逮，故以数学方式建构起来的问题或许无法真正与现实社会中存在的问题相对应。

关于在京流动人口自办学校问题的调研

随着国家改革开放和北京建设发展步伐的加快，上百万外来务工经商人员涌入北京，外来儿童、少年就学问题日益突出，于是一部分由外来人口自办的学校或教学点应运而生。为搞清在京外来人口自办学校的基本情况，北京市政府教育督导室成立专门的调研小组，先后走访了海淀、朝阳、通州和昌平四个区的10处外来人口自办学校或教学点。

调研表明，在京外来人口自办学校存在的主要问题有：

1. 此类学校都未得到市有关部门的批准，实际上都属于非法办学。

大多数外来人口自办学校未在任何教育行政部门办理审批或注册手续。少数外来人口自办学校虽持有外地教育行政部门颁发的"办学许可证"，但实际上县级教育行政部门无权异地发放"办学许可证"，而且这些发放部门并未真正履行其管理职责，因此，朝阳区曾发生学校的举办者携款潜逃的恶劣事件。

2. 办学者不具备任职资格，学校管理状况不平衡。

从调查的学校看，没有一所学校负责人完全具备国家规定的基本任职条件。有的校长文化程度很低，有的则从未从事过教育教学工作，甚至连相关的工作也未接触过。大多数学校没有基本的管理制度，随意性极大，往往是校长一人说了算。很多学校只开语文、数学等主课，而课程计划规定的其他副科则根本不开或形同虚设，而且都无专任教师，学生的全面发展和素质的提高受到很大影响。

3. 师资水平参差不齐。

在调查中发现，各校聘用的教师中，有过教育教学经历并达到较高学历水平的人很少，其中具有教学经历的只占30%，具有大专以上学历的占12%。由此看出，外来人口自办学校的师资水平总体是比较差的。

4. 办学条件简陋，难以保证学生质量，且学生的安全、卫生隐患严重。

调查发现，大多数外来人口自办的学校设施设备和校舍极为简陋，学生的活动场地或根本没有或极为狭小，没有基本的实验仪器和体育、音乐、美术课的器材和教具，卫生状况很差且极易使传染病流行。1999年，朝阳区还曾发生外来人口自办学校肝炎、麻疹流行事件。

第二节　政策议程的构建

政策制定实际上是把社会上各种利益诉求输入政策系统并将其转化为政策输出的过程。在利益派别及主张多元化而政府财力又有限的情况下，决策者只可能对少数利益诉求进行认真审议和考察。因此，不同政治力量常常会围绕对政策议程的控制而展开持续不懈的斗争，毕竟它决定着政府资源优先划拨在哪些领域和给哪些人，决定着谁在何时得到什么。

一、政策议程的界定及其类型

政策议程又称政策日程，是指政策制定者就某个广为关注的公共问题进行讨论，以决定是否需要对其采取行动、何时采取行动及采取什么行动。政策议程包括要求相关政府部门慎重考虑特定问题并对其作出反应、采取措施的各种事务，它的形成过程"就是统治阶级或人民群众反映和表达自己的愿望和要求，促使政策制定者制定政策予以满足的过程，也是政党或政府集中与综合它代表的阶级、阶层和集团的利益，并通过政策制定予以体现的过程"①。通常而言，公共问题只有以一定的形式进入到政策议程才能通过政治途径加以处理，因此政策议程是社会问题、公共问题转化为政策问题的关键一步。不过，某个公共问题出现在政策议程上并不意味着就必然会为之制定政策，因为政府在讨论过后可能做出不予理睬或推迟再议的决定，直到引起社会民众更广泛的关注，或者政府有更丰富的资源可资利用。更何况对很多问题来说，政府解决它们的办法是"更多的钱和更好的管理"，"而不是出台或修订公共政策"。②

在现代民主国家，政策议程的构建主要有两种主要形式，即公众议程和政府议程。公众议程指公共问题引起公众的广泛关注与热烈讨论，从而形成一股强大的社会力量，要求政策制定者将其列入自己的议事日程。公众议程依赖于有正义感、责任心、公共精神和批判意识的公众，因为"如果没有具有批判意识的公众的相互交流，即便舆论有公共潜力，也不会发展成一种公众舆论"③。出现在公众议程上的问题大多是与老百姓切身利益相关的民生问题，如环境污染问题、食品安全问题、医药卫生问题、拆迁安置问题，等等。它们得以进入公众议程的前提条件是：（1）问题具有典型性，已经广泛流传并受到充分注意；（2）大多数人都认为有必要对此问题采取行动，否则会扩散或恶化；（3）公众普遍认为该问题属政府某部门权限范围内事务，是非政治途径所无法解决的。需要注意的是，由于公众是分层次和地域的，因此公众议程可能是某一层次上或某一地域中的公众对社会公共问题的讨论，从而使得政策问题也具有相应的层次性或地域性。不过，当影响范围逐步扩大时，局部的焦点问题也可能提升成为全国范围的问题，如非典型肺炎最初就只集中在广东省和北京市，但快速的蔓延使其很快成为全国民众高度关注的问题。

政府议程指政府相关部门根据特定程序而把公共问题列入自己的议事日程，进行讨论、研究和处理的过程。由于政府议程在程序上较为固定、在方式方法上比较严谨和精确，故此又称为正式议程。一般来说，政府是否将某个公共问题列入议事日程取决于民众压力的大小、其他问题的相对重要性以及政治

---

① 张金马主编：《政策科学导论》，中国人民大学出版社 1992 年版，第 146 页。

② Paul B. Thompson, etal., *Ethics*, *Public Policy and Agriculture*, Macmillan Publishing Company, 1994, p. 16.

③ ［德］哈贝马斯：《公共领域的结构转型》，学林出版社 1999 年版，第 247 页。

意识形态等多种因素。在这方面，它所承担的角色可分为四类：任其产生、有限介入、积极鼓励和阻碍压制。① 当问题确认需要较高成本或者纯属常规性事项时，政府可能只会消极接受公众已充分讨论并要求政府予以考虑的公共问题，将其列入政府议程。当议程中还有其他更重要的事项而政府又不愿被指为缺乏回应性时，政府会给公众提供某些反映问题和表达意愿的渠道，使其被列入政府议程更为容易。当问题激起了民众强烈反响、不及时处理会影响政府威信，或者当问题属于全局性、长远性事项时，政府会积极帮助公众界定和表述问题，甚至自己直接界定问题、确认政策目标。当问题不符合统治阶级的意识形态或者涉及执政党、政府自身利益时，政府会有意限制或阻止公众对其的讨论，而不愿意将其列入政府议程。相比较而言，公众议程中的政策问题大多以未成形、抽象、模糊的形态存在，而在政府议程中对政策问题有较明确的界定，并且也开始考虑相关解决方案。通常情况下，政策问题会首先进入公众议程，然后再进入政策议程，故此公众议程是政府议程的基础。但是，要解决政策问题的话，政府议程又是必需的，因为两者之中只有后者才在本质上是个行动议程。

二、影响政策议程的行为者

伴随着现代社会人际交往的增多、工业生产对自然的破坏加大以及文化的日益世俗化，公共问题的数量及种类都呈几何倍数上升，然而在特定时期政府所掌握及所能调动的社会资源又是有限的。正因如此，政策议程的构建常常是一个极为复杂的过程，各派政治力量都会参与其间，为争夺优先权及维护自身利益而进行斗争、交易和妥协。在这种情况下，某个公共问题若想成功地被列入正式的政策议程，就必须依靠有影响力的主体从背后不断推动，并最大限度地动员问题所涉及的利益相关人员。这种参与当然不是一个中立的问题，毕竟"谁参与了一项政策议题就有助于形成什么样的政策议题"，"不同的参与者总是有对待问题的不同观点"。②

1. 政治领袖

在任何国家和地区，政治领袖都是决定政策议程的一个重要因素。"无论是出于政治优先权的考虑，还是因为对公众利益的关切，或者两者兼而有之，政治领导人可能会密切关注某些特定的问题，将它们告知公众，并提出解决这

---

① 张金马主编：《政策科学导论》，中国人民大学出版社1992年版，第148页。

② [英] H. K. 科尔巴奇：《政策》，吉林人民出版社2005年版，第48页。

些问题的方案。"① 作为政策系统的核心人物，政治领袖往往具有较高的声望、丰富的从政经验和一定的远见卓识，所以他关切的问题总能被迅速提上政策议程。不过，政治领袖在构建政策议程中的作用大小更多地取决于国家政治体制。在一些西方国家，政治领袖对政策议程的影响具有制度上的保障，因为他们可以直接提出议案或者向议会宣读国情咨文。例如根据合众国宪法，美国总统可以"不时向国会提供一些有关国家现状的信息，并向国会提出那些他认为是必要和迫切措施的建议"，从而在很大程度上左右政策方向，历史上著名的"门罗主义"就是门罗总统以"国情咨文"的形式传递出来的。当代中国的许多重大政策，特别是废除领导干部终身制、实行"一国两制"、建立市场经济等争议性的、长远性的政策决定也都是先由政治领袖所倡议的。

2. 政党

政党是一定阶级或阶层的政治上最积极的代表，也是现代社会最重要的政治主体，绝大多数国家都存在一个或者多个政党。由于政党必须通过夺取和巩固国家政权来贯彻其政策纲领，以维护其所代表的阶级或阶层的利益，因此政策议程的构建常常是在政党的主导和参与下实现的。尽管当今世界各国所实行的政党制度不同，但执政党往往都是促使政府将某些公共问题纳入政策议程的最重要力量。那么，政治生活中的其他政党在政策议程的构建过程中扮演什么角色呢？对资本主义国家的反对党来说，它们所从事的工作主要是批评和负责任的反对，这会使执政党想完全控制政策议程的努力遭受挫折。不过，从积极的一面来看，它们也的确能够推动某些执政党未曾考虑或不愿面对的问题被列入政策议程，因此"虽然执政党在最后总可以施行它的政策——如果它坚持的话——反对党的存在却为少数的意见提供了一个最有价值的表述途径"②。对中国各民主党派来说，由于它们大多联系着特定的人群和对象，故也常会为这些人的利益而要求政府对某些问题（如对台"三通"问题和知识分子待遇问题）作慎重考虑。

3. 利益集团

与政党一样，利益集团也是公民政治参与的制度化渠道，只要是结社自由有保障的国家，它们的存在及活动都是合法的。为了维护其所代表的特殊利益，利益集团必须致力于争夺政策议程，以便从政府那里获得特惠或照顾。他们常常会单独或联合其他社团提出有关特定事项的立法要求，特别是立法机关

---

① ［美］詹姆斯·E. 安德森：《公共决策》，华夏出版社 1990 年版，第 72 页。

② ［英］埃弗尔·詹宁斯：《英国议会》，商务印书馆 1959 年版，第 194 页。

成员无法代表的那类跨地域的利益诉求。借助于在所涉及领域拥有的准确而完备的信息，以及有效的宣传手段，利益集团可以极大地影响一个国家政策议程的构建，且其支持或反对往往决定着政府是否将某些问题列入自己的议事日程。西方国家的利益集团常被称为"无形的帝国"、"隐形的政府"、"第二圈的政策制定者"，它们会向政府施压以寻求有利于自己的政策转变，也可能直接参与相关政策的起草，以至于有政治学家在评述美国利益集团时甚至说"今天美国法令全书中的很多重要法规来源于利益集团的办事处"①。当代中国的利益集团通常不采用直接向政府施压的方式来影响政策议程，但政府仍然非常注重听取它们的意见，特别是半官方的青年团、工会、妇联等社团，因为它们都分别联系着为数众多的特定人群。

蜂农利益集团与对蜜蜂业的补贴②

农场补贴这个基本问题，也许是美国所有农业议题中最有争议的问题。付给种植者的钱既不是用于他们生产作物，也不是对其农作物的额外支付。但即使政府计划的必要性受到了质疑，从1988年到1997年这十年中，联邦的补贴仍然从90亿美元增加到250亿美元，增加近三倍。多数增加的补贴要归之于农民们把他们的问题公开。

考虑一下对蜜蜂业的补贴，虽然连续三届总统的政府都设法取消这项补贴计划，蜂农却为保住该计划而提出种种理由。其中一些理由是：如果没有补贴，养蜂业就会消亡，而农作物就得不到适当的授粉，国外的竞争者就会控制美国蜂蜜市场。一个得到补贴者争辩说，如果没有蜜蜂补贴，政府再也无法阻挡非洲的杀人蜂压倒亲善的美国蜜蜂！这些观点汇集起来，不仅使得对蜜蜂业的补贴保留在公共议程中，而且使得政策制定者无法取消这项基金。

4. 专业人员

在各类研究机构及高等学府中从事科学研究的专家学者，是对其研究的特

---

① ［英］维尔：《美国政治》，商务印书馆1981年版，第122页。

② 选自［美］拉雷·N. 格斯顿《公共政策的制定——程序和原理》，重庆出版社2001年版，第63页。

定问题最为敏感也最有发言权的人群。他们能够运用所具有的专业学识来准确地辨明公共问题的现状和发展趋势，并帮助政府认识到某些问题的紧迫性，促使它们被列入政策议程。1993 年，王绍光与胡鞍钢合著的《中国国家能力报告》，指出原有财务行政体制导致的国家汲取财政能力迅速下降、政府财力极度分散、中央控制宏观经济能力下降等弊病，这个所谓的"王胡报告"受到国家领导人的高度重视，直接推动了中国分税制的改革。在很多时候，专家学者们提出的问题都是公众仍未引起警觉或者未曾充分关注的问题，例如，中国首例艾滋病就是在北京协和医院内科学教授王爱霞的辛勤工作和努力下发现的，二十多年前国人还很难相信在社会主义的土地上也会有艾滋病。当然，政府部门在遇到专业性较强的问题时也会邀请相关的专家学者以智囊、顾问、咨询者、参事等身份来参与政策问题的研究，听取其政策建议。伴随着社会分工的日益细化及相应的问题日益专门化，科技工作者在政策议程的构建过程中将扮演越来越重要的角色，正如丹尼尔·贝尔所言："很清楚，在未来的社会里，不论人们如何下定义，科学家、专业人员、技术人员和技术官员将会在社会的政治生活中起到主导作用。"①

5. 大众传媒

大众传媒是现代社会人们获取资讯的最主要方式，它决定着人们每天接触和讨论什么问题。得益于信息量大、覆盖面广、传播迅速、受众广泛等特点，大众传媒逐渐成为立法权、行政权和司法权之外的"第四权力"，并通过对舆论的引导而极大地影响着政策议程。首先，大众传媒可以通过持续地披露某个问题的存在，来激起民众的强烈反应，从而促使其被迅速提上政府的议事日程。例如，前段时间国内的一些报刊陆续报道了各地暴力拆迁的事件，对此国务院法制办很快做出了回应，并专门召开了座谈会以讨论修改拆迁条例。其次，"行政部门官员们也试图通过向新闻媒介提供经过挑选的、用来在大众与社会中强化政府政策和争取政治支持的信息，来影响政治议程和左右舆论导向"②。一般来说，大众传媒对负面新闻天然地有着更为浓厚的兴趣，这使它们具有明确的问题意识。但是，问题意识能否最终促成深邃而有说服力的问题报道，在很大程度上取决于大众传媒的自由度及其相对于政府和企业而言的独

---

① ［美］丹尼尔·贝尔：《后工业社会的来临》，新华出版社 1997 年版，第 85～86 页。

② ［美］杰里尔·A. 罗赛蒂：《美国对外政策的政治学》，世界知识出版社 1997 年版，第 481 页。

立性。尽管如此，大众传媒的确为民意的直接表达提供了非常便利的渠道，它迫使政府从其正式议程中拨出时间来讨论公众议程中的问题，正如美国前总统卡特的白宫律师劳埃德·卡特勒所言："一个问题无论多么紧要，只要没有什么电视报道涉入，在白宫的日程表上就可以安排在随便哪个早晨。人们常常把它搁置一旁，先考虑最新的电视新闻中出现的意外事件，并要及时在下一次节目中对此做出适当的反应。"①

三、构建政策议程的时机

公共问题要想成功地进入政策议程，不仅需要有人在背后推动，也需要把握住时机，即所谓的触发机制、扳机触发器、催化剂和"政策之窗"。尽管它们的数量稀少，且不可能持久存在，"但是公共政策的重大变革却常常是由于这些机会的出现而导致的"②。综合国内外学者们的研究，现实政治中有许多问题会因为自然灾害、紧急事态、技术变革、社会运动和国际冲突等的发生而在短时间内引发足够多的关注和讨论。

第一，自然灾害的来临，常常严重威胁社会成员的生命和财产安全，对此只要是追求长治久安的统治者都必须顾及民心，将救灾事宜当作最重要的政务来加以处理。举例来说，中国自秦汉以来历代都有水、旱、潮、震、虫、火、疫灾等灾情，而每次灾害发生后皇帝都会很快与朝臣商议出台相应的赈灾政策，其中最多见的就是减免受灾地区的徭役、赋税和下诏赐钱赐物等。③ 现代社会对自然灾害的预测能力有了很大的改观，因此政府能够提前做出部署，以减少灾害的破坏并恢复先前的秩序。尽管如此，突发性的自然灾害仍然不可能完全避免，它不断地警示人们要保护我们所居住的地球，毕竟有越来越多的灾害肇因于人类对自然的征伐。

第二，除了天灾以外，各种人为的紧急事态也可能挤占政府的常规议程，成为公众热议的焦点问题。2001 年 9 月 11 日，恐怖分子劫持飞机撞击美国纽约世贸中心和华盛顿五角大楼，这起史上最致命的恐怖袭击事件促使布什政府将反恐作为国家的头等大事来抓，并迅速以保障国土安全和反恐为名颁布了

① ［美］赫得里克·史密斯：《权力游戏——华盛顿是如何工作的》下册，中国人民大学出版社 1991 年版，第 94 页。

② ［美］约翰·W. 金登：《议程、备选方案与公共政策》，中国人民大学出版社 2004 年版，第 210 页。

③ 参见赫治清主编《中国古代灾害史研究》，中国社会科学出版社 2007 年版。

《爱国者法案》。始于 2007 年的全球金融危机则涉及范围更广，它不仅影响发达国家，也影响发展中国家。为了走出衰退，各国政府相继推出了空前的经济刺激计划，采纳了大幅降息等救市方案。对于负责任的现代政府来说，能否针对紧急事态而及时制定应对措施，在很大程度上决定着其危机管理能力的高低。

第三，技术变革同样会加快某些政策议程的构建，特别是那些影响深远的新技术的发展，它们往往带来新型的问题，亟待政府通过有效的政策干预来解决。作为人类通讯技术的一次革命，互联网的出现的确极大地便利了人们生活，但它也导致了网络诈骗、赌博、制造病毒、充当黑客等与传统犯罪形式极不相同的网络犯罪活动。新世纪以来，涉网的法律法规在大量增多，其目的正是为了回应公众关于加强网络监管、打击网络犯罪的需要。不过，对于某种技术变革的看法会因国而异，所以在它是否构成一种政策问题以及在它构成一种政策问题时如何处理等方面可能有不同的判断和做法，例如各国政府对克隆人的态度就有很大差异。

第四，大规模的社会运动必然引起政府决策者的关注，从而成为使公共问题提到议事日程的一种方式。尽管社会成员选择静坐、集会、游行等方式本身意味着缺乏有效的利益表达手段，难以用常规方式来向政府施压，但经充分的新闻报道后他们也可以获得很多的拥护者，从而迫使政府考虑其要求的正当性。相较于和平运动，暴力抗议"是人们需要心理构建的一种反映，因为他们饱经贫穷、歧视、挫折以及社会和个人带来的不公平感"[1]，它对社会秩序的破坏很大。一般来说，政府会做出积极的姿态来减轻上述不公平感，避免垮台。但是，如果统治者的整体利益与此类社会运动所要表达的利益诉求在根本上相冲突，政府就可能镇压运动，其结果取决于镇压的成败。

黑人民权运动与民权法案的通过

二战以后，美国国内一个尖锐的社会问题是对黑人的种族歧视和压迫。为了争取自身合法权利，黑人通过向法院提起诉讼而展开了一系列的合法斗争，并成功地使最高法院于 1954 年做出了在公立初等和中等学校实行种族隔离的行为违宪的判决。然而，南部不少州极力抵制该判决，

---

[1] ［美］迈克尔·罗斯金等：《政治科学》（第六版），华夏出版社 2001 年版，第 209 页。

到 1955 年南部 17 个州的 6001 个学区中，只有 741 个学区允许黑白合校。在此之后，黑人开展了反对公共场所和公共事业中种族隔离的斗争，他们的斗争使民权问题成为当时政策议程中最重要的问题。

1955 年 12 月初，马丁·路德·金牧师在蒙哥马利市领导了抵制公共汽车运动，很快波及 35 个城市。在金牧师的领导下，黑人高举"从今后不要乘坐公共汽车"的标语，抵制公共汽车。经过长期斗争，次年美国联邦最高法院判定，在公共汽车上实行种族隔离，即为违宪。1961 年 5 月，马丁·路德·金领导了"自由乘车"运动，即运用州际公共汽车推广黑人民权运动，1963 年起又领导了反对种族隔离、争取自由平等权利的静坐示威运动。同年 5 月至 7 月，美国有 30 多个州 186 个城市先后爆发了 700 起黑人示威。8 月 28 日，黑人团体在金的领导下发动 25 万人向华盛顿自由进军，以争取就业和自由。队伍高呼"立即通过有效的民权法案"、"立即取消种族隔离"等口号。1964 年起，黑人运动进入武装抗暴阶段，仅该年 8 月就在新泽西州、伊利诺伊州和宾夕法尼亚州发生了动乱。

感受到黑人运动强大压力的美国政府最终作出了巨大的努力，1964 年，肯尼迪总统生前提交到国会的民权法最终被参众两院通过。它在美国历史上第一次明确地以联邦法的形式禁止在社会公共生活各个领域里的种族歧视，标志着美国终于在法律上解决了从建国起就延续下来的种族问题。从此以后，美国黑人在法律上拥有了和白人完全一样的平等权利。

第五，国际冲突的出现既会使某些问题凸显出来，也会暂时搁置另一些问题或阻碍其提出。拿近代最为常见的国际冲突战争来说，它总是迫使交战国的政府不得不对国民动员、资源汲取、军队调动、武器开发等事项予以密切关注，而将其他常规性问题排除在议程之外——尽管有时对外战争的爆发本身就是政府试图转移民众视线以回避国内棘手问题的结果。对于当前这个时代来说，国家之间的冲突更多的是以贸易战的形式呈现出来，其结果就是政府越来越多地对本国企业参与国际竞争给予关照和支持。在实践中，当某国通过高筑关税壁垒和非关税壁垒限制别国商品进入本国市场时，受限制国一般会立即采取一系列报复和反报复行动，正如美日间过往的汽车战所说明的那样。

需要说明的是，机会是为有准备的人准备的，只有执著和努力的人才能抓住它。要想不失良机，政策建议的倡导者就必须守候在政府的周围当个有心人，随时留意本国内部和外部发生的相关事件。

四、政策议程的构建模型

政策议程的构建会因为国家的政治体制、公共问题的性质和领域、倡导者的人员组成等的差异而呈现出不同的特点，为了便于认识和分析这些具有不同特点的政策议程的构建方式，学者们创立了一些模型来进行简化和说明，其中以科布和金登的观点最具有代表性。

1. 科布的政策议程模型

美国学者罗杰·W. 科布等人在《比较政治过程的议程设定》一文中根据政策问题的提出者在议程中的不同作用，以及扩散其影响力的范围、方向和程序而划分了外部推动模型、动员模型和内部推动模型。[①]

外部推动模型适用于描述自由主义的多元化社会的政策议程构建。在该模型中，问题是由政府之外的社会团体提出来的，接着充分扩展，首先成为公众议程，最终进入政府议程，其一般程序如下：（1）某个社会团体明确表达不满并向政府提出解决问题的要求；（2）该团体为寻求更多的支持者而试图把问题扩散到社会上其他团体之中，以使之获得公众议程的地位；（3）倡导者们通过运用政治资源和技巧向决策者施加足够大的压力，从而使拟议中的问题引起政府的高度重视。

动员模型更符合极权主义政体中政策议程构建的特征，它描述的是政治领袖自己提出政策问题并将其列入政策议程。在动员模型中，政府会直接将某个议题列入自己的议事日程中而不必经过由公众普遍意识到不满然后逐步扩展的过程。作为意识形态严密控制的结果，政府内对议题通常不会有激烈的争辩，而公众在政策正式宣布前则可能一直被蒙在鼓里。不过，为新政策赢得更广泛的认同有助于在后来更顺利地贯彻和执行它，因此政府仍会加大宣传和动员工作，以将问题从政府议程扩散到公众议程。

内部推动模型多见于法团主义的政体。在该模型中，问题是由政府内部或与政府关系密切的团体内部提出来的，然后它会向特定的了解相关信息或有利益关系的团体或机构扩展，以便对决策者施加足够的压力而将其列入正式议程。很明显，在内部推动模型中那些有影响力的团体拥有影响决策的专门通

---

① 参见［美］迈克尔·豪利特、M. 拉米什《公共政策研究：政策循环与政策子系统》，三联书店 2006 年版，第 194～197 页；张金马主编《政策科学导论》，中国人民大学出版社 1992 年版，第 153～155 页。

道，它们不需要在公众中寻求支持及与其他议题竞争。在整个议程建立和政策形成过程中，社会大众的直接参与并不多，起支配作用的是政府和占优势地位的团体。

2. 金登的政策议程模型

根据约翰·W. 金登的看法，政策议程的构建是三条相互分离的、各有其特点的过程溪流共同作用的结果，它们分别是问题溪流、政策溪流和政治溪流。其中问题溪流主要关注的是问题的识别和认知，即一个特定的状况是如何被界定为是一个只有政府采取行动才能恰当解决的问题的。政策溪流主要聚焦于备选方案和政策建议的产生，它是一种自然选择的过程，在其中只有那些符合某些标准的思想才会保留下来并获得重视。政治溪流主要涉及政治体系及内部各参与者对问题解决方案的影响，它包括国民情绪的摇摆不定、行政机构或立法机构的人员调整以及利益集团的压力活动等。

金登指出，如果这三种因素中缺少一种，即如果得不到一个解决办法，不能够发现问题或问题不太紧迫，或者缺少来自政治溪流的支持，那么该主题在政策议程中的位置就会转瞬即逝——"政策之窗"可能很快关闭。然而，现实政治中更多时候出现的都是部分的结合：有时解决办法与问题相结合，却缺少一种具有可接受性的政治气候；有时出现了政治与政策建议的结合，但是缺少一种对紧迫问题正在得到解决的感觉；有时政治和问题都要求采取行动，却缺少一个可以提倡的备选方案。因此，只有当问题溪流、政策溪流和政治溪流在某些关键的时点汇聚在一起时，问题才会与解决办法及一些有利的政治势力连接起来，从而极大地增强某个项目进入决策议程的可能性。通常而言，这种汇聚最有可能出现在"政策之窗"开启之时，即政策建议的倡导者提出其最得意的解决办法或是他们促使其特殊问题受到关注的机会来临之时，而其原因要么是因为出现了一些使人非相信不可的问题，要么是因为政治溪流中发生了意外的事件。

总体而言，前述的两个政策议程模型都存在着不足之处，如科布等人概括出三个模型来与不同的政体类型相对应，是否有机械和偏颇之嫌？金登拿保健和交通政策领域的研究结论来说明其他领域的政策制定，是否同样站得住脚？尽管如此，我们仍应该承认，他们的工作为后继者打下了坚实的基础，不仅开阔了人们的视野，也极大地推进了政策议程的研究。

☞ **思考题:**

1. 问题产生一般说来先于政策,但从系统论角度看,问题亦可能是政策不当的结果,试举一例说明。

2. 政策问题具有主观性,试以民营企业家入党问题为例来分析不同人群可能有的不同看法。

3. 请以中国的艾滋病问题为例说明政策问题的动态性。

4. 政策问题的确认主要包括哪几个步骤?

5. 公共问题得以进入公众议程的前提条件有哪些?

6. 政府在考虑是否将公共问题列入议事日程时会有哪些不同的态度?

7. 影响政策议程的主要行为者有哪些?

8. 试比较科布的外部推动模型与内部推动模型。

9. 金登的三条过程溪流各指什么?其汇聚具有何意义?

第五章 政策规划

规划者，然后说明政策规划中应当注意的一些问题，最后介绍政策规划的主要步骤。

第一节　政策规划和政策规划者

政策规划是政策过程中的一个重要环节，是政策制定走向理性化和科学化的必经阶段。从某种意义上看，没有细致而审慎的规划就不会有正确的政策。通常来说，政策问题一旦被提上议事日程，就将开始对其进行分析、研究及提出解决方案的过程，亦即进入到政策规划的阶段。

一、政策规划的含义

在国内外，有许多政策科学家曾就"政策规划"这个概念作过界定。例如美国学者查尔斯·琼斯认为"政策规划指发展一个计划、方法和对策，以满足某种需求，解决某项问题"。以色列学者叶梅尔·德洛尔认为政策规划是"为达到目标所采取的手段，及对未来所将采取的行为作最后决定的准备过程"。台湾地区学者林水波和张世贤认为政策规划是"针对未来，为能付诸行动以解决公共问题，发展中肯且可接受的方案之动态过程"①。大陆学者张国庆认为政策规划是"政府针对某些政策问题在未来可能演变或生成的情形，系统地制定一套解决预案的过程"②。虽然这些定义在表述方面略有差异，但它们都从不同角度反映出了政策规划所特有的内涵。

首先，政策规划针对的是政策问题的解决。政策问题的客观存在是政策规划的前提和基础，政策规划都是以消除特定的问题或以防止其扩散为目的而展开的，问题的性质、领域和程度等决定了政策规划的主要内容。当然，政策问题亦是主观体认的结果，有能力的规划者不仅会为既有问题设计出解决方案，同样会帮助政府确定国家需要解决的问题有哪些。

其次，政策规划着眼于未来的变革与发展。政策规划是一种前瞻性或前置性的政策行为，需要运用经验判断和科学分析来推导政策问题未来可能的发展

---

① 　均参见林水波、张世贤《公共政策》，台湾五南图书出版公司 1982 年版，第 142 ~ 143 页。

② 　张国庆：《现代公共政策导论》，北京大学出版社 1997 年版，第 149 页。

趋势及可能的状态，然后结合这些可能性来进行方案的构想和设计。只有这样，才能确保最终出台的政策不会滞后于环境的变化，而是在较长的一段时间里都适用，减少因频繁的政策调整所带来的不便。

再次，政策规划以可操作的政府行动为指引。政策规划不是空洞的政策理想，也不是意识形态的宣传，而是围绕政策问题制定的具体行动计划。从根本上说，政策规划并不是为了"纸上画画"和"墙上挂挂"，而主要是为了付诸实施，它是一个从设计到审议，再到择优、实施和反馈的连续过程。政策规划只有靠实施才能体现其价值，不具可操作性的规划不能算是合格的规划。

最后，政策规划总是技术性与政治性的统一。政策规划一方面是一种研究活动，要借助专家、学者和有经验的行政人员的力量并按照科学的原则、手段和方法来进行；另一方面它又是围绕决策权、政策内容进行斗争的一系列复杂的政治活动，在其中的参与者会因其信仰、价值观、利益的不同而相互影响、相互制约。未达技术要求，政策规划不可能成功；缺乏政治支持，政策规划不可能被采纳。

二、政策规划的原则

政策规划是前政策阶段的重要环节，需要慎之又慎，并遵循一些必要的指导原则。这些原则主要包括：

1. 信息完备原则

信息是政策规划的依据，没有完备而准确的信息，就不会有科学的政策规划。信息越全面、准确，政策规划过程中思维的深度和广度也就越大。在现代社会，政策规划事实上就是一个与政策有关的信息的输入——整理——输出的过程，信息的搜集、加工和处理贯穿于政策规划的全过程。无论是问题的清晰界定、政策目标的确定，还是方案的设计、审议、择优，都必须建立在及时获取可靠信息的能力基础上。信息若有遗漏和扭曲，在很大程度上会妨碍对更为有效的政策方案的探索，因此充分占有信息是政策规划活动成功的根本保证。在崇尚"报喜不报忧"的专制社会里，一些"负面"信息常常受到压制而无法及时上传，另一些"正面"信息则被放大，于是以此为依据所作出的政策规划必然会失败。在民主社会里，信道不畅或信息失真也会造成决策失误，并给国家造成巨大的损失。

2. 系统协调原则

根据系统论的观点，任何事物都处于普遍联系之中，政策问题之间亦是相互依存的。政策问题的关联性要求政策规划者必须有整体思维和系统观念，将整体与局部、内部条件与外部环境、眼前利益与长远利益、主要目标和次要目标结合起来进行综合分析。除此之外，政策规划时还应注意使达成政策目标的各政策手段形成网络而相互协调，并考虑不同层次政策之间的纵向协调和不同领域政策之间的横向协调。如果总是"头痛医头，脚痛医脚"，就很难使各项政策成为一个有机整体，相互支持、协调配套，共同解决国家和社会所面对的现实问题。在现实生活中，政策不匹配和相互抵触的现象是非常多见的，这会在很大程度上影响政策的效果。举例来说，最近几年国家采取了一系列措施鼓励生产和使用小排量汽车，然而其销量和市场占有量却并未上升，原因就在于鼓励发展小排量汽车的相关政策还不配套：原油和成品油价格倒挂，规范汽车燃油效率的标准和法规，以及在税收、停车费、过路费等方面对小排量汽车的优惠措施，都还不完善。

3. 科学预测原则

预测是指在掌握现有信息的基础上，依照一定的方法与规律对未来的事情进行测算，以预先了解事情发展的结果。所谓科学预测，就是在正确的理论指导下，按照科学的原则、程序和方法对未来情况进行估计的活动。虽然现代社会日趋复杂，预测的难度也在加大，但是计算机和模拟技术的发展仍使人们能够相对准确地把握未来发展的方向。从某种意义上，可以说有好的预测，所规划的政策就成功了一半。如果没有预测或预测因不得法而极不准确，必将导致盲目或错误的决策。20世纪60年代，中国曾误以为世界大战不可避免，从而导致国内政策的重心突出地强调备战，并在"三线"地区开展了以军工为主体的经济建设活动。20世纪80年代后，邓小平等国家领导人认识到世界大战在短期内不可能发生，争取一个长期的和平环境是可能的，才把工作重心转移到了经济建设上来。由此可见，预测是政策规划的前提，只有建立在科学预测的基础上，规划出来的政策才是现实可行的。

4. 民主参与原则

民主既意味着对决策者的选择，又意味着对决策权的分享，前者使其得以具有现实性而后者则是其本质要求。在实际政治中，要想真正实现民主的治理，就必须通过各种制度化的渠道来把民众吸纳进政治过程，并鼓励他们积极介入政策制定的每一个阶段，包括政策规划。只有人人参与，群策群力，相互补充，才能规划出科学而有效的政策。虽然政策规划的技术性要求充分发挥专家和学者的智慧，但缺乏广泛参与的规划，合法性不高，很难得到各方政治力量的一致认同。就当代民主理论和实践的发展来看，协商民主作为最具发展前景的民主模式也同样希望在正式决策前增加一个深思熟虑的审议阶段，以便让各种方案的支持者畅所欲言，并为其观点来作论证。西方有句俗语，即每个人都是自己利益的最好判断者，从这个意义上说，规划过程中的集思广益更是不可或缺的。

三、政策规划的分类

政策规划有很多种类型，从不同角度可以划分出不同的政策规划类型。比如依据政策规划所涉及领域的不同，可分为经济调控规划、城市交通规划、人口发展规划、环境治理规划等；依据政策方案在未来发挥作用的时间长短，可分为短期规划、中期规划和长期规划，等等。在这里，重点介绍如下两种分类方法。

1. 中央和地方政策规划

政策规划可以依据主体性质及所规划政策的适用范围而分为中央政策规划和地方政策规划，前者的规划主体是中央政府，后者的规划主体是地方各级政府。

（1）中央政策规划

在中国这样一个中央集权型单一制国家，中央政府是最具权威的政策规划主体，特别对那些长远的、根本的、宏观的战略性政策方案来说更是如此。中央政府所规划的政策有一些是综合性的，像《中华人民共和国国民经济和社会发展第十二个五年规划纲要》就要对全国重大建设项目、生产力分布和国民经济重要比例关系等作出规划，为国民经济发展远景规定目标和方向。另一些只涉及具体政策问题或某个社会领域的发展，像《2002—2005 年全国人才队伍建设规划纲要》就只围绕"实施人才强国战略"而对新时期中国人才队伍建设进行了总体谋划，明确了当前和今后一个时期中国人才队伍建设的指导方针、目标任务和主要政策措施。中央政府的政策规划主要有两种途径：一是由党和国家领导人提出大致的政策目标、基本原则和指导思想，然后由中央政策研究室及相关研究机构进行调查研究，并在此基础上形成规划方案；二是由中央政策研究机构或综合部门在实际调研中发现问题，提出政策建议，为领导人所采纳后再进行详细的论证和反复修改，以形成备选的政策方案。

（2）地方政策规划

地方政府是政策规划的另一重要主体，它在政策规划体系中处于特殊地位，即一方面要贯彻执行中央或上级机关的政策并对其加以细化；另一方面又要在自己权限范围内对本辖区的经济社会发展做出规划。与此相对应，地方政府的规划途径也主要有两种：一种是根据中央或上级政府的政策，由地方政府的综合部门或职能部门结合本地区实际情况设计具体的实施方案，在此过程中既要确保地方政策和中央政策的精神协调一致，又要把握灵活性作出相应的调整以增强其适用性。另一种是地方政策研究机构和各职能部门根据本地区实际工作，在调查研究过程中发现问题和政策目标，然后单独设计出只适用于本地区的政策方案，报请本级政府决策者批准。地方政府所规划的对象通常是地方性的、局部性的政策方案，其受益者是本地居民，比如《武汉市城市总体规划（2010—2020 年）》就是统筹做好武汉市城乡规划、建设和管理的各项工作的这样一个地方政策规划。

2. 常规式、类比式和首创式规划

依据政策规划的方式及所规划政策与之前既有政策的关系，政策规划还可以分为常规式规划、类比式规划和首创式规划。

（1）常规式规划

常规式规划是对已列入政府工作议程的事项重复进行的一种例行公事的政策规划。此种方式常用以处理那些影响广泛、且以前为之制定过政策的问题，比如国务院办公厅每年关于节假日的安排就属此类。由于常规式规划的规划方式是既定的，因此所制定出的政策方案一般都为公众所熟知，也容易被接受。历史和经验的有效性是常规式规划最大的优点，但历史总是有其情境的，所以它也存在缺乏突破性的缺点。

（2）类比式规划

类比式规划是指在解决新的政策问题时参照从前解决类似问题的方法来进行规划的方式。由于新政策所提出的解决方法在以往的政策中已有先例，因而其所产生的政策后果往往是可以预见的。在进行类比式规划时既要注意系统总结以往政策的经验和教训，以作为规划的基础，又要着力于发现新旧问题的异同点，以针对新问题作出必要的调整。较之首创式规划，类比式规划更为安全且相对没有危险，但它同样是较为保守的一种规划方式。

（3）首创式规划

首创式规划是政策学家琼斯在其著作《公共政策研究导论》中提出来的，用以指代规划者首创一种解决公共问题的新方法或新途径，① 亦即采用非传统的、以前从未尝试过的方法来设计和起草公共政策建议。首创式规划可以不拘泥于过往，有利于规划者充分发挥创造力和运用最新知识、技术手段，但它的

---

① ［美］E. R. 克鲁斯克、B. M. 杰克逊：《公共政策词典》，上海远东出版社 1992 年版，第 45 页。

风险较大，怀疑者、反对者会更多，而且对政策构想能力有很高的要求。正因如此，如果拟议的政策在以前已有先例，那么规划过程中最有可能做的仍然是尽力寻找过去明显取得成功的类似或相同建议。

首创式规划的典范——"一国两制"政策的提出

1982 年 9 月，中、英双方领导人邓小平和撒切尔夫人举行会谈。会谈在一系列问题上发生激烈争论。首先是主权问题，中方提出 1997 年一定要收回香港主权，而英方则提出"以主权换治权"，即英国可以交回香港的主权给中国，但香港仍归英国管治。最后在中方的坚持下，英方不得不放弃"以主权换治权"的主张，但仍不愿放弃英国在香港的既得权益，因而以保持香港目前的民主和繁荣为借口，为难中国。在这种情况下，邓小平创造性地提出了以"一国两制"来解决香港问题的构想，即在一个中国的前提下，中国内地实行社会主义制度，而港、澳、台等地可以实行原有的资本主义制度，长期不变。

"一国两制"把和平共处原则运用到解决国家统一问题上来，它的提出与实行，在很大范围和程度上稳定了香港当地居民的民心与投资商的信心，为香港的持续繁荣与稳定做好了最和谐的规划，也为后来的澳门回归做了最好的榜样，更为其他国家解决国际争端和历史遗留问题提供了新的思路。这一基本国策，既适应了我国社会主义现代化建设的实际需要，也充分照顾到港、澳、台地区的历史和现实情况，同时也妥善照顾到一些有关国家在这里的投资和其他利益，避免了武力统一可能造成的不良后果。

历史发展到今天，证明"一国两制"的伟大构想是符合中国国情和顺应国人民意的，只有实行"一国两制"，局势才可以长期稳定，才有利于我们争取到社会主义现代化建设事业所需要的和平的国际与国内环境，以便一心一意搞建设，实现和平发展。

四、政策规划者的概念

政策规划者是指参与政策方案的设计、研究、审议等活动的各种机构和人员，他们可分为政府系统内部的规划者和政府系统外部的规划者。①

1. 政府系统内部的规划者

在当今社会，政府系统内部的规划者是政策规划的主要承担主体，这是由其自身的特点及国家的制度安排所决定的。政策规划通常会涉及比较复杂的综合性的政策问题，其中既有政治学、社会学的价值判断问题，也有数据的调查和收集、政策分析模型以及相关的专业技术问题，因此需要各类专业人员的专业智慧和技术判断力，而在所有的公共权力机构中唯有政府可以调动广泛的政策资源和大批的专业人员。另一方面，政府还拥有行政立法权，可以依据立法机关的授权而自行制定行政法规，并通过立法创议权而在很大程度上左右立法机关的立法方向。有统计表明，各国立法议案的大部分和最重要的议案往往都是由政府提出来的，例如二战后日本从第十四届国会到第四十九届国会通过的2646件法案中，就有2231件是由行政机关拟定并由总理大臣提交国会通过的。

政府系统内部有了专门的政策规划机构和人员的存在，以及政策规划作为一项政府活动相对独立出来，这是政策科学化的一个重要标志。具体而言，政府系统内部的规划者主要承担这样一些职能：第一，应决策者的直接要求就重大问题进行调查研究，集中和协调各方意见，提供政策的备选方案；第二，在广泛调查研究的基础上，对特定领域的问题进行分析和预测，并主动向决策者提出意见；第三，对其他部门或政府组织以外的政策研究机构所提供的政策方案进行研究、论证和选择，确保政策的整体性、协调性；第四，为政策方案设计可供选择的、操作性的实施计划。

2. 政府系统外部的规划者

政府系统外部的规划者主要指各种智囊团、思想库和研究机构，由于它们都集中了大批高级专家和专业技术人员，因而在政策规划过程中也常常发挥重要作用，尤其是在其接受政府委托从事某项课题研究时更是如此。这些规划者提供给决策者考虑的意见往往是互不相同甚至是彼此对立的，它们各抒己见，各有利弊。各种方案都摆出来供决策者比较、衡量、选择，这样可以提高科学性、减少失误。另外，各种方案各有优缺点，在政府最终制定政策时，可以兼收并蓄，取长补短，提高规划工作的质量。

虽然政府系统外的规划者在获取信息方面不如政府系统内的规划者那么便

---

① 参见张金马《政策科学导论》，中国人民大学出版社 1992 年版，第 162～164 页；张国庆：《现代公共政策导论》，北京大学出版社 1997 年版，第 155～157 页。

利，但是通过广泛而深入地访谈、系统而科学的调查，他们同样能够提出有价值的政策建议。正因为如此，一些人员构成合理、研究方法科学的政策规划组织能够在广泛的关键性领域取得丰硕的成果，并通过与政府的紧密联系得以将研究报告转化为实际政策。另一些规划组织虽只对某些特别的政策问题进行研究和规划，如美国的人口协会、未来资源研究所、城市研究所，但其研究的精深度亦使其结论为有关部门所重视。

政府系统外部的规划者大多为独立的科学工作者，既不需要接受政府领导，也不需要依附于政府，这使他们可以尽量减少决策者主观意志的干扰，进行科学的政策规划工作。但是，这些外部规划者中有很多人也需要接受来自公司、基金会的赞助，因此把他们看作完全客观和价值中立的也不正确，毕竟“对于在智囊团和大学工作的知识分子而言，他们的首要任务是按照基金会设定的政策导向而工作”，因而最终“是它们将金钱变成各种政策选择”。①

五、政策规划者应注意的问题

政策规划者要想设计出科学合理、技术上可行的方案，就必须小心翼翼地对待自己的规划工作，注意避开各种陷阱，特别是力争做到以下几点：②

第一，不过度依赖经验，但又不一味求新。对大多数政策规划者来说，当所遇到的问题与过往某个问题相类似时，寻求之前的经验支持是很自然的事情。那样做不仅有利于尽快弄清政策问题，也的确常能为其找到相对行之有效的解决办法。但是，过度依赖经验有可能使我们错误地界定问题，或者因过早局限了自己的视野而错过了新的机会。事实上，新、旧问题之间不仅有相似性也有相异性，只有多运用创新思维，而非因循守旧，才能真正解决很多老办法无力解决的新问题。当然，一味求新的做法同样不可取，因为新的并不意味着就是好的。新的方案会有新的风险，而且只有在与之相适应的政治环境中才会被认可，更何况没有继承也很难出新。

第二，在观点和灵感出现后及时将其记录下来。一名成功的政策规划者是需要付出很多努力和勤奋的，这其中就包括及时记录各种蕴含灵感的思想和见解，以增强瞬间记忆并作为着手进行方案设计的基础。虽然规划者所接受的长

① ［美］托马斯·R. 戴伊：《自上而下的政策制定》，中国人民大学出版社 2002 年版，第 51、60 页。

② ［美］卡尔·帕顿、大卫·沙维奇：《政策分析和规划的初步方法》，华夏出版社 2001 年版，第 251～252 页。

期的专业训练很容易使其低估直觉的重要性，但是非逻辑的、发散性的思维方式确曾贡献出极有价值的政策方案，因而是科学推理的有益补充。在现实生活中，人们的奇思妙想常常来得快去得也快，要把握自己和他人的跳跃性思维，做必要的摘记是极有帮助的。有时候，规划者所记录下的几个关键词就能使其回忆起曾经闪动的智慧火花，从而使设计出的方案更为完备和更有创造性。因此，要想成为合格的规划者，就得牢记一句话："好记性不如烂笔头。"

第三，不试图对问题仓促地作全面界定。在政策规划过程中，问题的界定是既关键又复杂的事情。一方面，没有对问题的完整把握就不能制定明确的政策目标，于是即便能设计出各种不同的方案，也缺少可资比较的参考标准；另一方面，问题的现状调查及原因分析需投入大量的时间和精力，而且问题可能仍然处在不断的变化当中，这使问题的界定殊为不宜。既然这样，规划者就不应过于急切地试图对问题作全面地界定，因为在揭示出问题暗含的每个方面之前这一工作是很难完成的。如果为了提高规划的效率而很快下结论，宣称对问题已有了非常明确的认识，那么接下来对问题的错误说明就有可能导致非常严重的后果，最终造成政策规划的失败。

第四，不过早对方案产生偏好，也不随意对方案进行先期评估。所有政策规划者都可能偏爱某些类型的方案，比如倾向于市场的办法，而不是加强管制的办法；更喜欢集权式的手段，而不是分权式的手段；想要尽可能地避免一切风险，而不是为更大的收益而愿意花费必要的代价。然而，规划时的这种先入为主，常常是有害的，因为如果受限于分析工作中过早产生的偏好，就有可能排除掉或者难以考虑到那些可行的方案。基于同样的理由，随意对方案进行先期评估亦是不恰当的，因为过早排除一些方案的过程，就形成了对评估标准的控制权，从而就将无法对所有可适用的标准作全面的竞争性分析。

第五，当客观情况发生变化时，应重新考虑被排除的方案。政策规划活动需要在问题界定、方案设计、方案审议和方案择优之间来回转换，这种反复的方法之所以必要，是因为互不通气的问题和方案都不会得到全面的确定。虽然任何规划活动都可能为提高效率而在起初就排除某些可行性很低的方案，但是当问题所嵌入的自然和社会环境有了大的改变时，它们或许在突然间变得相关起来了。一位谨慎而有经验的规划者不会放弃再度审视这些被排除方案的机会，因为历史曾经多次证明，最先被排除的方案其实是最有效的解决方案。尽管如此，什么样的变化需要重新检视之前的筛选机制，这在很大程度上仍有赖于对问题和方案的细致而深入的分析。

第六，正确对待自己的信仰和价值观。政策规划者不是纯粹的社会科学研究人员，不必信守价值祛除原则，对他们来说致力于好的规划不仅是其工作，亦是其所负有的使命。这些规划者大多拥有自己的信仰和价值观，并且是以此为支撑而开始其职业生涯的。虽然说这类主观的东西的确不应该影响到对问题的客观分析，而人为增删数据以改变评估结论的做法更与科学共同体的要求相悖，但是运用专业学识来说服决策者走哪个方向本就是规划者要做的，因而也是不可避免的。当规划者的信仰和价值观与政策制定者的信仰和价值观发生冲突时，规划者会处于伦理上的两难困境之中，于是真正的考验就出现了，而如何才能从中脱困其实也是规划者必须深思和学习的。

旧港：人口规划的危险①

在旧港，市长雇用一规划公司作为顾问，来做一项关于城市改造、住房、学校和社会服务设施方面的 20 年综合性规划。规划者们最初的报告预测，人口将呈一般性增长，但人种构成会出现惊人的、持续的转变，12 年内各少数民族群体将会变成多数，五年内在公立学校中，黑人将占大多数。

市长对这一初步报告反应强烈。如果这些调查结果被公布发表，它们就会自我实现这一预言。所有保持学校体系完整、维护稳定的混居区，或发展一个在强大居住基础上由不同种族构成的城市的希望都将会破灭。

规划者们被要求复查他们的资料。他们同意使用更低程度的规划——少数民族将在 8 年后在公立学校中占支配地位，16 年后变为这个城市的多数种族。市长不满意。他告诉规划者们，或者改变这些资料，或者将其从报告中砍掉。他们拒绝了，他们感到必须尽其所能遵从对事实的解释。没有对这一事实的讨论，这一报告就不符合专业判断标准。

市长私下里猛烈抨击了他们的职业傲慢，要求他班子中的一名专职人员改写这一报告以删去那些规划，并且命令那些顾问无论在何种情况下也不能发表或透露这些有关种族问题的调查结果。

---

① ［美］卡尔·帕顿、大卫·沙维奇：《政策分析和规划的初步方法》，华夏出版社 2001 年版，第 28 页。

第二节　政策规划的主要步骤

政策规划作为一个动态的过程，大体上包括确定政策目标、设计政策备选方案、审议和评估方案、比较并择取最优方案等几个相对独立又密切联系的环节。

一、目标确定

政策目标是政策规划者希望通过政策实施所达到的效果，它是政策方案设计、审议、择优的基础，是政策执行的指导方针，并为政策评估提供了标准。正确的政策目标具有导向和激励作用，能大大调动群众的主观能动性和为实现目标奋斗的积极性，而如果目标选择错误，就会适得其反，结果得不偿失。在分析和确定目标时，应考虑如下几个方面：

1. 目标的明确性

政策目标的表达和概括必须明确和具体，含义也要清楚，即针对某一问题只能有一种解释，而不应存在容易引起歧义的地方，否则的话就不便于理解和认识，也不便于日后的执行和检查，从而会影响到政策的效果。虽然明确性的要求会因政策问题和政策层次的不同而相异，但在可能的情况下都应对政策目标作出定量的规定，特别是近期的目标更应如此。这种数量的规定可以是时间，可以是人数，可以是比例，可以是金额，比如这样一些量化过的政策目标：“七年内消灭血吸虫病”、“一对夫妇只生一个孩子”、“保持年经济增长率在8%～9%之间”、“2020年人均国民生产总值比2000年翻两番”、“从2010年5月1日起武汉市中心城区月最低工资标准调至900元”、“到2020年中国人口总量控制在14.5亿人左右”，等等。

2. 目标的可行性

政策目标的确定既要高于现实水平，并且充分预见未来，又必须从实际出发，是通过努力可以实现的，也就是说应具备一定的主客观条件。其中主观条件指政策执行人员和适用对象的文化素质、价值观、心理特点，而客观条件包括先前政策实施情况、可资利用的各种政策资源、国际国内政治环境的变化。所有这些制约条件又分为可控因素和不可控因素，只有可控因素或可利用的条件占据主导时，政策目标才具有相应的可行性。如果政策目标过高，缺乏现实基础，就会使得政策执行者感到无法实现，从而挫伤其积极性和主动性。虽然有些时候国家的动员和宣传能够赋予政策以很高的合法性，但不切实际的政策目标必然带来灾难性的后果。冷战时期，东西方阵营的很多国家都曾因为要服务于意识形态斗争的需要而在这方面有过惨痛教训，中国也同样吃过亏。

"赶英超美"的全民大炼钢铁运动

1957年11月，中央领导在优先发展重工业的考虑之下，提出要在15年左右时间在钢铁等主要工业品的产量方面赶上和超过英国的口号。在"以钢为纲，全面跃进"的口号下，钢铁生产指标越提越高。北戴河会议正式决定并公开宣布1958年钢产量为1070万吨，比1957年翻一番，号召全党全民为此奋斗，开展空前规模的大炼钢铁运动。其主要做法有：(1) 各部门、各地方都要把钢铁生产和建设放在首位，为"钢元帅升帐"让路；(2) 各级党委第一书记挂帅，大搞群众运动，大搞土高炉土法炼钢；(3) 对原有企业的生产能力不断追加投资，致使基本建设规模迅速膨胀，战线越拉越长；(4) 商业银行全力支持工业大跃进，以致"拆东墙补西墙"，打乱了正常的资金流通。

为了完成"高速度发展钢铁工业"的指示，《人民日报》发表社论，指出"钢铁工业是整个工业的基础，是整个工业的纲，是整个工业的元帅"，要其他部门"停车让路，让钢铁元帅升帐"，提出"全力保证实现钢产量翻一番，是全党全民当前最重要的任务"。经突击蛮干，1958年12月19日宣布，提前12天完成钢产量翻番任务，钢产量为1108万吨，生铁产量为1369万吨。实际上合格的钢只有800万吨，所炼的300多万吨土钢、416万吨土铁根本不能用。估计大炼钢铁在全国约损失200亿元。全民大炼钢铁运动造成人力、物力、财力的极大浪费，严重削弱了农业，冲击了轻工业和其他事业，造成国民经济比例失调，严重影响了人民生活，挫伤了群众的积极性。

---

3. 目标的规范性

政策目标必须符合一定的规范。首先，政策目标的确定应以解决公共问题为出发点，充分体现决策者所代表的社会公众的利益，并尽可能使政策实施后带来的正效益最大或者使可能的损失降低到最小值。其次，政策目标应符合社会的主导价值观以及社会普遍认同的道德规范和行为准则，如果一项政策目标有悖于人们的价值观和信仰，必然招致民众的反对而难以实现。举例来说，虽然中国、美国、日本、新加坡等国仍然保留死刑，但绝大多数欧洲国家都废除了死刑，因为这些国家的宗教背景使民众普遍认为：任何人都应有认罪改过的机会，人类不可以僭越造物的天父主持生死的权柄。最后，政策目标还应当符合国家宪法、法律的规定，而不得和权力机关的决议和决定相抵触，否则就会遭到抵制，导致政策的失败。

4. 目标的协调性

政策问题通常涉及面广，情况复杂，因而政策目标也往往不是单一的，而是多重目标的有机结合。在这种情况下，要确立一项政策的目标，就应着眼于整体全面考虑，尽力保证目标体系作用的有效性和基本方向的一致性。如果说某项政策的多重目标之间是不相容的，就会出现优先性选择的问题，即是舍此取彼还是舍彼取此，而这取决于政策问题的哪个方面更具紧迫性。如果说多重目标之间是相容的，并且存在某种相互促进关系，那么我们就要考虑不同目标之间的先后顺序，因为"某些顺序可能比别的顺序更有效，相反让某一目标早占优先，按设想可能妨碍以后趋向于其他目标的进程"①。除此之外，政策目标的协调性还意味着要尽量减少某项政策的目标与其他政策的目标之间的冲突与摩擦，使它们也实现相互配合、协调一致。

二、方案设计

方案设计指政策规划者通过设计一系列可供选择的方案来寻找实现政策目标的手段，包括途径、措施、方法和步骤，它是政策制定的中心环节。方案是否切实可行，直接影响到政策的实施及其后果，以及政策问题是否能够得到顺利、圆满地解决。一般来说，只要公共政策的目标确定了，就可以围绕该目标来设计多种旨在实现目标的政策方案。政策方案的设计可以分为两个阶段：第一个阶段是政策方案的轮廓构想；第二个阶段是政策方案的细节设计。

1. 政策方案的轮廓构想

政策方案的轮廓构想就是要从不同角度设计出可以实现政策目标的思路和轮廓，它是方案设计的第一步，也是政策规划中关键性的一步。轮廓构想主要解决两个方面的问题：一是确定要实现既定的政策目标，可能的方案数量会有多少；二是对可能想到的方案进行初步的设计，并将政策的指导方针、行动策略、发展阶段等大致勾画出来。

---

① ［美］亨廷顿等：《现代化：理论与历史经验的再探讨》，上海译文出版社 1993 年版，第 347 页。

在进行政策方案的轮廓构想过程中，要注意遵循如下原则：

第一，政策方案必须具有合目的性。合目的性指方案设计时要在对达到目标的各种条件进行客观分析的基础上，明确规定政策方案与政策目标之间的对应关系，即不同方案在政策目标实现方面的作用和所处地位的明确表示。概言之，政策方案必须符合政策目标的基本要求并为其服务。

第二，政策方案必须具有完备性。也就是说，规划者应该尽可能地构想出更多的备选方案，以便决策者能够从多种方案中进行比较和择优。俗话说"数量孕育质量"，要想选出解决政策问题的最佳方案，就必须有足够多的备选项可供选择。在实践中，有些规划者会因主观偏见而有意无意地遗漏某些方案，这会使方案整体上不完整，并最终导致政策失败。

第三，政策方案必须具有互斥性。互斥性是指构想出的各政策方案之间应彼此独立、相互排斥，而不能重复、相互交叉或包含。比如这样一些情况都不符合互斥性的要求：甲方案的措施包含在乙方案之中，或者两个方案是解决同一问题的两个因素，或者乙方案是甲方案的具体化，等等。

第四，政策方案必须具有创新性。政策问题的出现意味着旧有政策措施已不适应时代的发展变化，于是就得运用创造性思维来提供富有创见的新思路、新设想、新途径。创新性主要体现在设计理念、技巧和方案内容的创造性上，它不仅要求规划者有新观念，也要求决策者有新观念，因为前者是为后者服务的。

2. 政策方案的细节设计

经过政策方案的轮廓构想，可以得到一些粗线条的方案雏形，它们尚未形成完整的方案，需要做进一步的加工，以确定实现政策目标的具体途径、措施和手段，相关的执行机关和人员的配备，以及物资和经费的保障，等等。由于轮廓构想阶段草拟的政策方案为数很多，因而要对每种方案都进行细节设计是不可能的。对那些明显不切实际，或者与其他方案相比处于明显劣势的政策方案，要及时筛选和淘汰以减少工作量。需要指出的是，"政策本身是一种行动的准则，设计方案的细节""要注意留有回旋的余地，充分考虑到各个地区经济和社会发展不平衡的特点，以不限制地方或基层的主动性和创造性为基准"[①]。

在设计细节时应努力做到这样两点：第一，实事求是和细致推敲。如果说轮廓设想需要的是勇于创新的精神和丰富的想象力的话，那么细节设计需要的

① 刘斌、王春福：《政策科学理论》，人民出版社 2000 年版，第 211 页。

则是冷静的头脑和求真务实的精神。政策规划者只有就方案的各个细节作过严密的论证、反复的计算，才能确保方案轮廓的每个步骤、每个方面都考虑周全，而不会顾此失彼、以点带面，甚至遗漏某些部分或环节。第二，注意方案是否具有可操作性。政策方案是否适用，只有在深入的思索和探究后才能加以判断，这是因为在实际生活中一些看上去有吸引力的政策方案会在仔细考察后发现其存在法律上的障碍或会遇到一些客观条件的限制，而另一些看上去吸引力不强的政策方案却有可能通过规划者全面、理性地分析及对方案内容的具体化、明晰化而发现其操作性很强。

与细节设计相比，决策者往往更加重视轮廓构想，因为前者是涉及技术性的环节，而后者却是涉及方向性的环节。然而，细节决定成败的例子其实是不可胜数的。古英格兰有一首名谣："少了一枚铁钉，掉了一只马掌；掉了一只马掌，丢了一匹战马；丢了一匹战马，败了一场战役；败了一场战役，丢了一个国家。"它讲的是英国国王查理三世的故事。当时查理准备与里奇蒙德决一死战，他让自己的马伕去给自己的战马钉马掌，铁匠钉到第四个马掌时，差一个钉子，便偷偷敷衍了事。不久，查理和对方交上了火，大战中忽然一只马掌掉了，国王被掀翻在地，王国随之易主。由此可见，细节虽然很容易被人们所忽视，但它的作用是不可估量的，不把细节当回事，就必然毁掉决策的大事。

三、方案审议

方案审议指有关机构、团体和人员对围绕某个政策问题的所有备选方案进行鉴定、评估和考察。因为它发生在政策执行之前，所以带有预测分析的性质。规划者应当充分利用所获得的各种信息资料，对每一个政策方案的收益、成本及可能遇到的各种问题进行预测。虽然现代科学预测已经改变了靠占卜、抽签等宿命论方式来预料和推测事物发展未来的做法，而更多地强调科学理论的指导及预测方法、技术的运用，但它仍然只是一种合理的估计和推断。现实中，由于经验材料不准确、理论本身不完善、时间跨度太大、对象本身过于复杂等因素，预测是会出现误差的，规划者应当实事求是地对此加以说明，以避免影响决策者的判断。以相对科学的预测结论为基础，参与审议的人就能够对方案的可靠性、可行性和效果等方面进行评估，并且说明各方案的优缺点。在方案审议这一环节，政策方案的可行性论证是最重要的内容，它大体上包括政治、经济、行政、法律和技术等方面的可行性分析，接下来将分别加以简要叙述。

1. 政治可行性

政治可行性即备选方案在政治上为决策机构和政策对象所接受的可能性，

有时还包括在国际上被各国政府所承认的可能性。由于现代民主政权的维持及其合法性都源于选举程序，而定期的改选意味着政府政策的好坏最终要靠民众来评判，故此政治可行性的考察显得分外重要。肯尼迪总统曾经对其政策顾问的一项提议作出这样的表态："我同意你的看法，但我不能担保我的政府也同意你的看法。"没有相关政治力量、派别的支持——至少是不反对，政策方案即使被采纳也会在执行过程中遭遇重重困难。

2. 经济可行性

经济可行性即政策方案获得财政资源支持、与国家整体发展相配合并取得政策效益的可能性。如果不能获得为政策目标服务的资源，那么看上去再好的政策方案也无异于是空中楼阁，难以发挥预期效果。同样，效益不高的政策常常不如没有政策，那样的话还能节省人力、物力、财力等政策资源。正因为如此，在政策决定之前必须对政策方案进行经济可行性论证，考虑两方面的因素："一方面是政策资源提取能力，能不能充分运用自然的抑或人文的资源、国内的抑或国外的资源；另一方面是政策效益获得程度，能不能最大限度地发挥经济效益和社会效益。"①

3. 行政可行性

行政可行性即政策方案能否获得行政机关及人员的充分配合，以保证政策的有效贯彻实施。要想成为一名合格的规划者，在方案审议时就必须对执行力的问题予以充分评估。如果某个备选方案的执行机关和人员素质不高、沟通不畅，又缺乏热情和积极性——当它会给执行机关及人员带来麻烦时就常常这样，或者设计得过于复杂而超出现有行政体系的管理能力，那么规划者要么不推荐它，要么通过更换执行机关和人员来修改之前的方案设计。在实践中，好多政策的失败都是因为没有将行政可行性考虑在内，从而使其实施缺乏必要的组织保证。

4. 法律可行性

法律可行性即政策方案是否符合宪法和法律的规定。正如人们常说的那样，存在的就是合理的，但合理的事情不一定合法，许多具有合理性的方案，事实上得不到法律支持，而规划工作却只能根据宪法和法律的规定来进行。2009 年 3 月 25 日，广东省政府征求网民意见后公布"五一"放假方案，具体为全省 5 月 1 日至 7 日安排放假。之后国务院办公厅发出通知要求各地严格执行国家法定节假日有关规定，不得擅自调休、自行安排，于是 27 日广东省政

公共政策学

112

---

① 陈潭编著《公共政策学》，湖南师范大学出版社 2003 年版，第 159 页。

府办公厅宣布取消原来"五一"放假七天的方案，新方案严格按照国务院办公室的相关文件执行。这一政策制定过程，其实就很好地说明了法律可行性的重要性。决策者和规划者都应积极发挥法学专家及法律顾问的作用，重视他们的法律建议，以避免非法政策的出台。

5. 技术可行性

技术可行性即实现某一政策目标在技术和管理手段上的可能性，或者说政策方案在技术上的可实现程度。任何政策的实施过程，都是同特定的政策环境中的技术水平密切相关的，在进行技术可行性论证时，首先需要对一个国家或地区的整体技术发展水平进行一般性分析和论证，然后对实施某一政策方案所需的技术手段和方法是否具备作特定地分析和论证。对所有国家来说，那些技术要求高的政策都需要作技术可行性的论证，特别是重大的工程项目。格林武德和威尔逊曾这样说道："任何政府在知道如何实施以前，实际上都不可能作出这样的政策性决定：把某个人送上月球。"① 诚哉斯言。

人民志愿军抗美援朝

1950 年 6 月 25 日，朝鲜战争爆发。27 日美国总统杜鲁门宣布美军进入朝鲜半岛，同时向联合国安理会提交并通过申请协助南韩的动议案，组成以麦克阿瑟为总司令的"联合国军"。尽管中国政府提出了严正交涉，但美国对中国政府的警告仍然置若罔闻，联合国军越过"三八"线，占领朝鲜首都平壤，并向鸭绿江进犯，严重威胁中国的安全。

面对美国侵略的威胁，面对朝鲜劳动党和政府向中国提出的出兵援助请求，中共中央和中国政府必须做出重大的战略抉择。在当时的情况下，如果中国政府坐视不管，那么韩国必将吞并朝鲜，东北将无法安定，而且在未来将时刻存在美国以朝鲜为跳板侵略中国的隐忧，中国的国家利益将受到极大损害。如果只是给予朝鲜以物资方面的帮助，那么其效果将是非常有限的，朝鲜人民军最终仍将战败。可是，如果中国政府直接以"中国人民解放军"的名义出国参战，那么由于中国人民解放军是国家的军队，是官方的，是国家派出去的，这就等于中国向美国宣战，战争将有可能不断扩大，而战场就有可能延伸到国内。

---

① ［英］格林武德、威尔逊：《英国行政管理》，商务印书馆 1991 年版，第 6 页。

为了师出有名，又使中美两国从国际法意义上不进入战争状态，中央领导确实煞费苦心。最初毛泽东曾想以"支援军"名义出兵，然而民主人士黄炎培提出："支援军那是派出去的。谁派出去支援？国家吗？那不等于是向美国宣战吗？不如用'志愿军'的名义，可以更准确地表达军队的非政府性质，这是中国人民志愿组成的军队！"毛泽东接受了这个意见，而将"支援"两字改写成"志愿"。尽管志愿军使用了完全不同的番号和编制，以表示中国不是向美国宣战，是人民志愿支援朝鲜，是一种民间行为，但在实际上则是现役部队整建制地参战。

以志愿军名义赴朝作战，这是一个重大的策略选择。美国军队后来也承认了"志愿军"这个名字，因为他们害怕把战争扩大，以此表明自己不是和新中国开战，中、美两国还未进入战争状态，以安抚其国内人民及其盟国。关于中国以人民志愿军名义参战，美国出版的《朝鲜战争中的美国陆军》一书说："中共政府给这些部队起了一个好名——'志愿军'。""中国人这样做的目的是为了两全其美。"

四、方案择优

方案择优指在若干经过评估而具有可行性的备选方案中选出一个最优的或相对满意的方案。很显然，如果备选的各种方案优劣明确，择优就比较容易进行。但是，由于政策问题的复杂性，实践中往往不存在只有利而无弊的政策方案。因此，政策方案择优的结果，不可能是理想化的最优，只能是现实可能的最优。在有些时候，择优还表现为一种综合过程，即以较好的方案为蓝本，吸收其他方案的长处，综合出一个新的较为满意的政策方案。方案择优过程通常涉及如下几个方面的具体工作：

第一，综合比较成本与收益，力争挑选出能最大限度实现政策目标，经济社会效益最好，消耗的政策资源、实施风险及副作用尽可能少的政策方案。一般来说，政策方案的收益不仅包括物质收益，还有精神收益，而方案的实施成本除了经济费用，也还有社会代价等。在这种情况下，有时要对所消耗的各种费用和付出的代价换成统一的具有可比性的计量方法来进行比较；有时必须对评估因素加权，选择加权平均数比较大的政策方案。然而，无论如何，此类计算都会是非常困难的，特别是当涉及人的生命和尊严时，伦理的考量也会在其中起着重要作用。第二次世界大战末期，杜鲁门总统被迫面临是否对日本使用原子弹的重大抉择，他要求当时被称为"临时委员会"的一个机构向他报告原子弹的使用在政治、军事和科学各方面将会产生什么问题。以奥本海默为首的一些科学家最终认为："要是立即在军事上使用它，就能拯救美国士兵的生命"、"结束战争"，而"技术示威不大可能结束战争；除了直接在军事上使用外，我们找不到其他替代办法"。虽然使用原子弹轰炸的确带来了立竿见影的效果，很快导致了日本战败投降，但直到二战结束很久之后仍然有科学家对此决定表示遗憾并坚持技术示威是可行的。

第二，广泛听取群众、专家和各方面的意见，集思广益，博取众长，逐渐形成决策者对抉择标准的共识，以提高方案择优的科学性。任何方案的抉择都必须有统一的标准，这里主要强调的是价值标准。正如罗伯特·达尔所说："选择一项政策意味着你既有规范性的标准又有经验性的判断。因为当你选择一项政策时，你就是试图走进一个你认为是可取的目标，因而你就不得不对达到那一目标的各种可能的方式做出判断，并判断某种方式的难易程度。一项好的政策是你认为值得付出代价达到最佳境界的途径。"① 然而，抉择标准的统一是要以充分的协商和良好的沟通为基础的，没有之前各方观点的充分表达，共识就很难形成，也就不能说明何者为更优。中国自十一届三中全会以来，党和国家机关已经形成了一种制度，即在每个政策制定之前，都要认真听取和考虑民主党派和无党派人士的意见，并取得了很好的效果。举例来说，祖国大陆一系列惠台政策措施的制定、出台等都凝聚了台盟代表、委员的心血和工作成果。2007年全国人大、政协会议期间，台盟中央、盟员中的人大代表和政协委员围绕保护闽南文化、推动闽台文化交流所提交的大会发言、建议和提案议案，最终在中共中央、国务院有关部门和台盟的大力推动下，国家级"闽南文化生态保护实验区"挂牌启动。

第三，提出最佳的政策方案建议，并对其进行最后的修改与完善，以增强可操作性，然后按照特定的规则、程序和方法来实现最终的方案抉择。政策规划的最后一步是提出最佳政策方案建议，这是非常关键的一步，必须精心组织。政策建议报告应当写得条理清楚，重点突出。一份政策建议报告一般包括下列内容：对政策目标的阐述，政策方案的必要性、政策方案的可行性和预定效果，在实施过程中可能产生的其他影响及其解决办法，对其他政策方案的阐述和比较；替代方案的形式和内容，等等。在必要时，还应该请有关方面的权

---

① 转引自王传宏、李燕凌编著《公共政策行为》，中国国际广播出版社2002年版，第228页。

威人士签署审核意见。① 在最佳方案呈报上去之后，直接决策者会根据特定的规则、程序和方法来做出最终的抉择。如果实行的专制政体，那么一切取决于统治者个人的好恶；如果实行的是民主政体，那么决策者常常是一个机构，比如委员会或内阁，而它可能遵循全体一致同意原则、多数决原则、淘汰投票原则等来实现方案的择优。全体一致同意原则指全体参与抉择的成员必须完全一致地同意选择某个政策方案才能通过，于是一票即可否决；多数决原则即少数服从多数，这意味着哪种方案得到的赞成票最多即获选取；淘汰投票原则即由参加投票的集体成员对其认为可以舍弃的政策方案投反对票，得票最多的方案就被淘汰直达最后一个得票最少的方案被选择出来。

以上介绍了政策规划的四个主要环节。需要注意的是，实际的政策规划过程并非一个单向线性的过程，而是一个双向多阶段的反馈系统。在系统运转过程中，当某些步骤出现问题时，系统就会跳回到前一步骤，或直接返回程序的起点，通过不断反馈、调整和总结，规划出最终的政策。

☞ 思考题：

1. 试举例说明政策规划为何是技术性与政治性的统一。

2. 简要谈谈类比式规划的含义及其优缺点。

3. 对外关系协会是美国外交政策的重要规划者，请通过网络检索了解其所规划过的政策有哪些？

4. 在荷兰等少数国家，安乐死已被合法化，而大多数国家却视其为非法，试从政策目标的规范性角度加以分析。

5. 在规划时应及时淘汰明显不切实际的方案以减轻工作量，然而有时最先被排除的方案又在事后被证明最为有效，如何才能处理好这两者的关系？

6. 方案设计应当完备和无遗漏，请以当前中国普遍存在的餐馆逃税问题为例看看你能设计出哪些可行的方案？

7. 新中国对民族工商业改造实行"和平赎买"政策，试收集资料对当时这一政策方案的成本和收益进行评估。

8. 武汉市从 2002 年率先在全国设立社区空调纳凉点，但其效果差强人意，请查阅资料后重新对这一政策方案进行可行性论证。

---

① 刘家顺、王永青：《政策研究方法》，人民出版社 2000 年版，第 191 页。

第六章　政策采纳与政策合法化

抓到"黑车"就没收是合法的吗?

2008 年 8 月底,南方某城市的人大常委会作出了《关于打击非法客运车辆经营行为的决议》,9 月 4 日市政府又发布了《打击非法客运车辆经营行为规定》,并定于 10 月 1 日起正式实施。根据新出台的规定第三条:"对非法客运的行为人,由公安交通管理部门吊销机动车驾驶证及非法客运车辆的相关证照。对非法营运的客运车辆,由客运管理部门或者相关行政管理部门予以没收。"理由是,过去"罚款"措施不能"彻底"根治"非法营运",并且存在"重大安全隐患"。现在的两条强硬"打击"措施,即"没收车辆和扣驾照",可以从"根本上扼制住本市猖獗的非法营运的存在"。

"黑车"猖獗扰乱了正常的客运秩序,损害了合法营运者的法定权利,还极有可能会引发群体性事件。从这个角度来看,严打非法营运的客运黑车,既是群众的呼声,也是政府义不容辞的责任。然而,实践中政府的此项新规也引发了很大的争议,有律师还向国务院递交了要求对其进行违法审查的建议书。一些法律界人士认为,新出台的此项规定明显与上位法相抵触:"吊销机动车驾驶证及相关证照"是"交通安全法"调整的范畴,"非法营运"根本不构成"吊销驾照"法定条件,且"非法营运"的"机动车车辆"属于私有财产,宪法及物权法都保护私有财产不受侵犯,而客管部门根本无权"没收车辆"。

从表面上看,抓到"黑车"就没收具备"法治"的表象:先有人大"立法"做出"决议",后有政府出台"规定",主体和程序都"合法",因此它是被决策机关正式采纳的政策。然而,众多的质疑之声表明其合法性是不高的,而那是没有广泛听取公民意见和"关门立法"的结果。在本章中,我们将围绕政策采纳和政策合法化展开,首先介绍政策采纳的

第一节　政　策　采　纳

一个公共问题列入政策议程后，就意味着进入了真正制定政策的阶段，于是对问题的研究、分析以及对问题解决方案的设计、审议、择优也随之开始。不过，政策方案在被正式采纳之前是无法付诸实施的，因此政策采纳是政策发挥实际效用的前提。

一、政策采纳的概念

根据克鲁斯克和杰克逊的看法，政策采纳"是公共政策过程的一个早期阶段，在此阶段中，决策者经过审核而确定某一个或一系列选择方案，以解决某个问题"，它"是决策者正式同意采取必要行动以解决政策议程上的问题"。[①]

政策采纳不能等同于方案择优，后者是规划过程的一部分，既可由决策者也可由规划者来进行。规划者经过综合比较、分析利弊后提出的具体的政策建议可能会也可能不会得到决策者的赞同。比方说，当它与决策者的政治倾向、战略部署相冲突时，决策者有时会让规划者重新启动规划程序，以寻求替代性方案。即使方案择优是由决策者在审议后亲自完成的，它也不见得会马上成为正式的政策。比方说，当决策者考虑到环境因素极为复杂而方案又存在着风险和不完善之处时，选择试点以作进一步检验也是常有的。因此，在方案择优阶段，决策者仍可能会犹豫不决、徘徊不定，也可能会要求更广泛地听取各方意见，以作为判断的基础。到了真正要做出政策决定之时，决策者必须有充足的理由来说服自己：采纳此项政策是必要的和恰当的。

鉴于民主体制中的决策者最终要对其制定的政策负责——责任是代议民主最为关键的要素，因此他总是会以非常审慎的态度来面对政策议程中的问题，

---

① ［美］E. R. 克鲁斯克、B. M. 杰克逊：《公共政策词典》，上海远东出版社 1992 年版，第 55 页。

而不是匆忙就推出不成熟的行动方案。这意味着规划者的工作正变得日益重要，而绝大多数时候规划过程中所择取的方案也的确构成了正式决策的基础。可是需要指出的是，方案择优与政策采纳之间没有连动式的关系，即前者并不必然导致后者，而后者也并不必然源自前者。当遇到突发事件、公共危机及一些亟待解决的紧迫问题时，决策者往往没有足够的时间来等待规划者为其做理性地分析和设计，于是直觉、经验、判断力等成为他唯一可以依赖的东西。显然，在这种情况下政策制定的流程是很不一样的：某项政策被采纳了，却没有与之相伴的系统而理性的方案设计、审议和择优的过程。

对现代社会来说，除了极少数涉及国家安全的政策需要保密之外，其他大多数被采纳的政策都会通过某种外显的方式来公之于众，以使之更好地引导和规范人们的行为，此即为政策宣示。根据《中华人民共和国立法法》第五十二条规定："法律签署公布后，应及时在全国人民代表大会常务委员会公报和在全国范围内发行的报纸上刊登。"实践中执政党和政府部门还借助其他一些法定的或约定俗成的手段来发布政策声明，譬如记者招待会、政府白皮书、红头文件、新华社报道等。"从广义政府的意义上说，政策宣示包括了一切国家公共权力主体的关于公共政策的公告。"①

二、政策采纳的重要性

政策采纳是政策制定过程中极为关键的一个环节，它的重要性主要体现在以下两个方面：

1. 政策采纳是对先前规划过程的再分析和再审查

政策采纳不只是把规划者所呈报的备选方案直接上升为官方决策，还包含着一系列复杂的考量与权衡活动。政策环境是否发生过微妙的变化？拟议的政策目标是否仍然合理？待投入的政策资源是否确可得到充足供应？政治上的支持是否有保证？执行机构的运作效率是否值得信赖？对这些问题，决策者都必须尽力地再作通盘考虑，以减少政策出错的概率。与规划者不同，决策者不会从单纯的技术角度出发来考虑是否采纳某项政策，换言之，最终出台的政策总会从一定程度上体现出他的价值观、政治倾向乃至个性和气质。另一方面，正如西蒙指出的那样，在大多数时候决策者也不会无休止地去探寻最优，而会遵循满意原则，因为前者所需花费的成本常常要大于其可能获得的收益，况且

---

① 顾建光编著：《公共政策分析引论》，武汉出版社、科学出版社 2002 年版，第 143 页。

"有时由于种种原因，即使最佳的政策方案，也会遇到许多障碍和困难，有些甚至是难以克服的困难。在这种情况下，决策者只有综观全局，权衡利弊得失，最后不得不放弃最佳或次佳方案，决定采纳那种比较切实可行的政策方案"①。

2. 政策采纳是及时、有效地处理公共问题的先决条件

在现实生活中，意识到公共问题的存在并不等于政府部门就愿意或能够为此采取行动，因为围绕资源优先权、议程设定而展开的政治斗争总是复杂和持久的。特定时期政府的政策议程上一般会有多个问题存在，其中每个问题都需要投入大量的资源，也都拥有各自的拥护者。在这种情况下，要对既有的人力、物力、财力等各项资源进行分配，就必须结合不同问题的紧迫程度从全局角度考虑，并需要加强政治派别之间的协商与沟通。对于危机情境下的一些问题来说，决策者必须在短时间内达成共识，以决定采取何种行动措施，否则的话问题就可能扩散或恶化。虽然说即便有理想化的政策也未必一定能保证有高效的执行活动和积极的正面效应，但很明显的是：只有决策主体正式采纳某项政策，才会有相应的输出和后续的政策执行，社会公众所面临的问题才有可能在相关政府部门的干预和帮助下得到解决。从这个意义上讲，政策采纳是"联系政策制定和政策执行的桥梁"，有助于"保持政策的有效性和政策过程的连贯性"。②

三、影响政策采纳的因素

某项政策是否会被采纳，往往取决于多种因素，其中最值得注意的当属政策制定者、政策质量及政策作用对象。

1. 政策制定者

公共政策最终是由人来制定的，因而人的因素特别是政策制定者的人数和价值偏好对某项政策能否被采纳至关重要。首先，政策制定者如果只是一个人，那么责任归属就将很明确，而政策的形成也不需要经过复杂的程序，此时他可以单凭自己的意愿和判断力就决定是否采纳某项政策。反之，政策制定者如果是多个人，那么不同个体之间就必须通过商谈来就政策的必要性和可行性达成一致意见，此时政策争取到的支持越多，它被采纳的可能性也会越大。其次，政策制定者持有的价值偏好是其所想要实现的政治抱负的源动力之一，因

① 刁田丁等编著：《政策学》，中国统计出版社 2000 年版，第 127 页。

② 张金马主编：《政策科学导论》，中国人民大学出版社 1992 年版，第 201 页。

120

而某项政策只有在与之相符时才可能得到认同和被采纳。大多数政策制定者都会近乎本能地排斥某些类型的政策方案，"譬如，倾向于保守或稳妥的人对于较为激烈的政策建议在潜意识里就难以接受。再譬如，相信甚至崇拜国家能力的人，在对付通货膨胀一类经济问题上，通常倾向于使用行政性的国家干预方式解决问题，深信市场机制的人则会倾向于使用经济性的国家干预方式解决问题"。①

拒发救济金的胡佛总统

1929 年 3 月 4 日，埃尔伯特·胡佛宣誓成为美国第 31 任总统，他告诉冒雨观看就职演说的 50 万首都居民和无数广播收听者说："美国几百万个家庭生活在幸福和机遇之中。"然而，半年之后大萧条就来临了，金融市场开始瓦解而失业率则在攀升。雪上加霜的是，第二年夏天，就在工厂企业艰难挣扎的同时，一场历史上从没出现过的干旱降临在美国的心脏地带。

面对不断恶化的经济形势，国会议员和州长们恳请给予更多的联邦援助。可是，胡佛对经济危机的政策，不管是对干旱州还是整个美国，都反映出对什么都管的联邦政府的憎恨和对"当地政府负责"的一种信仰。更重要的是，他坚信私人给予的传统，对于在贵格派博爱思想熏陶下长大的他来说，由政府来提供救济是难以想象的。假如援助来自华盛顿，他认为就会损害接受救济人的品性，而且会让愿意奉献爱心的人失去机会，在胡佛看来穷人应该一直依赖并感激他们的富人邻居。

尽管批评的浪潮不断高涨，但胡佛总统仍不为所动。他在收音机里说："没有任何政府的行动、经济理论、经济计划或工程可以取代上帝赋予每一位男女帮助他们的邻居的责任。"他还对国会说："我反对任何直接或间接的政府救济金。我国人民正在按照美国方式对付贫困。"在多次否决救济金法案后，公众信任已无法挽回，于是在 1928 年的选战中曾赢得 40 个州的胡佛，在 1932 年的选战中最终因只赢得 6 个州而导致谋求连任的努力失败。历史学家 H. G. 沃伦就此评论道："正是胡佛拒绝用直接救济金的方式运用联邦资源使他失去了 1932 年选举。"

---

① 张国庆：《现代公共政策导论》，北京大学出版社 1997 年版，第 138～139 页。

2. 政策质量

政策质量是影响政策采纳的另一重要因素，毕竟所有的政策制定者都不会希望看到自己所采纳的是质量不高的政策，那样做不仅会造成巨大的资源浪费，也有损于其作为公共官员的声誉。政策质量是高还是低可能会有多种标准，比如政策目标是否合理，政策实施计划是否明确，政策资源的配备是否充分，政策预期的收益是否足够大，政策是否有助于推进公平正义，等等。但是，上述这些内容都可以简单地归之为"公共利益"，正是它构成整个政策制定过程的最终归宿。虽然说自利的理性经济人的假定被一些公共选择理论家大量地运用于分析政客和官僚的行为，但是那些想要持续任职的人事实上是不能无视公益的——尽管"热心公益的人当然可以对良好公共政策的实质是什么持有不同的意见"①。政策制定者最终需要向人民负责并接受其定期的评判，这一事实决定了他们必须对规划所得的政策方案进行仔细的再分析和再审查，并特别把好政策质量关。从某种意义上来说，政策质量是与他们的政治生命相连的，只有民众因政策而得到实惠，这种生命才会延长并显现出其意义。

3. 政策作用对象

政策作用对象指的是政策所要发生作用的社会成员，亦即受政策规范和制约的目标群体。在实践中，因为政策的层次、范围各有不同，所以政策作用对象也会有多有少。党和政府的总政策、基本政策发生作用的范围最广，几乎所有社会成员都要遵从它，职能部门的特殊政策和地方政府的政策法规发生作用的范围则更狭窄，只涉及某些行业的从业人员或某些地区的居民。政策制定者在考虑是否采纳某项政策时，常常要想想它是否会给政策作用对象带来极大的不便，以及是否会导致抵触情绪。虽然大多数政策作为规范人们行为的准则都需要行为的调适，但总体上看"某种政策之所以出台，是以一定社会历史条件下的社会成员的认识程度和接受能力为前提的。如果某种政策受到人们的普遍赞成和支持，它就很容易转化为政策规范，如果受到强烈的反对，即使制定政策也很难维持和执行"②。在有些时候，我们还可能发现，某个方案被采纳不是因为其效益更大，或者可行性更高，而是因为所处的环境使其获得了大多数政治力量的支持。从这个意义上讲，"政策产出通常是制度化过程和非制度

---

① ［美］史蒂文·凯尔曼：《制定公共政策》，商务印书馆 1990 年版，第 180 页。

② 刘斌、王春福：《政策科学理论》，人民出版社 2000 年版，第 228 页。

化影响的结果"①。

四、政策采纳的原则

公共政策的采纳一般要遵循有效性、完整性、稳定性、灵活性和时效性等原则。②

1. 有效性原则

追求政策的有效性是政策采纳的一个基本出发点，也是其所应遵循的首要原则。虽然规划所得的方案是否真正有效最终需要通过执行才能得到检验，但被采纳的政策必须是直接针对所要解决的公共问题的，是能够负担其成本且能带来很大的经济社会效益的，或者能够对所要调整的社会关系及所要规范的人的行为发生积极的影响。

2. 完整性原则

政策是否完整，从某种程度上说决定了其最终的效果和发挥。政策制定者不应根据自己的喜好而断章取义，比如说从一整套行动方略中删去某个部分，或者植入不相干的条款，那样做都将破坏政策的完整性。在美国，国会立法时有的议员会力争把钱拨给所在州的某个特定项目，这种所谓的"猪肉桶"大多与所要制定的法案无关，却因为政治交易的需要而获通过，致使政府浪费有增无减。

3. 稳定性原则

政策采纳应注意稳定性，毕竟任何政策都不可能刚出台即被废止，否则不仅所投入的大量资源都将成为沉淀成本，而且人们在行为和心理上的调适也会遇到困难。一般来说，如果某项政策看上去能在很长时间里适用，并且在遇到外界因素干扰或者在某部分失灵、受损的情况下仍能继续实施下去，那么政策制定者就将更倾向于采纳它。

4. 灵活性原则

公共政策尤其是一些涉及面广的国家宏观政策，由于区域差异不能规定得十分具体，因此，对于各地区、各部门的政策制定者来说，应当根据本地区或本部门的实际情况，因地制宜地做出安排，在政策精神允许的范围内采取较灵活的做法。另一方面，所采纳的政策还应在目标和内容上具有弹性，以更好地

① Stella Z. Theodoulou & Matthew A. Cahn, *Public Policy: the Essential Readings*, Prentice Hall, 1995, p. 209.

② 参见张金马《政策科学导论》，中国人民大学出版社1992年版，第203~204页。

适应政策环境本身的发展变化。

5. 时效性原则

政策采纳决定着政策何时生效，而任何政策都是针对一定时空条件下的特定问题制定的，时空条件变化，政策就会失去其效力，因此，政策采纳必须坚持时效性原则，审时度势，适时而又迅速地将政策引入执行阶段。举例来说，近年来财政部考虑到农业季节性强和支农项目建设周期长等特点，就在安排农产品生产扶持资金时特别讲求下拨资金的时效性，取得了很好的效果。

第二节　政策合法化

政策被采纳后就拥有了国家的强制力这一后盾，但为了顺利地推广和贯彻执行，还必须使它合法化。任何政策都只有经过合法化程序，才会具有合法性和约束力，才能真正获得目标群体的认可和接受。

一、合法性的界定

作为舶来品，"合法性"一词由来已久，起初意指国王或女王应当根据合法婚生的身份取得君位①，现在还指政治统治为社会成员所普遍认同和接受的这样一种性质。合法性是维持一个政治体系长期存在与稳定发展的重要支柱，一旦合法性丧失，那么该政治体系也将瓦解。从实践来看，任何政权都不能单纯依靠高压与暴力来统治，而必须及早建构其合法性基础，取得被统治者的同意。如果这种合法性始终没有确立或受到了损害，则政府法律、法规、政令的贯彻实施就会遇到严重阻碍，所以多尔夫·斯顿伯格曾经指出："合法性的愿望如此根深蒂固地扎根于一般人类共同体之中，以致在历史上很难找出某个政府不享有对它存在本身的某种实际上的承认，或者不试图成为合法的机构。"②合法性问题的研究如今已成为政治学研究领域的一个重要组成部分，并日益引起学者们的广泛关注。许多学者从不同角度对合法性问题进行了全面地分析与探讨。但是，对"合法性"一词的确切内涵应该如何定义仍然颇有争议，这不能不说是个很大的缺憾。

---

① Michel G. Roskin, et al., *Political Science: An introduction*, A Paramount Communications Company, 1994, p. 3.

② 特勒斯尼亚：《政治合法性与政治义务原则》，《国外社会科学动态》1987 年第 4 期。

大致说来，学者们对合法性概念的界定方式可以分为三种：一种是经验式的，一种是规范式的，还有一种是心理学的。

德国著名社会学家马克斯·韦伯是对合法性概念持经验式看法的众多代表之一，他认为"合法性就是促使一些人服从某种命令的动机"①，而服从者并不会考虑自己对命令本身的价值或无价值有什么看法。从这种看法出发，只要政权具有稳定性、持久性，那么无论是民主政权还是独裁政权，都具有一定的合法性。即使是以强制和高压为主要统治手段的政权，只要其统治上是有效的，就应承认其具有合法性。总的说来，韦伯更看重的是统治的有效性及政权的权威被统治者所接受这一客观结果。至于统治者是如何取得被统治者服从的这一问题，韦伯将它放在了次要的位置。一些政治学家有着与韦伯相类似的看法，认为一个政权只要拥有让其治下民众服从的权威，它就具有合法性，而其权威维持得越久，其合法性也越高。

对合法性概念的经验式界定遭到了许多学者的强烈反对，他们认为"政权的合法性不能归结为它的有效性；有效性也许是合法性的一个必要条件，但不是充足条件，因为合法性作为价值不能归结为某种事实"②。因此，对合法的评价应当有一定的价值衡量标准，应该从规范角度进行合法性概念的界定。哈贝马斯在其《合法性危机》中提出，合法性意味着一种值得认可的政治秩序。也就是说，合法性除了指政治体系客观上被人们所接受外，还必须在价值判断上是正当的，符合人们心目中永恒的、普遍的正义原则。与经验式界定方式不同的是，对合法性概念的规范式界定注重的不是权威被接受这一客观结果，而是强调拥有这种权威的政权必须在价值判断上是正当的，这就使它带有更多的主观色彩。表面上看来，从规范角度进行界定的合法性概念似乎比前者更为合理，但它不具有可操作性，因为人类的价值观念是随着时空不断变换的，在某个时刻具有合法性的政权可能在后世人看来就毫无合法性可言。

有鉴于此，二战以后一些研究合法性问题的政治学家提出了对合法性的心理学阐释，因为他们逐渐认识到，被统治者的心理认同对一个政权的合法性来说起着至关重要作用。单纯的军事占领与武力征服并不足以建立合法性，合法性的存在与维持要靠被统治者的衷心拥护和支持。他们认为，在对合法性概念

---

① 胡伟：《合法性问题研究：政治学研究的新视角》，《政治学研究》1996年第1期。

② 特勒斯尼亚：《政治合法性与政治义务原则》，《国外社会科学动态》1987年第4期。

进行界定时，关注的重心应该从权威被服从这一结果，以及对政权本身的价值判断转到权威怎样赢得服从这一过程上来。一个政权只有在其治下民众承认与支持它并自愿履行政治义务的前提下，才可能说是具有了合法性。时至今日，合法性通常都被理解为民众内心的一种态度，即相信政府的治理是正当的。因此，一个政权若能够赢得其治下大部分民众的支持，就可以说它具有了合法性，而且支持度越高，合法性也就越高。

二、合法性的基础

合法性的基础涉及这样一个问题，即政治统治是怎样获得其合法性的，或者说哪些因素有助于建立起合法的政治统治，对此马克斯·韦伯和美国政治学家伊斯顿都曾作过专门论述。

韦伯认为，人类社会有史以来的合法统治共有三种纯粹类型，即传统型统治、超凡魅力型统治、法理型统治。在传统型统治中，人们服从统治者的原因是基于源远流长的传统之神圣不可侵犯性，而传统则包含着从过去延续到现在的所有东西，如存在已久的习惯、习俗、价值、信仰等。这些东西被作为固定的且不容置疑的规则而被公众普遍接受，既反映了社会的连续性传承，也反映了传统型权威是社会向来如此的方式并无需证明的事实。根据传统而获得权威的有古代君主和部落酋长等，遗憾的是由于文化世俗化进程的加快，统治合法性的传统基础正受到侵蚀而变得越来越稀缺。在超凡魅力型统治中，克里斯玛式领袖因为其具有出众的个人魅力和超凡品质，或者因为人们确信其拥有天启的预言能力而得到自愿的服从。超凡魅力型统治有着近乎神秘的特质，它能够激发信徒的忠诚、情感依赖甚至献身的精神，但这种源于个人崇拜的权威稳定性不够，权力交接的难题是它常常会遇到的。法理型统治是大多数现代国家典型运用的权威运作形态，其合法性是建立在对于正式制定的规则的正当行为的要求之上的。在这种统治类型中，人们将服从依照法规而占据某个职位并行使权力的统治者，如通过选举任职的政府官员。与超凡魅力型权威相比，以法理为基础的权威不依赖于特定的个人，或者说是非人格化的，因此其稳定性和有序性更强。不过，韦伯反复强调的是，所有经验事实中的统治形式都是这三种纯粹类型的混合，只不过不同类型因素的比重和混合方式可能有差异罢了。

不同于马克斯·韦伯，伊斯顿对合法性源泉的探讨不太注重类型学，而更切合实际，尽管他受韦伯的影响很大。伊斯顿指出，政治系统可以利用三种引起或维持合法情感的条件来防止支持的水平下降到一个临界点，它们是意识形态、结构和个人品质。① 意识形态是由那些说明政治生活的目的、组织和界限的表达的道义诠释和原则所构成的，它通过强调服从当局是正确和适当的而具有道义约束力。虽然意识形态既可能是关于政治生活的骗人的神话，也可能是现实的估价和真诚的渴求，但是对那些拥有权威的人来说，政治稳定正与成员认为他们有道义上的权利进行统治的感觉有关。在中国古代，君权统治的合法性很大程度上正是建立在儒家的伦理纲常这个特定的意识形态基础之上的，二战后新独立的亚非拉国家也有不少是依靠某种意识形态来建构其统治的合法性基础。结构指的是一定的政治制度、结构措施和规范等，如获得权力的程序及决策规则的正当性，比如美国人就有种特别强烈的情感，反对在任何重要的结构或规范意义上篡改宪法，因而如果能够证实政治职位的占有人是在违反宪法或其派生法律的情况下掌权的话，那么他们将丧失合法性的外表。个人品质在内容上要宽于韦伯所说的克里斯玛，因为在实践中虽然并非每个执政者都能真正具有超凡魅力，但通过营造一种虚假魅力，他们也能够操纵大批追随者。这种个人的合法性是对政治系统的一个支持来源，它将来自于对执政者个人功绩和价值的评判，而不仅仅源于他们在系统中地位的合法性，或是他们适合了成员的意识形态前提。

继韦伯和伊斯顿之后，又有其他当代学者对合法性的基础作过探讨，他们给予了普选和政绩以特别的重要性，这也正反映了各国民众普遍的价值诉求。

三、政策合法化的含义

懂得了什么是合法性之后，政策合法化也就容易搞清楚了，因为政策合法化就是政策取得合法性的过程。不过，要准确地把握政策合法化的科学含义，先了解一下国内学者们的看法将是有益的。

1. 国内学者对政策合法化的看法

国内学者包括一些港台学者曾力求给政策合法化下一个较严格的定义，虽然他们对政策合法化主体、对象范围、适用程序等的认识不一，但大多数人都是从立法的角度来解释政策合法化，例如大陆学者张金马认为："政策合法化是指经政策规划得到的政策方案上升为法律或获得合法地位的过程。"② 台湾

---

① 参见［美］戴维·伊斯顿《政治生活的系统分析》第 19 章，华夏出版社 1999 年版。

② 张金马：《政策科学导论》，中国人民大学出版社 1992 年版，第 172 页。

地区学者朱志宏也认为："政策合法化就是赢得多数立法人员对政策方案的支持。"①

很显然，从前面对合法性的介绍可以看出，此类把政策合法化简单地与立法过程相联的看法是有问题的。首先，某些非立法主体如我国的执政党中国共产党同样拥有政策制定权，它们所制定的政策虽然不是法律但也可以具有很高的合法性，比如某些象征性的政策。其次，把法律看做天然合法的将无法从根本上区分政策合法化和政策法律化，毕竟法律并非一出台就必然带有合法性，而现实中也的确有少数合法性不高的法规或规章因遭到民众反对而被废止。

政策合法性：城市容纳费的征收

1994 年 9 月，××市人大常委会通过《征收城市容纳费条例》，规定今后凡经批准迁入该市的常住人口，按每人 1～10 万元五个档次的标准征收城市容纳费，其理由为：人口迁移增长是导致××市人口数量增长过快的重要因素，它使水、电、热、道路交通、邮电通讯、教育卫生、住房等方面的紧张状况有增无减，给经济建设和公众生活带来了很大困难。

由于这次以地方性法规形式来征收城市容纳费尚属全国首例，因而引起了广泛的争议。反对者主要来自两个方面：一是毕业生。对于毕业后想迁入或留在××市的学生来说，容纳费的征收显然是他们不愿意承受的，而且它对毕业生就业市场的供需情况也有很大的不利影响；二是来自毕业生的接收单位，特别是经费来自中央财政的那些高校、机关以及国有企业，而一些民营高科技公司也不愿意拿出那么多钱来接纳人才。许多学者也持反对意见。他们认为××市人口压力主要来自众多的流动人口，要控制人口增长应该把精力放在对于流动人口的管理上。

在众多的反对和压力面前，同年 11 月××市政府不得不推出《容纳费减免征收试行办法》，次年 1 月又进一步推出针对高校毕业生的减免办法。由于减免后的容纳费征收与开始时所推出的政策有很大出入，且该条例实际上也没有在生效期到达后得到严格实施，因此可以说××市的以限制人口为目的的征收城市容纳费政策遭到了失败。

---

① 朱志宏：《公共政策》，台湾三民书局 1995 年版，第 184 页。

从政策合法性角度看，该政策之所以失败，主要有三个方面的原因：首先，✕✕市在制定该条例时，没有征求与其直接有关的方面的意见，如毕业生的意见、用人单位的意见等。这是该条例虽然获得几乎全体一致的通过，但是却遭到强烈反对的重要原因。其次，宣传不得力，没有动用有关宣传工具进行广泛的宣传。相反，从条例出台到生效期间，该市的许多报刊发表了各方面的不同意见。最后，条例本身存在一些不合理的问题：无法实现控制人口增长的目标；阻碍人口流动；存在很大的不公平性；有着强烈的地方保护主义色彩。

2. 政策合法化的科学含义

所谓政策合法化，事实上是指政策制定主体为使选定的政策方案获得人们的认同，而通过一定程序对政策进行审查、批准、公布和宣传的过程。这个概念的外延和内涵可以从如下几个方面来把握：

第一，所有的政策都有其合法化的过程。政策的合法化并不仅限于中央政策或全国性政策，也不仅限于法律形式的政策，在实践中地方政策和其他形式的政策都需要合法化，以利于政策对象的服从。

第二，政策合法化是一个有目的的、持续的活动过程。其目的就是要使被采纳的政策更好地获得公众的认可，进而使之更有效地发挥规范和指导人们行为的功能，减少执行时的成本，最终解决面临的政策问题。

第三，政策合法化的主体既是广泛的又是特定的。具体而言，拥有法定权限和特定职权的各级党和国家机关都可以也只有它们可以依照法律规定而在自身权限范围内使相应的政策方案合法化，以发挥其普遍的约束力。

第四，政策合法化的主体和程序会因政策的形式、内容而呈多样化。如"立法机关强调公平、民主，其政策合法化的程序就表现得繁琐、复杂。相对而言，行政机关更强调效率，其政策合法化程序就比较简单"①。

3. 政策合法化的构成

当代许多政策研究者按照琼斯的分类而将公共政策的合法化区分为两个层次，即政治系统取得统治合法性的过程和政策获得合法性的过程。尽管通常来说，我们都把政治系统的统治合法性看做政策合法性的基础，但有时政策的合

_____

① 陈振明主编：《政策科学》，中国人民大学出版社1998年版，第246页。

法性也是政治系统获得统治合法性的手段，比如中国共产党就是先以打土豪分田地的政策而建立政权和赢得民心的。另一些政策研究者遵从戴伊的看法而把政策合法化分解成三个功能活动，即选择一项政策建议、为这项政策建立政治上的支持，以及将它作为一项法规加以颁布。

在这里，我们认为政策合法化包括三个方面，即政策制定主体合法性的获得、政策制定程序合法性的获得和政策内容合法性的获得。政策制定主体的合法性往往能借助于长期存在和之前的有效作为而获得，但不同适用范围和不同类型的政策会要求不同的合法化主体。政策制定程序的合法性需要靠宪法、法律、惯例和制定政策时广泛的公众参与来保障，有人甚至认为"所谓公共政策的合法性，在国家民主政治法统已经确立的基础上，主要是指制定和执行公共政策的程序必须符合一切适用的法律规范"①。政策内容合法性的获得既依赖前两者，也需要卓有成效的政策宣传，但最终取决于政策本身是否能为大多数社会成员带来利益。如果不能服务于公众，无法解决公众所面对的问题，那么这样的政策是没有合法性而言的。

四、政策合法化与政策法律化

如上所述，政策合法化不能等同于政策法律化，那么政策法律化是指什么，需要哪些条件，与政策合法化又有怎样的联系和区别呢？

1. 何为政策法律化

政策法律化又称为政策立法，指享有立法权的国家机关依照立法权限和程序将成熟、稳定而又有立法必要的政策方案转化为法律的过程。对此界定，应当注意这样几点：

第一，政策法律化中的法律需作广义解，既包括宪法、基本法律和一般法律，又包括行政法规、地方性法规和规章等。

第二，政策法律化的主体指享有立法权的国家机关，如在我国就包括全国人大及其常委会，国务院及各部委，省、自治区、直辖市、省会市、自治州首府所在市，国务院批准的较大市、自治县的人大及政府。

第三，政策法律化并非只是以法律形式对政策加以认可，还涉及法案的起草、审议、修改、废止、补充等一系列立法活动。

2. 政策法律化的条件

政策法律化是有条件的，并非所有的政策都可以法律化。通常情况下，公

---

① 张国庆：《现代公共政策导论》，北京大学出版社 1997 年版，第 146 页。

共政策只有具备以下基本条件才需要也才能转化为法律①：

第一，对全局有重大影响且有立法必要的政策。所谓对全局有重大影响，是指对国家经济社会发展和国民生活具有重要影响力。而所谓有立法必要，是指既反映民众诉求和针对特定问题，又拥有所需资源。这类政策一旦定型化、条文化和规范化并取得法律的约束力，就可以获得全社会一体遵行的效力。

第二，具有长期稳定性的政策。法律虽然也属于政策的一种，但其功能在于调整和规范比较稳定的社会关系，因此不能朝令夕改。而有些主要发挥导向功能的政策则灵活性更强，比如像民族、宗教领域中的许多政策因其涉及人的情感和信仰，故可用政策来加以引导而不宜由法律的方式来做硬性约束。

第三，相对成熟和有效的政策。法律的稳定性要求其条文规定最好是相对成熟或被证明是行之有效的，因此在制定法律的条件尚不成熟时，有些方案应先以政策的形式出现，在实践中反复修改、完善、试行，之后才通过政策立法的形式上升为法律。不成熟的政策过早上升为法律会造成危害性后果。

3. 政策法律化与政策合法化的联系与区别

基于前面对政策法律化和政策合法化的认识，我们会发现，政策法律化是政策合法化的一种重要而又特殊的形式，并且两者在当代中国的政治实践中往往是相同一的过程。这其中的缘由很简单：既然目前的政治统治被认为是具有正当性的，那么按法定程序且经法定主体所立之法也就会因此而常常倾向于被看作是合法的，更何况所立之法本就是成熟而稳定的政策方案，体现出的是其在解决政策问题上的有效性。然而，这种主观的印象不应模糊掉我们的客观判断：专制社会里的法律常常是无合法性可言的——统治者的个人好恶就左右着法律，正所谓"恶法非法"。所以说，合乎法律只是 legality，而合法性却为 legitimacy，后者是更高层次的，缺乏合法性支撑的合乎法律是无意义且不值得追求的。

那么，政策法律化与政策合法化之间主要有哪些区别呢？首先，从目的来看，政策法律化的目的是要使选定的政策方案能借助国家强制力这一后盾而约束所有的政策对象，亦即必须强制他们服从；而政策合法化的目的是要使政策获得合法性，增强民众对政策方案的心理认同感，减少抵触和对立的情绪。其次，从主体来看，政策法律化的主体是拥有立法权的中央和地方国家机关；而政策合法化的主体还包括各级党组织及其他一些制定和执行政策的政府机关。最后，从程序来看，政策法律化是一种立法活动，需要遵守相关的立法程序；

① 参见张金马主编《政策科学导论》，中国人民大学出版社 1992 年版，第 175 页。

而政策合法化不限于立法程序，不仅未立法的政策需要合法化，即便是法律化后的政策也仍要通过政策宣传等来继续合法化活动。

五、政策合法化的主体与程序

政策合法化的主体指依法有权使政策方案获得合法地位及为民众所认可和接受的那些相关的党和国家机关。政策合法化的程序即政策方案获得合法地位及为民众所认可和接受的那些步骤和方式。在实践中，不同的政策方案要求有不同的政策合法化主体，而不同的合法化主体也会导致不同的合法化程序。接下来，我们将分别阐述立法机关、行政机关、司法机关和执政党的政策合法化过程，它们是当今世界最主要的政策合法化主体。

1. 立法机关的政策合法化过程

立法机关作为政策合法化的主体其合法性首先源于主权在民的理念与实践：立法机关的成员即代议士们都是由人民选出并且需要向其负责的，因此他们的学识、判断力和议政能力被认为是高于普通民众的，而他们的决定则被认为是人民的决定。与专制体制下以国王的金口玉言来充当法律不同，代议民主制使立法机关所制定的法律更具权威性和稳定性，也更符合理性和公益的要求——想想麦迪逊的那句话"由公众的代表来表达的公众的声音，同由公众个人来表达的自己的意见相比，会更加符合公益"。虽然说受不同政治理论的影响，有的国家更强调代表与选区人民的强制委托关系，而有的国家更强调代表作为全体人民代表的独立性，但总的来看立法机关制定的政策都被看作是民意的体现，也更易于获得合法性。很明显，如果人民认为他们直接或间接通过其代表而成为了各项政策的参与者，他们就会对立法机关通过的政策产生崇敬感、尊严感和认同感，从而更乐于服从它。正像卢梭所说，只有当法律本身是"公意"的体现，而"公意"又是每个成员共享的利益的体现时，服从法律才"只不过是在服从自己本人"，而不是服从任意的外部强制。

除此之外，立法机关所遵循的审慎的立法程序也是赋予其所制定的政策以合法性的重要来源。一般来说，现代国家的法律制定都要经过提案、审读、通过、签署、公布等阶段，其间很好地阐释了什么是科学与民主之间的有机互动：提案由人民代表提出，有的国家还赋予一定数量的民众直接创议权；审读需要经过代表的辩论和协商，还为利益相关人的政治接触留出必要的空间；通过遵循的是少数服从多数的原则，有的国家还用两院制结构来确保地方利益得到维护；签署需经国家元首之手，以表明此项立法为国家的行为；公布起到了周知于众的作用，而法无明文规定不为罪正与现代法治主义精神相契合。不过，需要说明的是，立法既是一门科学也应体现国民的情感及价值诉求。如果立法机关所立之法严重背离了国民视为理所当然的生活习俗和价值信条，那么违法就可能演变为大多数人的常态行为，从而构成对其合法性的一种嘲讽。正如盖尔斯敦所指出的那样："无论何时，强制立法践踏某些民众凭经验做出的合理的反对时就是非法的。"①

短命的禁酒法案

禁酒法案是美国最短命的一条宪法修正案，于 1919 年通过，到 1933 年废除，像一场儿戏。禁酒法案规定：凡是制造、售卖乃至于运输酒精含量超过 0.5% 以上的饮料皆属违法。自己在家里喝酒不算犯法，但与朋友共饮或举行酒宴则属违法，最高可被罚款 1000 美元及监禁半年。

通过修正宪法以达到禁酒的目的，决心不可谓不大，联邦政府执法也算积极有力，但从一开始，禁酒之事便遇到巨大阻力。因为贪杯者甚多，本来这些人只是平时喝一点，寻个刺激，现在却一点也喝不成了。于是，人们开始私下饮酒，并且偷喝的人越来越多，禁酒法案也就执行不下去了。

禁酒令的颁布也带来了一个新行业：私酒贩子。随着靠非法贩酒获得暴利的人越来越多，也就有越来越多的人干起了这一行。更讽刺的是，表面上支持禁酒的美国总统哈定，私下里却在夜总会里抽烟喝酒，他的内阁成员则在收着私酒贩子的贿赂。贩酒的黑市上也聚集了大量的杀人越货的亡命徒：由于私酒贩子之间的纠纷是无法通过法律来解决的，因此只好诉诸暴力。禁酒令本意是要修正社会道德，却成了犯罪的制造者。于是越来越多的人认识到，禁酒令正在把美国变成犯罪帝国，人们开始要求废除禁酒令，甚至包括一些反对饮酒的清教徒。政府迫于压力，最终在 1933 年 12 月废除了禁酒令。

禁酒令的本意是要民众过一种健康的生活，但是它过于理想，既无视于执法上的困难，也忽略了人的欲望无法纯粹以压抑的方式来削减，乃产生了适得其反的后果，并损害了法律精神本身。

---

① ［美］威廉·A. 盖尔斯敦：《自由多元主义》，江苏人民出版社 2005 年版，第 57 页。

2. 行政机关的政策合法化过程

行政机关作为政策合法化的主体，其合法性首先亦来自代议民主制的运作：世界上大多数国家的行政首长都掌握着行政领导权和最高行政决策权，而他们要么由民选产生（如实行总统制的资本主义国家），要么由代议机构选举产生并向其负责（如实行议会制的资本主义国家和所有的社会主义国家）。事实上，在美国由民众间接选举产生的总统甚至宣称只有自己才是全国的代表，因为议员都是分选区选举产生的。其次，随着经济社会的发展和公共事务的日益繁复，行政机关的专业技术优势越发明显，这使其在政策问题上的发言权举足轻重，如果它争取到各种政治支持，就能很容易地赢得民众的认同。最后，在以新公共行政学派为代表的一些人看来，行政管理人员比政治家更有助于推动社会公平，他们才是弱势群体的代表和公共利益的捍卫者，因此他们所制定的政策才是更为合法的。

从程序上看，行政机关的政策合法化通常要经过职能部门的起草和审查、多方听取意见和建议、领导决策会议决定等几个阶段。由于行政机关所制定的政策往往涉及特定的领域且专业化非常强，因此由实务经验丰富的相关职能部门来起草和审查既恰当又有必要。集思广益对确保政策的科学性同样具有重要意义，在这方面许多国家都有了成熟的做法，比如听证会、论证会、咨询会、座谈会，等等，这些制度化手段也已经写入了我国的立法中。领导决策会议的形式可能视政策的重要性和紧迫程度不同而有差异，但都以明晰的责任追究机制为前提，像我国对一般性政策方案通常可由主管行政领导直接拍板后决定，而重大政策方案需先经政府全体会议或常务会议讨论后方可由行政首长行使最后决定权。当然，行政机关要想确保所制定的政策具有较高的合法性，不仅要固守行政立法程序，也要注意自己的立法范围，超出其权限的立法必然是不合法的。

3. 司法机关的政策合法化过程

司法机关不是主动的政策制定者，也不是所有国家的政策制定者，但在西方世界里，它的裁决毫无疑问被看作是政策的一种重要的表现形式。例如在美国，"大多数观察家会同意新罕布什尔州最高法院法官杰里迈亚·史密斯的说法：'法官制定法律吗？当然制定。我本人就制定过一些。'"① 司法机关在制定政策方面的权威可归因于若干要素：第一，法官是终身任职的，又有渊博的法律素养，这赋予了其表面的客观公正性；第二，法官不参与党派斗争，必须

---

① ［美］希尔斯曼：《美国是如何治理的》，商务印书馆 1986 年版，第 183 页。

使自己显示出不允许政治考虑影响他们的决定，看上去有政治中立的假象；第三，法官只处理提交的具体案件和争议，即奉行的是"不告不理"，这使其发言机会虽少但却赢得了很高的权威性；第四，法官审案强调证据、提问、辩护、口头陈述，有特定的程序和风格，且备受人尊重的。所有这些鲜明特点，在精英集团和民众中加强了法院政策制定的合法性。①

司法机关的政策合法化主要通过两种方式来实现：第一种是借助违宪审查权来审查立法机关所立之法合宪与否。如果被裁定为合宪，则所立之法就获得了更高的合法性；反之，如果被裁定为违宪，则所立之法就将因为不会再被适用而事实上失效。在西方一些国家特别是美国，违宪审查权是宪法保障制度的重要组成部分，也常常关系到政治争议能否最终得到解决。毕竟"在美国，公共政策如果不经过司法程序的挑战和检验，那么它们就不会取得完全的合法地位"②。此外，由于在西方国家法院被视为宪法的最终解释者，而宪法是至高的根本大法，因此违宪审查权的运用还有助于避免下位法与上位法的冲突，确保法律体系的统一。第二种就是通过适用法律与特定的案例来发现既有法律中存在的漏洞，以推动法律的修改或重新制定，从而使政策更完善，权威性更高。这同样是促进政策合法化的有效手段。

4. 执政党的政策合法化过程

执政党作为政策合法化的主体，其合法性也有多个来源。首先，如果它是新独立的国家的创建者，曾带领民众取得先前革命斗争的胜利，那么这种继承而来的合法性可以作为一种储备延续很长时间。其次，如果它拥有一个魅力型的领导人，能提出系统而有感召力的行动方略，那么民众会愿意依附于它。再次，如果它的成员具有广泛的代表性，都是愿为大众谋福利的先进人士，那么其吸引力将不断增强。最后，如果它在执政期间带来了经济建设的巨大成就并最终给民众带来了实惠，那么民众将以各种方式来表达他们的拥护和支持。这些来源都在不同程度上附着于我们国家的执政党中国共产党身上，但要真正完成革命党向建设党的转变并巩固其合法性，最重要的毫无疑问就是要加强党的执政能力建设，毕竟没有战斗力的党是很难赢得民心的。

执政党的政策合法化往往也要遵循特定的程序，比如在我国视拟议问题性

---

① 参见［美］托马斯·R. 戴伊《自上而下的政策制定》，中国人民大学出版社 2002 年版，第 174～175 页。

② ［美］托马斯·R. 戴伊：《自上而下的政策制定》，中国人民大学出版社 2002 年版，第 173 页。

质的不同就有中国共产党的全国代表大会、中央委员会全体会议、中央政治局会议、中央书记处会议、中央政治局常委会议，以及地方各级党员代表大会等各种形式。在西方国家，由于实行自由竞争、轮流执政的政党制度，因此各党的政策纲领只有在其执政时才能上升为法律，才具有合法性并对国民有约束力，这说明其政策的合法化过程事实上是与其政策的法律化相联的。近些年来，中国共产党一直在努力推进党内民主，并且还有多种行之有效的措施与之相伴，这对增强党的政策的合法性无疑将起到积极作用。另一方面，长期以来中国共产党一直注重与八大民主党派的联系和沟通，既强调要接受它们的监督，也认真听取它们的意见和建议，这使党所制定的政策能够置于更坚实的基础之上，从而不仅赢得了全国人民的认同和接受，还赢得了海内外众多爱国人士的赞誉。

☞ **思考题：**

1. 政策采纳与方案择优是一回事吗，为什么？
2. 政策采纳常常体现决策者个人的价值偏好，试举例说明之。
3. 请想想政策采纳与政策合法化的关系是怎样的。
4. 开明专制与极权主义统治是否具有合法性，为什么？
5. 如何科学地理解政策合法化？
6. 政策合法化与政策法律化的联系和区别有哪些？
7. 有人认为法无善恶之分，有人则认为存在非法之恶法，还有人认为恶法亦法，结合所学的有关合法性的内容，谈谈你的看法是怎样的？
8. 因孙志刚案而被废除的《收容遣送管理办法》是国务院制定的行政法规，而中国《立法法》规定限制人身自由的强制措施和处罚只能是法律，试对此作些分析。

第七章 政策执行

第一节 政策执行概说

政策执行是实现公共利益分配的直接途径，是政策理想目标转化为现实的唯一手段，因此它的有效与否关系到公共政策的成败。

一、政策执行的含义

政策执行是公共政策过程中的实践环节，是将已经制定好的政策方案的内容付诸实施的过程。对政策执行的含义，政策科学学者从不同角度作了界定，其中有代表性的主要为两派观点，即行动学派的观点和组织理论学派的观点，下面分别作些讨论。

1. 行动学派

行动学派的政策学家包括琼斯、爱德华兹和霍恩等人，他们皆认为政策执行是一种活动或行动的过程，在此将其定义列举如下。琼斯认为："政策执行乃是将一种政策付诸实施的各种活动；在诸多活动中，又以解释、组织和施用三者最为重要。"爱德华兹等人认为政策执行是指一系列的"发布命令、执行指令、拨付款项、办理贷款、给予补助、订立契约、收集资料、传递信息、委派人事、雇用人员、创设单位"的活动过程。霍恩等人认为："政策执行指公私人民或团体为了致力于先前政策决定所设立的政策目标的实现而采取的各项行动。这些行动可以归为两大要项：一是将政策转化成为可以运作的努力；二是为实现政策所确定的目标而作出持续的努力。"①

上述这些观点抓住了政策执行的本质内容，把握住了政策执行的最基本特点，即将抽象的政策目标和规范转化为具体的行动。但是，其局限性也是很明显的：一是政策执行的研究不只是一种变迁的研究，研究其如何被引发和如何发生，而且也是对政治生活结构的一种微观研究，即研究政治系统内在、外在的组织如何推行它们的事务及彼此间的交叉影响；二是行动学派忽略了政策目的与手段之间的相互影响，因为执行政策所采取的各项行动并不一定与政策目的达成之间拥有必然的因果关系，何况政策环境在不断变迁，政策目标亦可能因情势而变动；三是行动学派忽略了对行为主体的研究，其所持有的政策执行机构及人员必然会严格顺应政策目标的假定未必能够成立。

2. 组织理论学派

组织理论学派的政策学家包括艾利森和唐斯等人，他们强调组织在政策执行中的作用和特点，其主要观点包括三个方面：第一，组织是政策执行的主体，执行的行动环节主要由组织来完成，研究执行必须充分了解组织的运作。故此，C. P. 斯诺和 L. 特里林曾说道："只有了解组织是怎样工作的，才能理

---

① 转引自张国庆《现代公共政策导论》，北京大学出版社 1997 年版，第 167 页。

解所要执行的政策，也才能知道它在执行中是如何被调整和塑造的。"① 第二，组织的设置、特点、运作、沟通和内部结构等都影响政策的有效执行，而负责执行的组织其正式与非正式的属性也往往影响到该组织执行政策目标的能力。第三，组织的研究可以从政策执行的角度反映公共政策的过程和特征，要想通过执行研究更广泛、深入地反映生活，就必须研究执行组织，研究官僚机构。

毫无疑问，组织理论学派的看法有其可取之处，比如将官僚制运作、组织发展和组织冲突列入到政策执行的研究之中，可以使我们对政策执行的认识更加全面；而强调执行者对政策执行的重要作用，以及其不只是机械的执行和顺从，亦有分析、预测、调节、创新的能力，这也更符合事实。然而，过于强调政策执行机构本身的研究可能会模糊对政策执行过程的分析，遗漏掉一些有意义的结论。与此同时，尽管政策执行者在执行过程中可发挥能动作用，但政策目标达成始终是执行的出发点，完全无视政策目标与行动方案之间的联系是错误的。

既然行动学派和组织学派的观点都各有其优点和局限性，那么借鉴林水波、张世贤的看法给政策执行下一个综合性的定义或许是更为恰当的：

政策执行是一种动态的过程，在整个过程中负责执行的机关与人员组合各种必要的要素，采取各项行动冀以成就某特殊的政策目标。②

二、政策执行的重要性

大多数情况下，政策被采纳即意味着有关的政治争论已告一段落，于是就该轮到官僚机构来扮演其在执行中的角色了。然而，政策制定与政策执行之间尽管相互依存，却不是自动的和连续性的关系，毕竟政府做出的只是一种意图的声明。正像多尔贝尔和哈曼德所说，一项政策的发布只是宣告政策运行的开始，若想充分认识实际过程，则必须了解政策发布之后的各个阶段和运行状况。概略言之，政策执行的重要性主要体现在如下三点：③

1. 政策执行是解决政策问题的根本性环节和基本途径

任何政策都是针对一定的政策问题而提出和制定的，但政策的出台并不等于问题的解决，因为政策执行才是直接的、实际的、具体的解决问题的过程，

---

① 转引自张金马主编《政策科学导论》，中国人民大学出版社 1992 年版，第 206 页。
② 林水波、张世贤：《公共政策》，台湾五南图书出版公司 1982 年版，第 264 页。
③ 参见张金马主编《政策科学导论》，中国人民大学出版社 1992 年版，第 210 页。

正如艾利森所指出的那样，在实现政策目标的过程中，方案确定的功能只占10%，而其余90%取决于有效执行。虽然许多人曾倾向于认为一项政策在确定之后就会自然而然地被执行，但这其实是一种不切实际的幻想。反过来说，只要看到问题没能得到解决就总怪罪于政策方案，这也可能是片面的。1954年，美国最高法院在布朗诉托皮卡教育局一案中以9∶0的投票一致通过一项裁决，隔离但平等为违宪宣布，并责令各州应以"十分审慎的速度"改善必要的条件。但是，州和地方对最高法院裁决的抵触残余延续的时间很长，以至于有项40年后作出的研究显示，三分之二的少数民族孩子仍然在少数民族的学校就读。①

2. 政策执行的好坏决定了政策方案能否实现及实现程度

政策执行的好坏是决定政策方案能否及时、有效、不打折扣地实现的关键要素。如果政策执行得好，政策方案中所规定的任务就可以圆满地完成，甚至还可以由执行者创造性地执行活动弥补政策规划的不足，提高政策的效益。政策执行得不好，则可能会使政策试图解决的问题更加恶化，或者与政策目标背道而驰。因此，政策制定者不能只专注于探讨所出台的政策本身是否针对亟待解决的问题，是否属于良善的政策，还必须加强对执行环节的监督。在实践中，执行的些许偏差常常会给政策方案带来灾难性的影响，这就是为什么有人会说："即使在成功地完成一项新事业所需要的任何一个步骤的成功可能性都是90%的环境中，也总共只需经过七个步骤，就会使最后成功的可能性低于50%。"②

3. 政策执行活动及其效果是后续政策制定的重要依据

根据政治系统论的观点，政治系统输出的政策在付诸实施后将对环境产生作用，并通过反馈而将新的信息输入政治系统，以作为今后制定新政策或进行政策调控的参考和依据。因此，政策执行对检验政策方案是否完善具有积极作用，政策方案的局限性只有通过执行活动才能够更为清楚地反映出来。从某种意义上讲，我们面临的社会现状就是过去无数项政策和现行政策实际发挥影响而形成的结果，而要制定和执行新的政策也必须充分考虑前一项政策的后果。有些时候，甚至新政策的需要本身就源于既往坏政策带来的恶果。"那种把政策过程看成是在什么事情也没有发生过、没有任何先决条件的沙漠孤岛上开始

---

① [美] 拉雷·N. 格斯顿：《公共政策的制定——程序和原理》，重庆出版社 2001 年版，第 113 页。

② [美] 史蒂文·凯尔曼：《制定公共政策》，商务印书馆 1990 年版，第 139 页。

的，并以此为基础来构建政策过程模型的做法是愚蠢的"①。

三、政策执行研究的兴起

政策执行研究的兴起既是政策科学不断发展的必然结果，也是源于政策实践的需要。

1. 政策科学的发展

政策过程是一个完整的过程，既包括政策的制定，也包括政策的执行、评估及调控。然而，人们对政策执行重要性的认识，一开始并不是很清楚的。在政策科学形成之初，理论家们关注的焦点一直集中在政策的制定上，如何改进政策制定和优化政策制定系统被认为是更为根本性的问题。后来伴随着政策科学走向成熟，学者们才日益认识到，政策制定与政策评估之间有个环节被遗漏了，那就是政策执行，它是政策过程的重要一环，是有效解决政策问题的关键。这种转变始自 20 世纪 70 年代，当时以威尔达夫斯基和普雷斯曼为代表的一批政策学者开始对执行中的问题感兴趣。他们写下了经典的《执行：联邦政府的殷切期望是如何在奥克兰市落空的》，通过个案分析强调了政策执行对政策效果所具有的重要性。他们还指出，要使政策科学从理论的科学成为行动的科学，就必须研究政策执行问题，以便在政策制定与政策执行之间架起桥梁。

威尔达夫斯基和普雷斯曼并不是最早也不是唯一对政策执行感兴趣的人，早在若干年前威尔逊就曾谈到过，执行一项政策要比制定一项政策困难得多，而且政策制定与行政管理的关系也一直是政治学研究的传统主题。不过，在他们之前的大多数政策研究者是把政策转化为行动的过程看作理所当然而不值得加以研究的，这的确有其局限性。相比之下，威尔达夫斯基和普雷斯曼的著作不仅促使政策执行问题成为热点问题，而且推动了一系列研究范围的发展，包括"政策执行的理念和范围、政策执行模型、政策执行与政策制定的关系、政策执行的障碍及其克服、政策执行的有效性、政策执行的科学方法、政策执行的艺术和技巧等等"②。当然从根本上说，政策执行的研究之所以受到重视，是因为实践中不执行和执行失败的现象越来越多，导致所制定出的政策达不到应有的收效。

---

① ［英］米切尔·黑尧：《现代国家的政策过程》，中国青年出版社 2004 年版，第 21 页。

② 张国庆：《现代公共政策导论》，北京大学出版社 1997 年版，第 166 页。

肯尼迪总统与设在土耳其的导弹

美国总统被视为世界上最有权势的人，然而与世界上其他国家的最高领导人一样，他也不能保证自己的决策总是得到及时而有效的贯彻……

早在 1961 年，肯尼迪总统就曾要求国务院同土耳其就撤走在该国的雷神导弹达成一项协议，因为雷神导弹显然已过时了，美国在地中海的北极星导弹潜艇将为土耳其提供大得多的保护。在总统的坚持下，国务卿腊斯克在 1962 年春北约组织开过会后向土耳其代表提出了这一问题。土耳其表示反对，这个问题只得暂时放一放。

1962 年，当时，腊斯克在欧洲，肯尼迪总统又提出这一问题。国务院告诉他说，他们觉得向土耳其催促此事是不明智的。但是，总统不同意。他要撤走这些导弹，即使因此而使其政府引起政治问题也在所不惜。国务院代表又同土耳其商讨这一问题，但是，在发现他们仍然表示反对后，就没有继续进行下去。

总统则认为他是总统，而且他的意愿一经表明之后，人们就会加以贯彻，导弹也会撤走了。因此，他没有把这一件事放在心上。然而，在古巴导弹危机期间他终于知道，对于这件事没有追究到底，已使这种过了时的放在土耳其的导弹成了捏在苏联手里的把柄了。虽然危机最终得以解决，而美国也于次年撤走了那批过时的导弹，但整个过程告诉人们：官僚机构并非只是顺从的执行工具，其自主性亦是不容低估的。

2. 政策实践的需要

20 世纪 60 年代中叶，继肯尼迪之后而任美国总统的林登·约翰逊提出了一个很好的贯彻了公平理念的伟大社会构想，其内容可谓是包罗万象，从创造美好的城市环境到治理污染；从向贫穷开战，增加就业机会，到强化社会保险和救济；从普及教育到公民权利；从开发农村到修筑高速公路；从"抚育孤儿"计划到关爱老年人……总体上看，这一令人炫目的计划深得人心，而且的确取得了很大的成就。不过，人们也发现许多政策项目并没有取得预期的结果：有的制定了没执行，有的在执行中走了样，有的严格执行了但由于过于僵化而导致了非预期性后果——比如越来越大的福利项目产生了一个完全依赖政府而放弃工作愿望的群体。这些都促使人们去评估政策，并寻找政策执行方面的原因。

与《执行》一书所提供的理论观点相伴，20 世纪 60 年代的政策实践也证明：政策失败常常不应归因于其自身，而应归因于执行环节中出现的差错。比方说，政策不被执行或执行不力可能就是由于所需要的资源得不到及时供应而造成的，正如越战所耗费的大量国防经费本可用于向贫困开战、改善教育条件、普及社会保障、推动医疗改革、加强环保与能源开发等方面一样。故此，政策执行的重要性虽不能过于高估，但在从事方案设计时适当加入执行因素的考量却是必要且极为有益的。"在某种意义上，每项公共政策的实施都可以与苗圃中栽植的幼苗做比较。幼苗可能经历很大的自然变化，其结果可能长成一棵矮小的树，也可能长成一株成熟的树。但是，幼苗一旦载入土中，要想让它照预期成长起来，就需要水、养分和培植。如果对它听其自然而不予置问，这棵幼苗的前途就不确定。"①

四、政策执行应遵循的原则

政策是否成功和有效，在很大程度上取决于是否有科学的执行，而科学的执行又离不开正确的原则指导，主要表现在以下几个方面：

1. 严肃与变通相结合

政策是由法定机关制定的规范人们行为的准则，必须认真、全面、坚定不移的贯彻执行，而不允许打折扣、借故拖延，或者采取"上有政策、下有对策"的那套阳奉阴违的做法，特别是其精神实质、要求和目的都不得随意改变。"在政策实施过程中，如果发现某些政策规定有明显不适的地方，应通过正常渠道向上反映，但在未征得上级机关同意的时候，任何组织或个人均无权拒绝贯彻执行已经下达的政策内容。"② 另一方面，政策执行往往是长期和连续的过程，在这期间环境可能发生变化，一些新情况和新问题会出现，对此只有灵活地、适时地、正确地加以应付和处理，才能使政策方案顺利实施、目标顺利实现。所以，无条件的、绝对地只讲严肃而不讲变通也是片面的，尽管变通地执行政策不等同于替换或曲解原定的政策。

2. 强制与宣传相结合

政策一旦出台和生效，就对社会公众的行为具有约束力，为了确保其得到

---

① ［美］拉雷·N. 格斯顿：《公共政策的制定——程序和原理》，重庆出版社 2001 年版，第 128 页。

② 刁田丁等编著：《政策学》，中国统计出版社 2000 年版，第 222 页。

所有人的遵奉，国家往往赋予执行机关以制裁违反政策规定者的一些手段，从而也体现出了以强制力为后盾的政策的权威性。在实践中，有些导向性的政策正是因为缺乏配套的制裁手段而难以得到有效贯彻，像各地尽管都规定企业必须按照要求发放高温津贴，但对于拒绝执行的企业却也没有规定罚则，于是给劳动者支付高温费与否完全寄托在企业主的良心上。不过，一味依靠强制方式不仅执行成本过大，也容易造成政策对象的抵触情绪，因此辅以说服和宣传不仅必要也是有益的。比如《道路交通安全法》规定，行人闯红灯者可以处警告或者 5 元以上 50 元以下罚款，可考虑到人性化执法的需要，警告和批评教育仍然是目前居于主导的处罚方式。

3. 求实与创新相结合

政策执行应当讲求实际，亦即要求执行机关和人员从具体环境、可能条件、可得资源和各种现实技术手段出发，循序渐进、量力而行，而不是好高骛远、求全贪快。此外，还要从政策过程中的规律出发，处理好政策实施中宣传、计划、调整、评估、终止等各个环节、步骤的关系。但是，实事求是的执行政策不等于无所作为。在执行政策中提倡创新，就是要将旧状态、旧政策与新政策、新局面加以对照，以新的精神面貌去思考问题，以新的思路、新的措施去理解政策，并以创造性的方法去争取有利条件，克服不利条件，以保证政策落实到实处。正如党的十二届三中全会通过的《中共中央关于经济体制改革的决定》中指出的那样："要解放思想，实事求是，一切从实际出发，把党的方针政策同各地区、各部门、各单位的实际密切结合起来，创造性地贯彻执行。"

4. 效率与效益相结合

现代社会，政策问题和政策环境都在不断变化发展，因此政策也大多具有很强的季节性和时效性，这就要求执行机关在政策方案被采纳后尽快理解政策内容，迅速组织人员和物资，并及时行动。如果政策执行超过必要的时限或错过相应的时机，就可能使政策问题扩散和恶化，从而给国家、社会和人民带来损失。与此同时，政策执行时还应注重经济和社会效益，要尽可能地给国民经济的发展带来有利的影响，给社会公众带来实际利益。"政策执行时必须进行成本——效益分析，尽可能减少政策执行成本，提高公共服务水平和公共产品供给的质量与效率，从而提高政策执行效益。"[①] 然而，执行时的高效率并不能自动带来高效益，视不同问题和目标，执行的方式和过程应有变化，也就是

① 宁国良：《公共利益的权威性分配——公共政策过程研究》，湖南人民出版社 2005 年版，第 143 页。

说扩大效益不能一味图快，只有效率与效益相结合才是可取的做法。

五、政策工具

任何政策方案都可以被看做是由一系列政策工具构成的，而执行也就是把这些工具应用于不同的政策问题。那么，什么是政策工具呢？通俗来讲，政策工具就是政府借以推行政策和实现政策目标的手段，是政府在贯彻实施政策时拥有的实际方法和措施。政策工具的研究最早始于经济学家，他们所探讨的工资、价格和社会保险福利水平等均被看作是政府的政策工具，后来一些法学家和政治学家又从不同角度扩展了政策工具的研究。在相关文献中，最引起学者们关注的问题主要为：政府可加利用的政策工具有哪些？影响政策工具选择的因素是什么？怎样评估政策工具的效果？政策工具与它在其中发挥作用的社会政治环境关系如何？这里限于篇幅，我们着重介绍上面的第一个问题，毕竟对其他问题的回答都要建立在了解不同政策工具的性质、优缺点基础之上。

根据豪利特和拉米什的看法，政策工具可以根据国家干预程度的高低而划分为自愿性政策工具、混合型政策工具和强制性政策工具。①

1. 自愿性政策工具

自愿性政策工具的特征是不受或很少受政府影响，期望中的任务是在自愿的基础上完成的，这种类型的工具包括社区、自愿性组织和市场。

（1）社区。社区通常是集中在固定地域内的家庭间相互作用所形成的社会网络，它可以协助政府照顾长期残疾的人员或者老年人，而所需的只是政府对其的授权或提供的少量补贴。不过，社区无力应对复杂的经济问题，在大多数时候它只能充当其他工具的补充。

（2）自愿性组织。自愿性组织是一些自发成立以承担非盈利性职能的行为组织，非公立慈善机构、环境保护团体等是其典型代表。尽管自愿性组织在提供公共服务方面常常有高于政府的效率，而且有利于发挥推动公众参与和社会团结的积极作用，但其发展可能会面临经费来源不足及制度环境的制约。

（3）市场。市场是最重要也是最具争议的自愿性工具，它是有效提供绝大多数私人物品及有效配置资源的最有效率的途径。世界上绝大多数的国家都在一定程度上依赖市场，但在公共物品提供、克服外部性、遏制垄断和推进公平方面市场亦有其局限的，故此市场亦非万能的，它的作用发挥最终是以政府

---

① 参见［美］迈克尔·豪利特、M·拉米什《公共政策研究：政策循环与政策子系统》第4章，三联书店2006年版。

的强制权力作为后盾的。

2. 强制性政策工具

强制性政策工具直接作用于目标个人或公司，后者在响应措施时只有很小的或没有自由裁量的余地，这种类型的工具包括管制、公共企业和直接提供。

（1）管制。管制是由政府机构制定并执行，直接干预市场配置机制或要求某些个人或机构履行一定行为的程序、规则或行动方案。管制可以针对经济问题或社会问题，它的优越性在于所需信息较少、预见性强、规则明确、花费较低，但它也可能削弱竞争、遏制创新和技术进步、缺乏灵活性，而且强制成本比较高。

（2）公共企业。公共企业是有一定程度公共所有权、受政府不同程度控制或直接管理的那些企业。作为政策工具，公共企业为政府提供了不少便利，比如提供了某些成本过高或预期收入低但又为民众所需的必要物品和服务，信息成本比自愿性工具和管制更低，且其利润可以充实公共基金以应付公共支出。然而，公共企业常常易于脱离政府控制，它们不必应对竞争压力，故此往往低效运行，还将低效率的成本转嫁给消费者。

（3）直接提供。直接提供是政府最基本的也是使用范围最广的工具，在实际生活中，国防、外交、消防、教育、公共土地管理等都是通过这种形式完成的。直接提供的信息成本也较低，而且可以避免间接提供下的讨论和协商等很多麻烦，不过它的适用范围在很大程度上要依赖政治的考量，而且缺乏竞争同样使其成本易于偏高。

3. 混合型政策工具

混合型政策工具兼有前述两类工具的特征，它在允许政府将最终决定权留给私人部门的同时，可以不同程度地介入非政府部门的决策形成过程，通常属于此类工具的有信息与劝诫、补贴、产权拍卖、征税和用户付费。

（1）信息与劝诫。信息发布指政府向私人和公司传递信息，以希望他们按照政府的意愿改变他们的行为；劝诫同样意在改变人们的偏好或行为，但还要求政府更多地在说服教育方面多付出努力。信息和劝诫的主要作用是让公众获得足够的与问题有关的信息，以避免其扩散，它几乎不需要财政支持或官方强制执行，所以代价很小。然而，当发生危机或需要采取紧急措施时，信息和劝诫就显得太软弱了。

（2）补贴。补贴指政府主导下的各种形式的财政转移，如直接的赠款、税收激励、消费券、政府低息贷款等，其目的是要鼓励政府所支持的某些行为。补贴作为政策工具较为灵活，管理和贯彻成本较低，在政治上也更易于被接受，但它需要占用大量的公共基金，且在确定额度方面有很高的信息搜寻成本，更棘手的是政府一旦采用了某种形式的补贴就很难再取消。

（3）产权拍卖。产权拍卖指政府通过创造稀缺资源消费权市场，使价格机制发挥作用，而那些想使用稀缺资源的人必须在拍卖市场为有限的供给竞价。产权拍卖可以适用于污染材料和土地的使用，以及汽车牌照的持有等。它易于操作，灵活性也强，还是政府重要的财源渠道，不过它也可能鼓励投机，并存在一定程度的不公平。

（4）征税和用户付费。征税是任何国家都会使用的一种由个人或公司依法向政府支付的强制性工具。用户付费指政府通过对某种行为定价，并要求行为者必须按价支付的办法来体现自己的意愿。虽然征税和用户付费都可以用于其他目的，但一般人们更关注的是其作为约束并对不受欢迎的行为进行惩罚的作用。征税在抑制吸烟、酗酒、赌博等行为以及用户收费在控制污染等外部性问题方面的功能是有目共睹的，它迫使公司和个人为降低成本而寻求替代品或改变行为方式，并因而也促进了公司创新，但要确定合理的税、费水平必然需要大量的信息，而且它们执行起来不方便，可能导致管理成本过高。

总体而言，20世纪八九十年代以来公共政策工具研究的兴起反映出人们不仅仍然对政府应当做什么争论不休，也越来越关注政府是怎样做其所应当做的。因此，"为了有效地制定政策，政策制定者必须理解他们自己可能采取政策工具的范围，同时也理解在这些不同政策工具之间存在的某种差异"[1]。虽然强调政策工具的重要性本身是工具理性的一种体现，但把它看作纯粹技术性的问题无疑是错误的。人们不仅常常会围绕政策工具的选择而展开激烈的政治争论，而且政策制定者在追求其目标时可以控制的工具也会限制其战略选择。

对外经济政策的工具：六国的比较[2]

I			II		III
美国	英国	西德	意大利	法国	日本
诉诸反共产主义意识形态	共识的意识形态	出口的意识形态	国有化的行业	部门政策	部门政策

---

① ［美］B. 盖伊·彼得斯、弗兰斯·K. M. 冯尼斯潘编：《公共政策工具》，中国人民大学出版社2007年版，第2页。

② ［美］彼得·J. 卡岑斯坦编：《权力与财富之间》，吉林出版集团2007年版，第375页。

I			II		III
美国	英国	西德 紧缩的宏观经济政策（主要是货币政策）	意大利 宏观经济政策（主要是货币政策）	法国	日本
转变机构场所	机构革新			行政管制	行政管制
"自愿的"双边协定	宏观经济政策（财政和货币政策）	维护估价过低的货币	关键人物的即兴创作	从国际机构那里汲取资源	

第二节　政策执行模型

20 世纪 70 年代中期以后，一些政策学者开始从不同的角度构建起各式各样的理论模型，以加强对政策执行活动的探讨，其中最具代表性的有史密斯的过程模型、麦克拉夫林的调适模型、霍恩和米特的系统模型，以及萨巴蒂尔和梅兹曼尼安的综合模型。

一、史密斯的过程模型

史密斯是对政策执行研究最早和最有影响的学者。他在 1973 年发表的《政策执行过程》中认为，政策执行过程主要涉及四个方面的因素，即理想化的政策、执行机构、目标群体和政策环境因素。

理想化的政策包括政策的形式、类型、范围和政策的社会形象，等等。执行机构包括其组织结构、人员、领导方式、执行者的能力和信心，等等。目标群体指政策针对的实施对象，包括政策对象组织化和制度化的程度、接受领导的传统、先前的政策经验，等等。政策环境包括社会的政治、经济、文化等环境中那些影响执行和受执行影响的因素。

史密斯指出，过去人们在政策研究或政策分析中只注重理想化的政策而较少注意目标群体，更少考虑执行机构和环境因素，这是错误的。政策制定与政策执行可以看成是两大相互作用的过程，而在政策执行过程中，上述四种因素之间不断发生着互动。政策执行的过程就是从这四者互动的紧张状态经过处理走向协调和平缓状态的过程，而执行的结果将作为反馈再输入到政策制定过程。这一过程模型的图示如下：

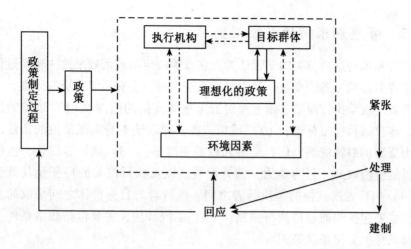

二、麦克拉夫林的调适模型

政策执行的调适模型是由麦克拉夫林首倡的，在其主要代表作《互相调适的政策实施》中，他认为政策执行过程是执行组织和受影响者之间就目标、手段作相互调适的互动过程，而政策执行的有效与否取决于两者相互调适的程度。这一模型的理论要点包含四个层次：①

第一，政策执行者与受影响者之间彼此的需要和观点并不一致，基于双方在政策上的利益，彼此必须放弃或修正其立场，寻求一个双方都可接受的执行方式。

第二，政策执行者的目标和手段富有弹性，可因环境因素或受影响者需求的观点的变化而变化。

第三，这一相互调适的过程是彼此处于平等地位的双向交流过程，并非传统理论所说的那种"上令下行"的单向流程。

第四，受影响者的利益需要与价值观点将反馈到政策上，以致左右政策执行者的利益需要与价值观点。

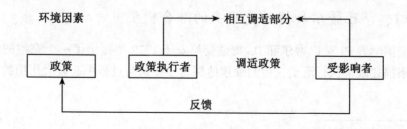

---

① 参见桑玉成、刘百鸣《公共政策学导论》，复旦大学出版社 1991 年版，第 44 页。

三、霍恩和米特的系统模型

霍恩和米特这两位美国学者认为，在政策决定与政策效果这一转变过程之间存在许多影响二者的变量，其中既有系统本身，也有系统环境的因素。一个合理有效的政策执行模型必须重视对五个重要变量的把握：（1）政策的价值诉求，即政策目标与标准；（2）政策资源，即系统本身实现价值的条件，包括人力资源、财物资源、信息资源和权威资源等；（3）执行者属性，包括执行人员的价值取向、行为能力、精神面貌，以及执行机关的特征及其整合程度；（4）执行方式，指的是执行者之间、执行者与目标群体之间采取的互动方式，主要包括沟通、协调与强制；（5）系统环境，主要包括政治条件、经济社会条件、文化条件等。①

前述五个变量相互之间的联系，及其与政策内容、政策效果的影响关系可参见下图：

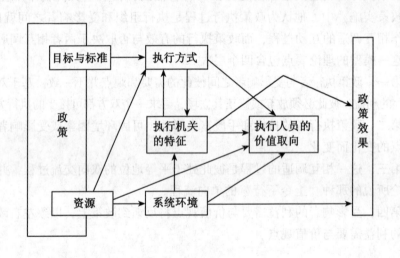

四、萨巴蒂尔和梅兹曼尼安的综合模型

美国学者 P. 萨巴蒂尔和 D. 梅兹曼尼安于 1979 年提出了一个完整的综合模型来描述政策执行活动，他们细致地探讨了在执行过程中起较大作用的各种

---

① 参见宁国良《公共利益的权威性分配——公共政策过程研究》，湖南人民出版社 2005 年版，第 149～150 页。

变量，并将其归为三大类：①

第一是政策问题的可处理性。具体包括现行对政策问题加以处理的有效理论和技术，目标群体行为的种类，目标群体人数，目标群体行为需要调适的幅度，等等。

第二是政策本身的管制能力。大致包括明确而一致的政策指令，政策本身存在的合理的因果关系，充足的财政资源，执行机关间及其各自内部的层级整合，执行单位的决定规则，执行机关的人员配置，公众参与的可能，等等。

第三是政策以外的变量。主要包括社会经济条件与技术水平，大众支持，传媒的持续注意程度与态度，支持集团的态度和资源，执行人员的工作热情与领导水平，等等。

除前述变量的列举和分析外，萨巴蒂尔和梅兹曼尼安还将政策执行划分为五个阶段：执行机关的政策产出，目标群体对政策产出的服从，政策产出的实际影响，对政策产出知觉到的影响，政策的主要修正。他们相信，联系政策执行的不同阶段，并从多个视角来大量地考察影响政策执行的主要变量，可以为我们分析、指导政策执行提供一个较完备的思考与实践框架。这一模型较为复杂，其中各变量间相互关系的过程可以图示说明如下：

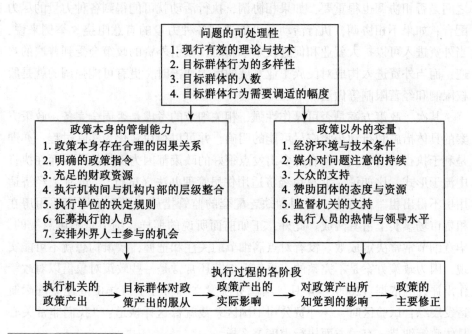

---

① 参见陈振明主编《政策科学》，中国人民大学出版社 1998 年版，第 313 页。

第三节　影响政策执行的主要因素

根据上节中各种政策执行模型所提供的分析框架，我们可以将影响政策执行的主要因素概括为四大类，即政策决定、政策执行者、政策目标群体及政策环境。

一、政策决定

政策本身是否属于相对优良和理想的政策，这是关系到政策执行能否有效贯彻的首要因素，其中特别重要的有如下三点：

首先，政策目标是否明确和可行，以及多重目标之间是否相协调。管理学家德鲁克曾经指出："政策执行的第一项严重的错误，乃是决策者制定超越性或笼统不明确的目标。"这不仅对企业来说是这样，对政府而言亦是如此。道理很简单，模棱两可和含糊不清的政策自然令人无法执行。在历史上，因政策目标的设定不切实际导致失败的例子不胜枚举，究其根源在于忽视了大多数人民群众的意愿和利益诉求，或者违背了事物发展的客观规律。当然，政策目标之间是否相协调也很重要：如果相协调，执行活动就可能得到各种力量的尽力配合；如果不相协调，执行活动就可能遇到各种力量的有意阻挠。举例来说，当外资进入可以扩大就业和促进技术革新时，吸引外资的政策会受到普遍的欢迎；而当外资进入构成对民族工业发展的巨大冲击时，更有可能强调的就是股权限制和经营限制等做法。

其次，政策方案是否可操作性强，相关细节的考虑是否周全完备。政策方案的具体措施和行动步骤应尽可能的明确，并可以很快转化为实际过程，亦即是利于执行的。实践中，有许多出发点很好的政策都因为操作性不强而在执行中流于形式，比如说《北京市经济适用住房管理办法（试行）》虽有"经济适用房不得出租"的规定，但因为缺乏配套的监管措施，以至于经济适用房在租赁市场事实上占有两成。此外，正如前面所说的那样，细节是不可忽视的，毕竟细节常常决定成败。没有对点滴细节的关注和把握，政策构想就不可能实现，因为政策方案是不完整的，更何况细节还常常是一些政策对象借以对政策作出评判的依据。2009年4月，当国务院发文称将在上海洋山港建立国际航运发展综合试验区时，一外贸公司中国区总裁就曾这样谈道："我们非常关心具体政策细节，有关方面执行力度怎么样……"

最后，所需资源是否充足，是否可持续投入而不致中断。无论政策本身制定得多么理想，如果缺乏或者不能持续供应必要的用于执行的资源，那么不仅之前所做出的大量努力将付之东流，而且即便实施其结果也肯定难以达到预期的目标。在政策执行所需的各种资源中，财物资源无疑是最为关键的，正所谓"巧妇难为无米之炊"。1980 年美国通过《综合环境回应补偿和责任法案》，划拨出 16 亿美元，供五年时间中处理有毒垃圾、泄漏油等需要恢复的危险场所之需。然而，历时 12 年，耗资 130 亿美元的资金之后，1275 处场所只有 60 处得到了修复，而环境保护署的官员估计最终修复场所还要耗资 7000 亿美元。① 很显然，这个政策领域缺乏与设计目标相符的资源。需要注意的是，执行所需的资源投入并非越多越好，有时过多的人员和过度的花费反而会增加政策执行的难度，因此只有投入的资源适度才会有助于政策的有效执行。

二、政策执行者

任何一项政策都需要依靠特定的官僚机构和人员来实施，而"执行事实上也可以被看作是政策的官僚化"②，因此作为执行者的他们所扮演的角色是不容低估的。

首先，政策执行是否有效，取决于执行机构和人员的选择是否得当。通常来说，要确保政策不因执行机构和人员的阻挠而打折扣或失效，就必须选择那些对政策目标抱有积极意向的政府部门来具体负责执行工作。原因很简单，那些受自身利益或价值观束缚而在根本上就不认同政策目标的人不可能付出多少努力来推进它。在这方面，英国政府制定的《杀虫剂安全条例》的执行，就是一个典型的例子。当它交由农业部门执行时，所得效果很差，因为规范和控制杀虫剂的使用将给农业生产带来很大"麻烦"。后来政府认识到这一问题，将《杀虫剂安全条例》的执行权转给环保部门——最热衷于环境不受污染的机构，于是所得效果就变得极为明显了。

其次，政策执行是否有效，取决于执行机构和人员的沟通是否顺畅。对现代社会来说，结构分化和专业化虽是专业行政的要求，也代表着行政发展的方向，但"分化不是政治体系各不同部分的互相分割和孤立，而是一种建

---

① ［美］拉雷・N. 格斯顿：《公共政策的制定——程序和原理》，重庆出版社 2001 年版，第 122 页。

② Stella Z. Theodoulou & Matthew A. Cahn, *Public Policy: the Essential Readings*, Prentice Hall, 1995, p. 90.

立在最终一体化基础上的专业化"①。如果分化的同时没有及时建立与其相伴的协调机制，或者说协调机制不完善，政府效率就可能受损。因此，政策执行机构和人员都需要认清行政沟通的重要性，特别是在多部门共同执行政策时，更应确保行政信息在传递过程中的真实性、准确性和全面性，以推进合作和实现目标分解。有学者曾经谈到"介入的行动者和机构数目越大，实施政策的成功可能性就越小"，此话虽不尽然，但亦有值得深思的地方。

再次，政策执行是否有效，取决于执行机构和人员的技术是否成熟。如前所述，对技术可行性的论证是方案审议的一项重要内容，毕竟缺乏可行性的方案是无法实施的。然而，有时鉴于问题的紧迫性，某些类型的政策仍需在技术水平较低的情况下实施，因而其效率必然受到影响。为了确保政策目标顺利和尽快达成，执行机构和人员必须选择合适的技术手段并不断加以改进和完善。从根本上说，政策执行活动离不开各种技术手段的支撑，包括行政机关及其工作人员在管理和服务过程中使用的技术设备、方法和措施。在实践中，电子眼的引入和推广使用，就对交警更好地执行道路交通安全法起到了很大的作用，可以帮助他们全天候监视机动车闯红灯、逆行、超速、越线行驶、违例停靠等违章行为。

最后，政策执行是否有效，取决于执行机构和人员的素质是否过硬。在实践中，政策扭曲和变形往往是由于执行机构和人员素质不高而对政策方案理解错误所造成的，因此一支精干合格的文官队伍是政府各项事务得到及时处理的前提和保障。早在1887年，行政学鼻祖威尔逊就曾提出要通过竞争性考试和特殊的职业技术训练来培养更为能干的行政管理人员。对现代社会来说，亟待解决的问题越来越复杂，相应的政府出台的政策专业性越来越强，于是政策执行所需的知识技能和管理水平等方面的要求也越来越高。尤其是随着科学技术的突飞猛进，知识更新速度不断加快，一个人终其一生所学也极为有限。行政人员只有不断学习和探索，并从各方面加强自身的行政能力，才能真正适应实际工作的需要。

三、政策目标群体

目标群体作为政策约束、规范和引导的对象，其性质和特点必然会影响到政策执行活动能否顺利开展，具体来说，包括这样几个方面：

---

① ［美］鲁恂·W.派伊：《政治发展面面观》，天津人民出版社2009年版，第64~65页。

首先，政策目标群体的人数多少及分布领域和差异程度大小。如果目标群体人数过多，那么政策执行者需要投入的人力资源就得增多；如果目标群体的分布领域太广，那么政策执行者需要花费的时间成本就要增多；如果目标群体的差异程度很大，那么政策执行者需要考虑的特殊情况就将增多。很显然，上述这些都会对政府相关部门及其工作人员提出更高的要求，从而意味着政策的执行难度也相应提高。比如说，在中国现今的各大城市，城管执法工作之所以会遭遇各种困境而难以做到标本兼治，正是与摊贩"你进我退"的迂回战略、城管执法人手不足、需灵活处理的特殊人群较多等有关。另一方面，在中国基层的广大农村，《人口与计划生育法》的实施之所以具有长期性、艰巨性和复杂性，正是与其人口基数大、计生干部普遍偏少、外出务工人员逐年增多等有关。

　　其次，政策目标群体需要调控和管理的行为种类的多少。对执行机构来说，如果存在清晰、明确和统一的执行标准，将非常有利于它把政策迅速地应用于不同个案，因此几乎所有的官僚机构都希望自己的工作就是"让一个尺码适合所有的人"。然而，前面所说的这种统一标准的建构只有在需要调控和管理的行为种类很少时才容易做到。如果需要调控和管理的行为种类很多，就得补充各式各样的"实施细则"，而那对执行效率来说肯定不会是好事。在这方面，美国1972年制定的《联邦水污染控制法修正案》就是个很好的说明：尽管此项政策的出台对有效减少污水排放和保护水源有积极作用，但由于要处理和管制的污水有62000种、缺乏统一的衡量污水的标准、规则复杂且使各企业之间因规则不同而起纠纷，因此它在实施过程中也遇到了重重困难。

　　最后，政策目标群体行为调整的幅度大小及利益是否受损。一般来说，人们受传统习惯的影响，容易养成某种固定的行为模式而不喜欢做太大的改变，同时他们对于会导致其利益受损的政策认同度也较低。所以，如果政策执行时需要大幅度地改变目标群体的行为方式，或者将造成其利益受损，那么遭遇阻力或抵制的可能性就较大。此时执行机构就得多加强与他们的沟通，以寻求理解，或至少使其愿意接受和服从政策。在2003年的"非典"期间，各地政府为防止病毒传播和保障大多数人的健康，根据《传染病防治法》对病原携带者和疑似病人采取了隔离治疗措施。由于这一措施会在很大程度上影响被隔离者的学习和生活，因此政府部门采取了教育、说服、宣传、激励等策略，成功地得到了大多数人的配合，为最终战胜"非典"赢得了时间。

四、政策环境

政策执行是一个国家或政府的政治行为，执行过程及其效果同该国所具有的经济、政治和文化环境都有着内在的、密不可分的联系。

首先来看经济环境，它主要包括国家的经济实力、国民收入水平、社会生产关系，等等。根据历史唯物主义基本原理，经济基础决定上层建筑，政策执行作为一种政治现象同样要受经济环境的制约和影响，并服务于特定的经济利益主体。通常而言，如果一国经济发展势头良好且富有活力，那么政策所需要的资源就不会被无故挪作他用，群众对政府政策的认同度也很高，这显然有助于政策的稳定及有效执行。反过来说，如果一国经济形势总体不佳，那么政策资源使用的优先权就可能改变，而群众对政府政策的评价也偏低，这都不利于政策的实施。除此之外，经济体制的影响也是不容忽视的，"西方发达国家市场发育充分、市场体系完备、价值规律引导经济的走向，这就决定了西方国家政策执行过程完全同自由市场机制相协调，以维护私有制经济基础为前提。而在中国实行的是以公有制为主体的社会主义市场经济体制，政策执行必须与之相统一"①。

其次来看政治环境，它主要包括统治联盟的构成、政局稳定性、国内政府间关系及公民参与度，等等。在一党制下，统治联盟的构成往往长期不变，故此政局较为稳定，政策延续性强且执行效率高，但易造成党政不分、监督乏力的弊病。在两党制和多党制下，统治联盟的变动会使政策因执政党的更迭而发生较大变化，但反对党的存在对于强化执行环节的监督也有其积极意义。我国实行的多党合作制既有利于政策的相对稳定，也有利于发挥民主党派的参政议政作用来强化对执行失误的监督。当然，稳定不是唯一的政治价值，实践中，政府的有效治理还应注意吸纳公众参与政策的制定和执行，以推进民主行政的发展。对实行不同结构形式的国家来说，处理好纵向的政府间关系也是执行过程中非常重要的内容。没有不同层级政府之间的密切合作，许多政策就无法得到有效执行，或者即便执行也只是表面上的，亦即是所谓"上有政策，下有对策"。

最后来看文化环境，它主要包括社会大众的传统习俗、心理倾向、文化价值观和道德意识，等等。从根本上说，这些内容决定着社会大众对政策执行的态度：如果所执行的政策符合大众的习俗和文化价值观，那么他们就会

---

① 郑敬高主编：《政策科学》，山东人民出版社 2005 年版，第 217 页。

采取支持态度，或至少是不持抵触情绪；相反，如果所执行的政策与主导性的价值观念和文化习俗相违，那么大众就会持不支持的态度，甚至出现对抗性的不合作行动。20世纪70年代末，恢复高考制度曾受到普遍的欢迎，很快全国570万考生就在同一时刻走进了高考殿堂；而20世纪80年代末的福利房改革却因为改变了大多数人住公家房的生活模式而成为执行方面难度极大的一项政策。再比如，"我国农村推行的家庭联产承包责任制的政策，之所以得到顺利实施，并在短时期内取得了卓著的成效，其原因就在于该项政策适应了现阶段我国农村生产力发展的水平，反映了农民的愿望和要求，因而得到了广大农民的热烈拥护和积极支持"①。

第四节 "上有政策，下有对策"

"上有政策，下有对策"是政策执行中的一个非常特殊的现象，也是人民群众广为关注的一个焦点问题。它不仅阻碍了政令通畅、危害到政府职责的有效完成，而且妨碍了政府公信力的树立，损害了党和国家政策的权威性。

一、"上有政策，下有对策"的表现

"上有政策，下有对策"主要指各级地方政府部门在执行上级政策时，违背原有的政策精神而导致执行中出现偏差和变形的现象。它在实践中有如下表现：

1. 象征性执行

在政策的执行过程中，有些地方的政府部门满足于做表面文章，只停留于口头的承诺而没有规定具体的配套措施。要么能拖则拖，要么"虎头蛇尾一阵风"，要么敷衍塞责，要么雷声大雨点小，从而事实上使政策被搁置并成为一纸空文。这种阳奉阴违的做法是与政策的精神实质相违背的。尽管如此，当政策执行难度很大或有损执行者自身利益时，象征性执行就可能出现。举例来说，20世纪八九十年代，中央为了抓廉政建设，提倡各地招待领导就餐采用"四菜一汤"，以减少大吃大喝的现象。然而，这个标准在具体执行中往往走了样，比如一菜是一大拼盘，一汤是甲鱼汤等，于是铺张浪费之举并没有得到根本的改变。

---

① 刁田丁等编著：《政策学》，中国统计出版社2000年版，第244~245页。

> ### 上面严令禁止，下面化解有招
>
> 　　新华社杭州 12 月 8 日电（记者柴骥程郑黎）　12 月 1 日，中办、国办发出通知，严禁党政机关到风景区开会。记者日前来到通知中指名严禁的普陀山旅游区进行暗访，发现了一些化解中央禁令的"高招"。
>
> 　　**瞒天过海**　息来小庄是一家三星级宾馆，大堂副经理以为记者是前来联系住宿业务的，于是据实相告："我们从报上看到中央的这条禁令了，但人们绝对可以放心，我们搞接待搞了那么多年，非常有经验，绝对会做好保密工作，确保万无一失。"
>
> 　　**形式多变**　记者问普陀山大酒店的一位副经理："如果是行政事业单位来开会，你们接不接待？"这位经理回答："当然接。如果客人怕出麻烦，我们可以用会议之外的形式接待，譬如是以考察的名义，而且我们也会和各方面疏通好，以防万一。"
>
> 　　**暗渡陈仓**　沈家门海中洲饭店的销售部经理郑燕小姐直言相告："我们了解过政策，我们这里不属于中央禁令的范围。从这里到普陀山只需半个小时，说不定这样反而会促进我们的生意。"该饭店承包了属于普陀山旅游区的另一宾馆。郑燕说："如果觉得在那边开会有顶风之嫌，我们可以开海中洲的发票，这样就没问题了。"
>
> 资源来源：《中国青年报》1998 年 12 月 9 日

2. 选择性执行

　　任何公共政策都是一个有机的整体，只有得到全面和坚决的贯彻执行，其所针对的政策问题才能真正解决。然而，在实践中有些地方政府和单位常常对上级政策指令或命令进行过滤和截留，挑选其中对自身有利的内容来执行，而对自身不利的内容则不执行；或者是先根据目标群体是否好"对付"再来决定是严格执行还是部分执行，其结果就是"躲"字当头，怕担责任，怕得罪人，碰到问题绕道走。这种"断章取义，各取所需"的做法割裂了政策各部分之间的内在联系，使中央政策变得残缺不全，从而达不到预期的效果，并且因为"政策面前人人不平等"而背离了社会的公平正义。

3. 替换性执行

　　替换性执行就是当需要执行的政策与负责执行的政府机关和部门存在利

益冲突时，后者就制定与上级政策表面一致而实际相悖的实施方案，或者对其加以曲解，从而使上级的政策难以得到贯彻落实。例如，中央要推进政企分开，于是一些政府主管部门摇身一变成为行政性公司，即翻牌公司，照旧行使直接管理企业的权力，或者以组建集团公司名义把已经下放给企业的自主权重新收回来，并在某些产品的生产、销售或原材料的采购方面处于人为垄断地位。这种"你有政策，我有对策"的现象不仅极大地妨碍了党和政府的政策目标的顺利实现，而且破坏了政策应有的权威性和严肃性，最终损害了国家和人民的利益。

4. 附加性执行

在公共政策的执行过程中，有些执行部门会附加上原政策目标所没有的内容，以维护本地或本部门利益。特别是有些地方打着贯彻上级政策要结合本地实际的旗号，另立一套规定，自行其是，谋取私利，严重阻碍了政策执行的力度和效果，致使政策不能准确执行到位而出现政策失真。例如，在市场经济建设过程当中，某些地方政府为保护本地利益，封锁信息、技术和资源，禁止劳动力和人才流动，到处设置关卡，严重危害了中央宏观政策的贯彻实施。再比如，近些年来一些地方政府部门在教育、招生、就业环节违背招考原则，为身份"特殊"的考生加分，搞各种"土政策"，引起了公众强烈的质疑。

二、"上有政策，下有对策"的成因

"上有政策，下有对策"这一现象产生的原因是多方面的，其中既有主观原因，也有客观原因；既有外界因素，也有政策本身问题。

1. 中央利益与地方利益间的矛盾

公共政策从一定意义上说就是对各种利益进行分配，或者说涉及的是利益的博弈，其实施的结果总会造成一些人受益和另一些人受损。"上有政策，下有对策"的出现，正是因为在政策执行过程中，某些地方政府从地方利益出发考虑问题，以损害国家利益为代价来确保自身利益得到最有效的维护。尽管国家利益是一国之内的最高利益，所有地方、部门和个人的利益都要服从它的要求，但在一定时期内，中央领导与地方领导所处的位置不同，考虑问题的角度与方式不同，对利益的要求也不同，他们会为了在利益总量中争取到更大的份额而产生利益矛盾。于是乎，一些地方政府就在政策执行过程中大搞地方保护主义、本位主义，追求自利，实行经济利益封锁，甚至与中央政府之间就政治利益与经济利益进行讨价还价，其结果是影响了政策的有效实施、降低了政策执行效率、损害了中央政府的权威。

2. 政策本身的缺陷

首先是政策缺乏科学性和可操作性，或者模糊不清。当上级政府没有充分考虑各地实际而制定出过于僵化的政策，却又碍于面子不愿收回，或者当政策的具体条款含混而易被误解时，就会给政策执行带来难度，也给执行者寻找对策、钻空子造成可乘之机。其次是政策不完整，或者政自多门、不相匹配。我国目前机构繁多，部门林立，职责不明，并且常常出现多头决策。如果新出台的政策与老政策之间没有很好的衔接，没有形成科学合理的政策体系，或者各部门的政策之间相互冲突和"打架"，政策执行者就会无所适从，而执行效果也必然大打折扣。最后是政策多变，朝令夕改，缺乏稳定性和连续性。往往是今天制定了一个政策，时隔不久情况发生了变化或者领导换届了，又匆忙出台一个新政策。这样一来，政策的权威性和可信度就始终无法建立起来，也很难让人遵从，因而造成"上有政策，下有对策"就不足为奇了。

3. 政策执行者的利益驱动

前面已经提到过，所有的政策都是由人来执行的，执行者的素质和价值观会在一定程度上直接影响政策执行的效果。现实中，一些政府部门的执行人员缺乏职业操守和公益心，背离了"全心全意为人民服务"的宗旨，大搞与上级政策精神不一致的所谓"对策"，其目的就是要照顾好自己及本部门的狭隘利益。虽然说政府部门不见得都是公共选择理论家所称的那种利益最大化的"理性经济人"，但追求自身有别于上级政府的那种利益仍是其行为的动机之一。为此，它们就有可能利用手中所掌握的权力来谋取私利，进行"政策寻租"活动，从而使政策得不到很好的执行或执行走样。再加上以前中央对地方政府领导的政绩考核常常以地方经济发展数据为指标，而不始终从本部门和本地区利益出发来考虑问题就不会有数据和政绩，这点也决定了干部们在上级政府的政策有损本部门和本地区利益时总是拒不执行或消极执行。

4. 执行中监控措施的缺乏

近年来，我国虽然已经通过了行政监察法，建立了比较健全的行政监察体系，也对国家行政管理机关及其工作人员的活动进行了必要的监控，但在政策的执行过程中，从上至下依然缺乏强有力的监控机构，专门负责检查监督各种政策的贯彻落实情况，导致大量的"漏洞"、"虚监"、"难监"现象的发生。另一方面，既有的监督主体虽然存在且为数不少，但监督效果普遍不佳，还有其局限性，比如各监督主体的权限、方式、程序、范围等不明确，某些基层执行主体与监督主体混为一体，以及某些执行主体与监督主体在利益上高度相关。即使是组织检查，相当一部分也是搞形式主义：听听汇报，看看材料，吃好玩好，一切都好，实际上什么也没有检查到。由于法律、法规或政策的落实缺乏监督保障体系，执不执行都是一个样，时间一久，令不行、禁不止。再加上一些执行主体的权力意识逐渐膨胀、法治意识日益缺失，"上有政策，下有对策"之风自然盛行。

三、"上有政策，下有对策"的治理

"上有政策，下有对策"的现象从地方局部利益来看也许是有利的，但从国家全局利益来看则是有害的，也是不合法的。实践中，一些地方政府部门夸大政策的灵活性，一味强调变通，这是对政策原则性的否定，必须予以高度重视并采取以下各种措施来加以有效治理：①

1. 制度上解决并合理划分中央与地方事权

清晰地划分中央与地方的事权，既使地方明确了自主权限范围，又可以防范中央政策被随意曲解。总体而言，中央应掌握宏观决策制定，其内容不能有过度含糊其词的内容，并且其基本精神和原则应当高度统一，对全国各地都是普遍有效的，从而避免出现这个地区可以这样做，那个地区可以那样做，使决策的出台目标与实施结局相差甚远。微观决策可交由地方自主，即要求地方在遵循宏观决策的前提下，发挥决策的主动性、创造性。同时，中央与地方都应做到职责权相对应，要改变过去那种中央权力偏重或地方权力偏重的倾向，做到中央权力与地方权力相称。在政策执行活动中可以考虑，中央明确规定给地方一定幅度的政策执行自由度，明确在哪些问题上可以有多大变通权，哪些问题上则不能有丝毫变通等。还应考虑建立一套部门之间、地方之间政策执行活动的整合机制，防止对同一政策问题各部门各地行动不一，甚至政策措施相互冲突现象的发生。

2. 逐步建立科学、配套的政策体系

不同政策的内容之间以及不同执行部门的职权之间的冲突，常常是政策执行不力甚至政策失效的一个不可忽视的原因。为此，首先，应该对现存的所有法律、法规和政策进行一次全面清理，凡是政策规定之间有相互矛盾、

---

① 参见陈振明主编《政策科学》，中国人民大学出版社 1998 年版，第 305～308 页。

扯皮现象的都必须及时纠正；所有部门或地方的政策规定都必须严格与中央、国务院的政策规定相一致；条件成熟时还可以考虑建立某种形式的违宪审查制度，以确保下位法不致与上位法相违，损害法律与政策的权威性。其次，应该对各个领域的工作进行全面调查，哪些需要立法定策的，哪些政策需要完善修改的，全国应实行统一规划。在宏观、中观、微观政策之间，政治、经济、社会文化等各个领域的政策之间，各部门政策规章之间，新、旧政策之间，都要进行协调，逐步形成科学、合理、配套的政策体系。最后，对政策的制定和实施要通盘考虑，总体规划，有计划、有步骤，循序渐进地推进政策。

3. 加强宣传和处理好局部与全局的关系

"上有政策，下有对策"的实质是颠倒了局部与全局的关系，缺乏大局观和"全国一盘棋"的思想，也没有很好地把握整体的和长远的利益。因此，要想克服其弊病，就必须从思想上抓起，始终突出政策的原则精神和理念，并重申即使上级政府政策的某些方面不适合当地当时的具体情况，在上级没有作出新的规定之前，仍然要执行上级既定的政策。与此同时，必须坚决维护中央的权威，反对分散主义和地方主义，并强调必须有一个坚强的中央领导集体和核心，必须有中央的强有力的统一领导，必须集中宏观经济调控权力，必须保证政令畅通。只有这样才能做到令行禁止，步调一致，才能保证国民经济既生机勃勃又协调有序地向前发展。当然，在此前提下，也不应忽视地方利益和局部利益的合理性，要承认其利益的特殊性，并通过明确地赋予地方政府以某些因地制宜的自主权和裁量权，来促使其实现对自身利益的有效维护。

4. 完善政策执行监督机制并重视反馈

不断完善政策执行监督机制是消除"上有政策，下有对策"的治本之道，在这方面需要做好这样几项工作：第一，强化政策执行监督意识和提高执行人员素质。各级政府必须充分认识政策执行监督的必要性和重要性，并帮助人民群众树立参与政策执行监督的意识，还要下大力气培养执行人员讲政治的风气，提高他们的整体观念和法治观念。第二，确保专门监督机构的独立性并赋予其足够的权威。要改变目前监督人员因其受所属同级政府领导而产生的"惧监"的心理顾虑，必须保证其独立地位，不受同级党委和政府的领导，实行垂直领导体制，这样才能实现其威慑作用。第三，充分发挥各种监督主体的积极作用以形成监督合力。除了政党的监督、国家权力机关的监督、政策执行机关内部的监督外，还要让各阶层公民、社会团体、大众传播媒介等社会力量都来参与监督活动。第四，要重视信息沟通和反馈以加强控制。任何政策都是面向未来的，由于客观环境的变化和各种随机因素的存在，其实际效果与政策目标之间也存在着一定的差距，因此需要根据信息不断地进行反馈和控制，以及时调整矫正。

☞ **思考题：**

1. 行动学派和组织学派对政策执行的理解各有何局限性？

2. 以城管执法为例，谈谈政策执行为何需要遵循强制与说服相结合的原则。

3. 在实践中，自愿型、强制型和混合型的政策工具都有哪些？

4. 麦克拉夫林关于政策执行的调适模型具有何特点？

5. 政策目标群体对政策执行的影响主要体现在哪些方面？

6. 国家法律规定网吧不得接纳未成年人，但现实生活中许多网吧都有相当比例的未成年人，试分析这一规定难以有效执行的原因是什么？

7. 如何才能处理好政策原则性与灵活性的关系？

8. "上有政策，下有对策"有哪些表现，请分别举例说明。

第八章 政策评估

"限塑令"的效果评估

按照国务院办公厅下发的《关于限制生产销售使用塑料购物袋的通知》，自 2008 年 6 月 1 日起，全国范围内所有超市、商场、集贸市场等商品零售场所一律不得免费提供塑料购物袋。

"限塑令"实施一年后，中国连锁经营协会对超市零售行业进行了抽样调查，调查显示，全国超市零售行业塑料袋使用率平均下降 66%，其中外资超市塑料袋使用率下降 80% 以上，内资超市下降 60% 以上，塑料袋消耗减少近 400 亿个。统计显示，在 2008 年商务部"限塑令"实施前，外资超市每百元销售使用塑料袋 3 个，内资超市 1.4 个，现在则分别只有 0.6 个、0.56 个。根据测算，减少的塑料袋使用量可以帮助国家每年节约石油 160 万吨。与此同时，国家发改委公布的统计数据也显示，与政策实施前相比，塑料购物袋使用量明显减少，其中商场和超市最为明显，减少量在 75% 左右。

对"限塑令"政策的评估表明，其在减少塑料袋使用和保护环境方面的效果是非常显著的，因此预料在今后的一段较长时间内，政府仍会继续加大执行力度以治理"白色污染"，而消费者也需要学会习惯使用自己随身携带的购物袋。在本章中，我们将首先探讨政策评估的概念和意义，然后概述政策评估的兴起及其发展，接着考察政策评估的类型，最后分别介绍政策评估的实施步骤、标准、方法和障碍。

第一节 政策评估的概念及类型

一个完整的公共政策过程不仅包括及时地发现政策问题，科学合理地制定政策以及有效地执行政策，也包括对政策效果及其影响的分析评估。没有评估，人们就无从了解政策目标的实现程度和政策执行的实际障碍，也无法对政策的价值作出全面判断。

一、政策评估的概念

在日常生活中，当人们希望对某事物有更深入的认识时，都会对其质和量进行估价和评判，由此就出现了房产评估、基金评估、教学评估、手机评估、二手车评估等活动。政策评估其实也是这些评估中的一种，它可以被宽泛地看作是根据一定的评价标准，采用一定的方式而对公共政策所作的评价。不过，在有关政策评估的研究中，待评估的是政策的什么呢？

关于政策评估含义的理解，学术界有几种不同的认识。

第一种意见认为，政策评估主要是对政策方案的评估。持此观点的学者大多将政策评估视为一个分析的过程，其目的在于分析、比较各种不同的政策方案，并指出每个方案的可行性以及相对的优缺点。比如学者阿尔金就谈道："评估是一种过程，这个过程在于确定重要的决策范围，选择适当的资讯，搜集与分析资讯而做成有用的摘要资料，提供决策者抉择适当的公共政策方案之基础。"① 很显然，这种观点强调的是政策评估对政策制定者的辅助工具作用，它把政策评估和前述政策规划时的方案审议混淆了，因而是不足取的。

第二种意见认为，政策评估是对政策全过程的评估，既包括对政策方案的评估，也包括对政策执行及政策结果的评估。持此观点的学者有很多，比如林水波和张世贤认为政策评估是"有系统地应用各种社会研究程序，搜集有关的资讯，用以：论断政策概念化与设计是否周全完整；知悉政策实际执行的情形，遭遇的困难，有无偏离既定的政策方案；指出社会干预政策的效用"。安德森也认为政策评估"与政策（包括它的内容、实施及后果）的估计、评价与鉴定相关"，它"能够而且确实发生在整个政策过程中，而不能简单地将其作为最后的阶段"。② 总体而言，持第二种意见的人相信，政策评估意味着评估者运用各种不同的社会研究方法，以搜集有效的、可靠的资料和信息，对政策运行的全过程进行广博的分析与研究。这样的看法有其合理之处，但把政策的所有阶段都纳入政策评估的视野仍然有所谓"轻重不明"的问题，即缺乏对什么是政策评估最重要的本质内容的把握。

---

① 林水波、张世贤：《公共政策》，台湾五南图书出版公司 1984 年版，第 326 页。

② ［美］詹姆斯·E. 安德森：《公共决策》，华夏出版社 1990 年版，第 183 页。

第三种意见认为，政策评估的着眼点应当是政策的效果。比如美国学者格斯顿认为政策评估"就是根据一项公共政策的意图及其结果，来评估它的效果"①。而国内学者张金马也认为"政策评估就是对政策的效果进行的研究"②。持此观点的学者们指出，政策评估的主要目的在于弄清政策是否有效解决了公众所面临的问题，以及它对社会的影响如何，并在政策效果不尽如人意时运用科学的分析方法来剖析其中的原因，以求优化政策制定和执行等活动。虽然有人觉得单纯评估政策的效果不够全面也不够客观，因为效果总是取决于方案规划和实施等诸多方面，但是评估的侧重点只能是公共政策的效果，毕竟从根本上说没有对效果的考察也就无从评价政策的好坏。在本章中，我们也主要从对政策效果的评估角度来理解政策评估，尽管这种评估当然会涉及政策过程的各个环节。

二、政策评估的意义

在实践中，政府常常希望搞清楚：政策实施之后是否达到了预期目标？是基本达到还是完全达到？其所花费的资金和投入的人力共有多少？与这些成本相比的政策效果究竟怎样？……所有这些问题的回答都需要公共政策评估。作为对政策运行中的投入、效率、效益和回应性做全面检测和判断的行为，它是政策过程中的一个重要环节。具体来说，其意义主要表现在以下几个方面：

1. 有利于决策者和执行部门总结决策和执行中的经验教训

政策评估首要的作用就是要通过大量信息的收集和科学方法的运用来帮助决策者和执行部门进行问题的诊断，以总结经验和教训。通俗点讲，也就是要明白某项政策何以是好的，而另一项政策又为什么失败了。一般说来，政策的失败既有可能是因为政策方案在理论上的失败，也有可能是因为行动计划在实施时的失败，故对政策制定和执行情况的考察同样都是必要的。如果评估信息是准确和完备的，那么决策者和执行部门就会知道哪些方面出了问题，以及该由谁来负责。特别是通过对执行过程的评估，决策者可以有效地监督和预防执行部门执行不力和走样，确保政策被正确贯彻实施。

2. 有利于敦促有关的政府部门改进工作和塑造良好形象

政策评估所能发挥的作用绝不只是在政策执行之后，当它作为一种机制而

① ［美］拉雷·N.格斯顿：《公共政策的制定——程序和原理》，重庆出版社 2001 年版，第 130 页。

② 张金马主编：《政策科学导论》，中国人民大学出版社 1992 年版，第 240 页。

被常规化时，有关的政府部门及公务员的工作也会因此得到很大改观。《改革政府》一书就曾谈到过这样的例子：美国马萨诸塞州福利部的差错率原本高达23%，当每个办公室的数据被公布出来后，12个月内差错率便降到了12%，6个月后当每个管理人员的数据被公布出来后，差错率又进一步降到了6%。① 评估的效果很明显，是因为既然每个部门和每位公务员都不想成为那个被指责的拖后腿的对象，则态度认真、务实节俭、少犯错误就是必要的，而这样的部门和公务员还能够说他们是冷漠、浪费和无能的吗？

3. 有利于对被评估政策做出准确估价以决定其未来走向

政府出台的政策往往体现的是决策者在有限的时间里运用不充分的信息而作出的预测和判断，其中假设成分太多，确定性因素太少，因此，公共政策生效和执行一段时间后，决策者还必须根据实际情况来决定政策的未来走向。政策评估正是作出这种决定的主要依据：如果评估表明原政策是可行的，执行是有效的，且目标尚未达成，那么决策者就应让其延续下去；如果评估表明原政策所针对的客观状态或对目标的主观认识已经发生了变化，或者在执行中遇到了新的变化，那么决策者就应对政策方案或执行计划作出必要调整；如果评估表明原政策是无效的，或者政策问题已经得到解决，那么决策者就应及时将其废止。

4. 有利于确认政策的相对价值以优化资源配置的比例和顺序

政策资源总是有限的，因此如何以有限的资源来获取最大的收益，就成为决策者和执行部门都必须考虑的问题。为求得最佳的整体效果，政府主管部门必须在不同的政策投入中合理地配置政策资源，这"一方面可以使宏观决策者站在整体利益的高度，使有限的资源发挥出最大的效益；另一方面可以防止执行人员出于局部利益的考虑采取不适当的投入"②。那么，现有政策系统对资源的配置是否合理呢？这就需要靠政策评估来告诉我们了。如果评估发现甲政策的效益非常好，价值大，决策者就有可能加大对其资源的投入。反过来说，如果评估发现乙政策的效益很低，决策者就可能减少甚至取消对其资源的投入。

5. 有利于广泛动员民众参与政策过程并推进政策的民主化

一位行政学家曾这样谈道，"民主意味着被议论的政府"。只有当政府

① ［美］戴维·奥斯本、特德·盖布勒：《改革政府》，上海译文出版社1996年版，第128页。

② 刁田丁等编著：《政策学》，中国统计出版社2000年版，第248页。

的所作所为都让公众知晓，且愿意接受其质疑和批评的时候，才可以说是民主。在政策过程的所有环节中，政策评估是普通人参与成本最低也最常参与的活动：不管是否掌握了政策学的理论知识和科学的评估方法，作为政策的目标群体他们都有资格来评价政策的好坏。与此同时，如果政府部门都乐于听取民间社团和个人对政策的评判，并将其作为政策调整和终结的参考意见，那么不仅政策的质量及合法性会有很大提高，而且民众的参与效能感也会进一步增强。于是，越来越多的民众将更积极地参与政策过程，从而推进政策的民主化。

三、政策评估的兴起及其发展

政策现象早已有之，公共政策也并非一个新的术语，然而用科学方法来评估公共政策却是近年来才有的事情。那么，政策评估是如何引起人们关注的呢？

通常认为，现代意义上的公共政策评估兴起于20世纪六七十年代的美国，其背后的推动因素大致有这样一些：①

首先，复杂的社会问题，尖锐的社会矛盾，迫使人们对于政府行为的有效性问题进行反思。在美国，20世纪60年代是贫困、越战、吸毒、犯罪等各类社会问题汇聚的一个"非常"时期，为了应对这些问题，联邦政府制定和实施了为数众多的政策项目。然而，尽管它们的出发点都是好的，决策者所预期的政策效果却并未显现。人们不禁问道：是哪里出了差错？其中的原因是什么？怎样才能纠错？既然原先"规划——执行——目标达成"之间联动关系的良好设想已被摒弃，求助于评估就成为很自然的事情。人们不仅要求政府对其所执行的政策作出说明，还要求了解有关政策效果的全貌。

其次，政府部门在长期的政策实践过程中，逐步认识到对政策进行评估是非常必要和有益的。由于自新政以来政策干预的范围不断扩展，力度也在加大，人们越来越要求所出台的政策是真正有效的。然而，评估的缺乏一直制约着政府政策制定能力和执行力的提高，啥时该对政策作出调整和终结也无从知晓。为适应工作的需要，政府开始注重专业评估人员的训练，并加强了资金方面的支持。到了20世纪70年代，美国"政策评估的分析水平得到了更明显的提高"，"各州以及当地政府评估人员大大增加"，同时私人部门也开始"大量

---

① 参见张金马主编《政策科学导论》，中国人民大学出版社1992年版，第243～244页。

公共政策学

168

参与有利可图的评估活动，并最终导致评估产业的形成"①。

再次，随着政策研究逐渐走向科学化，评估作为政策过程的一个实际组成部分受到学者的重视。一时之间，政府和各大高校纷纷建立了政策研究机构，提供评估服务和数据，而来自政治学、经济学、数学等学科的大学毕业生也越来越多地加入到了政策评估人员的队伍。同时，与评估相关的学术期刊也开始出现，如《评估与变化》、《评估与评论》，等等，它们记录下了评估领域的最新进展。20 世纪 70 年代末，西方国家 MPA 教育的公共政策课程中，也增设了关于绩效分析方面的内容，如哈佛大学肯尼迪政府学院设有政策分析框架和公共政策的经济分析，而当时的汉城大学公共行政研究生院则设有政策分析研讨和政策评估研讨等。②

各主要智囊团政策评估研究的领域范围

外交关系委员会　美国对朝鲜政策问题的审视和评估；巴尔干半岛的重建问题；21 世纪的美国—古巴关系；巴勒斯坦组织的加强问题；东欧国家的少数民族问题以及彼此的冲突问题。

布鲁金斯学院　反对削减税收的个案研究；社会保障税收制度的重建问题；社会保障体系的私有化：棘手的利弊权衡；环境政策问题与下一代；少女怀孕的预防：福利改革中缺失的内容；从那里你无法到达这里：政府对美国交通失败的管理；医疗补助项目和代理制。

遗产基金会　福利改革的影响：各州借贷的趋势；没有借口：低收入学校的七位校长为高成就设置了标准；学校的选择帮助了公立学校；冒险中的美国：导弹防御系统的公民指导手册。

美国企业研究院　良好的愿望：克林顿外交政策的失败；冲突的社会契约社会保障制度为何出了问题；雇佣关系中最低工资保障的影响；用联邦主义来改善环境政策；恢复消费者对产品责任的权利。③

---

①　[美] 弗兰克·费希尔：《公共政策评估》，中国人民大学出版社 2003 年版，第 5 页。

②　顾建光编著：《公共政策分析引论》，武汉出版社、科学出版社 2002 年版，第 165 ~ 166 页。

③　[美] 托马斯·戴伊：《自上而下的政策制定》，中国人民大学出版社 2002 年版，第 219 页。

最后，现代科学技术的不断更新和飞速发展，为政策评估提供了各种先进的分析工具和手段。二战以后，科学技术的突飞猛进为生产力发展和人类的文明开辟了更为广阔的空间，对学术研究和社会生活的影响和作用也越来越大。得益于科学技术的不断更新，原先常常无法实现的对政策效果的准确评估成为可能。举例来说，系统论的发展为政策评估提供了一个新的方法论，数理方法的不断完善使评估有了更为精确化的语言，而电子计算机的普及则为评估者提供了一种快速、准确的分析工具。科学的方法和手段是评估由传统迈向科学的关键，为确保评估有成效而打下了坚实的基础。

过去一些年里，政策评估经历了快速的发展，越来越多的人投身于该领域的研究及实践。与此同时，政策评估的侧重点也发生了改变，特别表现在从对政策效果和效率的关注转向对政策价值和伦理因素的探讨。在政策评估活动兴起之初，它被人们看做是收集各类数据以判定政策绩效的一项技术性工作，故此评估者把价值问题留给决策者去决定亦即视其为既定的。然而，人们逐渐认识到，把政策评估与价值相分离的做法是极不可取的：一来任何政策的结果都是一种利益分配，政策本身必然带有一定的价值取向；二来评估活动对其委托人来说是有政治利益的，不符合其利益诉求的结论常常是"无价值的"；三来评估者自身亦持特定的价值观，它总是会以某种方式渗透到评估过程之中；四来政策环境充斥着各种"理想的冲突"，要考察人们对政策的反应就不可能回避价值。为了表达对传统政策评估摒弃价值的不满，并突出政治原则在政策评估中的重要性，一些学者提出了"政治评估"，以区别于"政策评估"。不过，更多的人则尝试着把价值评估的内容整合进了政策评估之中。到 20 世纪 80 年代末，伴随着政策过程中公民参与重要性的凸显，有学者开始强调政策评估的民主走向。比如古贝和林肯就把政策评估的理论发展概括为四代：第一代评估注重测量，以创造和应用必要的调查变量和技术为其特征；第二代评估注重描述，以描述关于某些规定目标的优劣模式为特征；第三代评估注重判断，以努力得出判断为特征；第四代评估注重协商，以提倡全面的积极参与及分享彼此理解为特征。[①] 从某种意义上而言，前述的这种发展趋势一直延续到了今天，它说明科学效率已不再被当作政策成功与否的唯一鉴别标准。

---

① [美] 埃贡·G. 古贝、伊冯娜·S. 林肯：《第四代评估》第 1 章，中国人民大学出版社 2008 年版。

四、政策评估的类型

政府制定出各式各样的政策来解决面临的公共问题，因为政策的广泛性及评估者选取角度的不同，所以政策评估的类型呈现出多样化的特点。从评估活动组织的严格性来看，政策评估可分为非正式评估和正式评估；从评估者在政策活动中所处的地位来看，政策评估可分为内部评估和外部评估；从评估在政策过程中所处的阶段来看，评估又可分为预评估、执行评估和后评估。①

1. 非正式评估与正式评估

（1）非正式评估。所谓非正式评估，即对评估者、评估形式和评估内容不作严格规定，对评估结论也没有严格的要求，人们依照自己所掌握的情况自由进行的评估。非正式评估的表现形式有很多，比如领导者微服私访了解居民对政府政策的态度，记者调查特定人群对某项政策的支持与反对，百姓在家中与亲朋好友就与其生活相关的政策发表观点……非正式评估的优点是非常明显的，它的方式灵活，简单易行，而且通过鼓励非正式评估有利于推动民众积极地参与政治生活。当然，由于评估者掌握的材料和信息是有限的，持有的偏好和价值又各异，加之缺乏科学的程序和方法，所得出的评估结论往往比较粗糙，易犯以偏概全的错误。

（2）正式评估。正式评估是指事先拟定出比较完整的评估方案，严格按照规定的程序、内容并且由确定的评估者来进行的评估。与非正式评估相比，正式评估摆脱了随意性的弊病，其过程经过了标准化的设计，方法更为科学，因此其结论比较全面和准确，也更受政府部门的重视。不过，正式评估的条件是很苛刻的，它对资金、信息和评估者素质的要求都较高。尽管如此，正式评估仍是在政策评估中占据主导地位的评估方式，其结论是政府部门考察政策的主要依据，比如一些大型公共工程的论证就是如此。

2. 内部评估和外部评估

（1）内部评估。内部评估指由政府内部人员（包括政策制定者、执行者及政府内专门的评估机构）进行的评估。此类评估在任何国家都存在，其所具有的优势就在于：拥有大量的第一手资料，节省资金和人力方面的成本，有利于及时展开政策的调整。可是，自我评估往往带有片面性，也总是很难令人信服，故此戴伊曾评论道："政府主持'制作'的政策评估结果很难是实质性

---

① 参见张金马主编《政策科学导论》，中国人民大学出版社 1992 年版，第 257～263页。

和有意义的。"① 那么，内部评估为什么容易导致客观性受损和失败呢？原因大致有如下几点：第一，政府官员们都想展示政策成功的一面，而对其消极的后果（如果有的话）则尽力予以回避；第二，政策评估需要安排专门的资金、办公设施和人员，而这些是行政机构不愿意支出的成本；第三，行政官僚们意识到他们的一些政策执行本来就只具有象征性意义，因此是无需评估的。

（2）外部评估。外部评估指由政府部门以外的评估者对政策所进行的评估，包括政府部门委托的盈利或非盈利性机构、专门的咨询公司所进行的评估，政策目标群体所进行的评估，以及某些特定的独立机构和团体所进行的评估。它们可以利用的经费有多有少，所获信息的准确程度也有高有低，但通常来说，人们认为外部评估要比内部评估更为公正，评估人员的素质和专业水准也更令人满意。但需要注意的是，独立和外部并不必然意味着客观，比如美国"烟草研究协会把自身界定为独立团体，其任务是评价食品和药物管理局发布的烟草政策。而大多数工业观察家都认为这个协会无异于'对抗'烟草业的机构"②。毕竟，对于政府外部的一些评估者来说，证明政策无效或存在偏差的报告才是更有利可图的。

3. 预评估、执行评估和后评估

（1）预评估。预评估是在政策采纳后到政策执行前这段时间里所进行的带有预测性的评估。所谓"预"，是因为政策效果尚未产生。所以，预评估是一种带有提前预知的评估，它需要依赖以往政策实践的经验和先进的技术手段（如计算机模拟等）。由于预评估是在政策执行以前完成的，因此通过预测政策效果可以帮助执行者分析有利和不利的因素，并找出政策制定中的某些缺陷，及早采取措施以尽可能将政策的负面影响减少到最低程度。不过，也正是由于预评估活动开展于执行之前，故此被评估者归之于政策的效果总是不准确的，执行中的某些因素缺乏和意外的干扰都可能使之前的预评估失败。

（2）执行评估。执行评估指在政策执行过程中所进行的评估。任何政策都只有经过执行才能知道其影响和效果，而执行评估的目的就是试图在具体而真实的政策影响和效果刚显现时就根据实际情况来对政策进行及时的调整。执行评估在政策评估中占有重要地位，通过敦促必要的执行策略和方法的改变，

① ［美］托马斯·R. 戴伊：《自上而下的政策制定》，中国人民大学出版社 2002 年版，第 210 页。

② ［美］拉雷·N. 格斯顿：《公共政策的制定——程序和原理》，重庆出版社 2001 年版，第 136 页。

它可以确保政策目的更好达成，因而在事实上可被视为一种政策控制行为。当然，因为政策执行活动尚未结束，此时所进行的评估具有暂时性特点，毕竟有的政策效果需要一定时间方能显现，而执行过程中的利害相关人也会影响评估的客观性。

（3）后评估。后评估又称总结性评估，是在政策执行活动完成后所进行的对政策价值的最终评估。后评估被看做是权威性较高也最为重要的一种评估方式，因为它能全面衡量政策的效果，包括长期的和短期的，预期的和非预期的，直接的和间接的，显在的和潜在的，以及实际的和象征性的。作为反馈，后评估可以给今后的政策制定和执行提供建设性的意见，对政策系统的改进也具有根本性的作用。

第二节　政策评估的实施

政策评估应怎样实施？这实际上涉及四个问题：第一是根据什么样的标准来评估？第二是评估活动如何开展？第三是常用的评估方法有哪几种？第四是评估中会遇到哪些障碍？接下来，我们就对上述四个问题进行分别阐述。

一、政策评估的标准

对政策评估标准的探讨，一直伴随着政策评估的理论与实践，早在 20 世纪 60 年代末，学者萨茨曼就在《评估研究：公共事务与执行程序的理论与实践》中提出了政策评估的五项标准，即工作量、绩效、绩效充分性、效率和执行过程。到 70 年代末，佩斯特又在《公共方案分析：实施方法》中总结了七项评估标准，即效能、效率、充分性、适当性、公平性、反应度和执行能力。在这里，我们结合学者们的看法，把政策评估的标准概括如下。

1. 政策投入

政策投入的主要含义是政策资源的使用、分配情况，包括资金来源和支出情况、执行人员的数量与工作时间等，通俗的讲就是政策的成本。这个标准是要衡量一项政策所需要的各类资源的质量和数量，实际上是从资源投入的角度评价决策机构和执行机构所做的工作。一般来说，为了实现既定的政策目标，决策者和执行者必须有充分的投入，否则预期的政策目标就很难实现。但与此同时，对于任何一级政府而言，其政策资源总量都是有限的，投入某项政策的成本过大必然会挤占其他政策所需的成本。事实上，政府投入某个政策领域的资源多少往往反映着对该领域的重视程度，而政策资源投入较多的领域也被认为是更具紧迫性的问题领域。如果经过评估发现某个应当予以特别关注的政策问题缺乏足够的投入，政府就必须及时调整资源投入的比例。

振兴教育从增加经费投入做起

"百年大计，教育为本"，"国家兴亡，系于教育"。然而长期以来，国家教育经费投入不足一直是制约我国教育事业发展的"软肋"，由此也造成了家庭投入过多和负担过重的问题。特别是义务教育经费，这几年虽有较大增长，但目前保障还是低水平的。早在1993年，中共中央、国务院制定的《中国教育改革和发展纲要》中就明确提出："逐步提高国家财政性教育经费支出占国民生产总值的比例，在本世纪末达到4%。"但截至2008年，国家财政性教育经费支出占GDP的比例只达到3.48%，仍然低于4.5%的世界平均水平（美国、日本、韩国、印度，GDP投入是4.7%~7.4%）。

就地方来看，1994年分税制改革后，各级政府的教育事权划分格局并没有随财力结构的变化作根本性调整，一些财力薄弱的县级政府无力承担法律规定的教育责任。2004~2008年分别有11个、11个、12个、2个、4个省份预算内教育经费增长低于财政经常性收入增长。另外，有不少地区没有足额征收教育费附加。

有鉴于此，2010年7月颁布的《国家中长期教育改革和发展规划纲要（2010—2020年）》及2011年3月5日温家宝总理的政府工作报告都明确提出，要提高国家财政性教育经费支出占国内生产总值的比例，2012年达到4%。

---

2. 政策效益

政策效益衡量的是政策执行后所得效果达到目标的程度，换言之就是政策实践是否达到了预期的成果。通常来说，政策执行后都会引起政策环境的变化，这种变化被称为政策效果。虽然政策效果是评估中待考察的核心内容，但作为政策评估标准的一般是政策效益即积极的效果。政策效益是根据政策目标而设定的，所以运用这一标准的前提条件就是政策本身必须有明确的目标。在实践中，"有些政策评估者往往偏爱对经济成果的评估，而忽视对非经济成果的评估，因为非经济成果的评估一般是难以计量的，不能用经济数字表示出来，而必须从多方面进行定性分析，难度比较大"①。毋庸置疑，这样的"唯生产力"和"唯GDP"是不对的，政策所产生的社会效益在大多数时候都比其单纯的经济效益更为重要。

3. 政策效率

政策效率是政策投入与政策效益的比率，它常常以单位成本所能产生的最大效益或单位效益所需要的最小成本作为评估的主要形式。它所要探讨的具体问题是：一项政策投入一定的资源后有没有产出？能产出多少？有无其他同样有效同时成本又更小的途径和方法？效率标准明显与效益标准不同：一个效益很高的政策，可能需要很大的资源投入；而一个有效率的政策执行途径，或许所获得的政策效益却相当有限。虽然说完全以效率作为评估标准是片面的，但把效率与效益视为相冲突的也失之偏颇，毕竟两者从本质上说是一致的，政策科学化的目标就是要使政策不但有高效益，而且有高效率。从另一方面来看，效率的高低既反映出某一政策本身的优劣，也反映出执行机构的管理能力和水平。

4. 政策回应性

政策回应性即政策实施后满足特定社会团体需求的程度。确立此一标准，目的是要从总体上衡量政策对社会的宏观影响。在专制体制下，政府政策是由少数人为维护自身利益而制定的，只有在极其特殊的情况下才会考虑回应性。与之相对照，在民主政治中，政策对社会需求的回应是政府维持自己生存、稳定和发展的基础：只有政策对象认为自己的利益诉求得到了满足，才会给予政府以支持，从而增强其合法性。正因如此，在民主社会中大多数政策都必须符合政策回应性标准，不符合此标准，其价值就值得怀疑。换言之，一项政策若回应性不高，即使有较高的效率和效益，也不能认定其为一项好政策。政策回应性被当作一项政策评估标准，体现着前述价值因素的不可或缺，实践中民意调查和媒体报道通常在判定政策回应性方面起着关键作用。

二、政策评估的步骤

政策评估是一项有计划、按步骤进行的活动，一般说来，政策评估过程包括以下三个阶段，即组织准备、实施评估及撰写评估报告。

1. 组织准备

组织准备对于政策评估来说是至关重要的，如果准备充分，评估的重点明

---

① 刁田丁等编著：《政策学》，中国统计出版社2000年版，第254页。

确，就能避免盲目性，保证评估工作顺利进行。因此，政策评估实施前应该对相关事务作周密的部署和工作安排。

（1）选择评估对象。选择评估对象即决定对什么政策进行评估。在实践中，并不是任何一项政策在任何时候都可以而且能够进行评估。政府所选择的评估对象必须符合下述几个条件：第一，政策的效果已经显现；第二，政策执行与实际环境状况改变之间有较清晰的因果联系；第三，结论具有代表性和普遍价值；第四，政策的负面影响大而引起了公众的质疑和不满；第五，人力、物力、财力等基本条件已经具备。

（2）制定评估方案。在政策评估的准备阶段，制定切实可行的评估方案是很重要的，因为评估方案质量的高低亦即设计是否合理，直接关系到政策评估活动的成败。其内容主要有：概述评估目的；界定评估的内容、范围；明确评估的标准；阐释评估所用的方法。除此之外，评估方案还要对评估者、评估的场所、时间、工作进度安排和评估经费的筹措及使用等问题作详细的说明。

（3）对评估人员的选拔和培训。政策评估人员的素质、能力及对政策的态度会影响到评估的结果，因此对其进行选拔和培训是必要的。就选拔而言，无论评估人员来自内部还是来自外部，对于待评估的政策都不应有特定的偏好，也不应与之有利益上的相关性。就培训而言，有两个方面是不可或缺的：一是与政策内容有关的知识培训，不了解政策的含义就无法对其进行评估；二是有关评估方法和技术的培训，不掌握理论武器，评估同样无法进行。

2. 实施评估

实施评估是整个政策评估活动中最为关键也是耗费时间、精力最多的一个环节，它的主要任务包括：

首先，利用各种调查手段以广泛搜集有关政策的各种信息。信息是评估者借以对特定政策做出判断的依据，从某种意义上说，评估政策的过程也就是搜集信息、研究信息的过程。搜集政策信息的方法有很多种，比如访谈法、问卷调查法、文献资料法和实验法，等等，它们各具特点也各有其应用范围。

其次，统计、分析和整理各种政策信息。这是政策评估实施过程的第二个步骤，也就是要对搜集到的资料进行去粗取精、去伪存真的加工过程。在统计、分析、整理政策信息时，评估者要坚决排除来自政策制定者的干扰，也要避免自己的主观偏好影响评估活动的公正性。

最后，综合运用相应的评估方法并具体进行评估。这个阶段包括两方面的内容：一是撰写评估报告；二是对评估工作进行总结。评估报告是对政策成效如何的最终评定，它需要以书面形式提交给有关领导或决策部门，以作为调整和终结政策的依据，因此它通常还包括评估者的政策建议。评估工作的总结主要涉及的是对评估过程、方法和一些问题如误差等的补充说明，以总结经验，吸取教训，为以后的政策评估活动打下基础。

三、政策评估的方法

如前所述，政策评估的着眼点是政策的效果，其核心内容是对效果的评估。虽然政策效果本身不被看做是政策评估的标准，但没有对效果的测量，政策投入、效益、效率和回应性也都没有办法确定。在实践中，政策评估的方法指的就是以什么样的方法来测量政策的效果，其中最常用的为前后对比分析，包括如下四种形式：①

1. 简单的前后对比分析

顾名思义，简单的前后对比分析就是将政策执行后环境的变化与执行前环境的状况进行比较，以测定政策的效果。比如在 1955 年，美国康涅狄格州州长颁布实施了一项以限制车速为主要内容的交通管理条例，第二年交通事故死亡人数由 324 人减少到 284 人，州长认为这正是实施了该条例的结果，可是有很多人却认为死亡人数的减少并不只是交通管理条例造成的。很显然，简单的前后对比分析有其特定的适用对象：当环境本身没有发生大的改变，也没有外在因素的干扰时，则政策执行前后的环境变化就被认为主要是由政策所带来的，因而更多地体现为政策的效果。

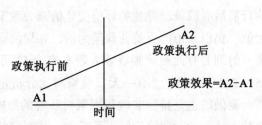

政策评估方法之一：简单的前后对比分析图示

2. 投射—执行后对比分析

投射—执行后对比分析就是将政策执行后的环境状况与政策执行后那一时

---

① 参见张金马主编《政策科学导论》，中国人民大学出版社 1992 年版，第 263～266 页。

刻若无此政策本应呈现的环境状况之间进行比较，以测定政策的效果。举例来说，如果某市推出的一项再就业政策，使就业人数由执行前的 50 万增加到 60 万，而执行后那一时刻若无此政策就业人数本应为 54 万（就业人数增加了 4 万是因为经济形势好转而创造出了一些工作岗位），则政策的效果为 60－54＝6 万，而非简单的前后对比分析所认为的 60－50＝10 万。投射—执行后对比分析试图过滤掉非政策因素对环境的影响，其成功与否取决于待评估的政策的性质，对大多数政策来说，要想精确地预测环境本身的变化是非常困难。

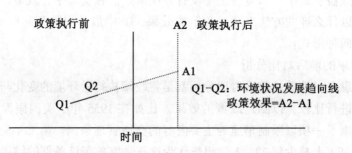

政策评估方法之二：投射—执行后对比分析图示

3. "有—无"政策对比分析

"有—无"政策对比分析是在政策执行前后两个时点上，分别就有政策和无政策两种情况进行对比，然后再比较两次对比的结果。也就是说，政策效果被认为等于政策执行前后有政策时导致的环境变化值减去政策执行前后无政策时环境本身的变化值。仍以某市的再就业政策为例，如果前面的数据信息均不变，同时执行前那一时刻若有此政策则就业人数本应为 52 万，则政策的效果为（60－52）－（54－50）＝5 万。"有—无"政策对比分析是投射—执行后比较分析的拓展，其所要做的也是排除非政策因素对环境的影响，但"有—无"政策对比分析还把政策执行的时间维度纳入了考虑，其测定的事实上是某一段时期的政策执行所带来的净效果，因而在操作上更为复杂。

4. "控制对象—实验对象"对比分析

"控制对象—实验对象"对比分析，是社会实验法在公共政策评估中的具体运用。其实施方法如下：将政策执行前处于同一水平的政策对象分为两组，一组为实验组，即对其施加公共政策影响的政策对象；另一组为控制组，即不对其施加公共影响影响的政策对象，然后比较这两组对象在公共政策执行后的情况，以测定公共政策的实际效果。在实践中，开展政策试点来为大范围推广

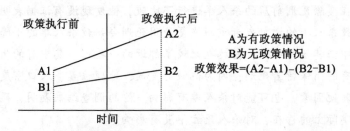

政策评估方法之三："有—无"政策对比分析图示

某项政策提供参考依据，其实也相当于进行了这样的"控制对象—实验对象"对比分析。不过，要使所测定的政策效果准确，两组政策对象的初始条件必须完全或基本相同，这常常是很难做到的。更棘手的是，无论实验组还是控制组，都很难像物理实验那样尽可能地将各种外在因素隔离开，毕竟社会实验涉及的是人的活动。

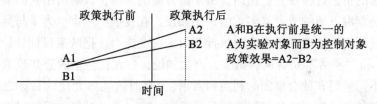

政策评估方法之四："控制对象—实验对象"对比分析图示

死刑政策的威慑力

　　死刑指行刑者基于法律所赋予的权力，结束一个犯人的生命。死刑是世界上最古老、同时也是最严厉的刑罚之一。在支持死刑政策的人看来，死刑政策既是对那些罪大恶极、严重危害他人生命财产安全的犯罪分子的惩罚，更是一种威慑手段，可以预防并最大限度减少严重罪行的发生。那么，死刑真的具有威慑作用吗？

　　对此，社会学家塞林的研究是有启发意义的。在 20 世纪五六十年代，塞林对美国各州死刑政策的威慑效果进行了广泛研究，他所使用的主要方法就是前后对比分析法。塞林调查了 11 个州废除死刑前后的情况，并对这些州在废除死刑前后的杀人率进行了比较，他发现没有证据表明废除死刑会导致杀人率的增加或者重新恢复使用死刑会导致杀人率的下降。为了进一步印证其研究结论，塞林也比较了邻近的一些州，其中有的州废除了死刑，有的州保留着死刑，因为他假定气候、地理位置、人口密度、文化环境和其他因素，也可能对杀人率有影响。他的调查结果表明，死刑在法律上或实际上的存在，对杀人死亡率没有影响。[①]

四、政策评估的障碍

公共政策的评估在实践中面临着诸多的困难，这些困难既涉及政策本身，也涉及评估者和受政策影响的人和组织。

1. 政策目标具有多重性或不确定性

政策评估的一项重要工作就是要考察政策执行是否完成了既定的目标，以便对政策的价值进行评判。然而，出于多方面的考虑，政府所出台的某些政策有可能是含混不清的或者是多重的。比如说，在发展中国家，为了与复杂的国内、国际环境相适应并增加政策执行部门的应变能力，把政策目标设计得更为"宽泛"和"灵活"是普遍的做法。再比如说，多元社会里的公共政策目标需要反映不同阶层和社会集团的利益和需求，"有时这些多元化的目标之间还存在矛盾和冲突，为了避免目标之间的矛盾和冲突，公共政策的目标只能用模糊的方法，以不确定的方法表述出来，这就使政策目标表现出不明确的特征，增添了评估工作的难度"[②]。

2. 难以从环境中分离出政策的纯效果

在社会科学中，研究者们需要避免犯这样一种错误，即将总是与 B 相伴的 A 说成是 B 的原因。事实上，A 与 B 共变表明的既可能是 A 为 B 的原因，也可能是 B 为 A 的原因，还可能 A 和 B 都以 C 为其原因。当涉及人的行为时，因与果之间的联系并非那么容易确定的。在某项政策执行后，环境的确会发生改变，但其中究竟哪些变化属于环境自身改变的结果，哪些变化属于外因所致，哪些变化属于政策带来的纯效果，这是很难加以测量的。更何况政策还常常导致一些非预期性的后果：为除森林虫害而大面积喷药造成了卫

---

① 参见吴宗宪《西方犯罪学史》，警官教育出版社 1997 年版，第 656 页。
② 樊钉主编：《公共政策》，国家行政学院出版社 2005 年版，第 239 页。

生公害，为打击房产投机行为而向房主所征收的营业税转嫁到了购买者身上，对犯罪采取"强硬政策"导致了监狱过度拥挤而不得不提前释放那些以前被判刑的罪犯……

3. 信息缺乏及评估方法和技术不完善

政策评估结论的准确性在很大程度上取决于信息的充分与否，而信息的缺乏可能是由于政策制定和执行机关不重视信息管理，或者信息系统不健全，或者统计数据不准确，等等。此外，一些特定的社会成员不愿向评估者提供真实信息，或者有意隐瞒重要的"负面"信息，克服这方面的障碍也需要做很多工作。就评估方法和技术而言，虽然这些年里有很大的发展，但主要集中在英、美、德、日等少数发达国家。在一些经济相对落后的国家，政府部门既没有科学的评估方法和技术，也没有专业化的评估队伍，尤其是地方各层级的政府更是如此。这导致政策评估活动要么根本无法开展，要么即使开展了也成效不大，从而使合理的政策调整难以及时作出。

4. 评估者价值观"先入为主"的影响

要确保评估过程的客观和公正，评估者对所评估的政策不能存有偏见，特别是评估人员不应该为支持自己欣赏的计划或证明委托者政策选择的合理性而篡改数据，或者扩大、突出正面的效果而缩减、淡化负面的效果。可是，评估者的价值观不可避免地会贯穿于其评估工作之中，那是无法也无需回避的。这一事实当然不会使评估结论变得毫无可取之处，只要评估者公开其价值观并遵循一定限度的价值中立即可。如果评估者的价值观越过了一定的限度，就会对评估产生不利的影响，从而损害其评估工作的价值。为了防止评估者脑海中潜藏的价值观所可能有的无意识的"先入为主"，对评估程序、方法作清晰的说明是必不可少的。

5. 与政策利益相关者的干扰和抵制

政策评估的结论决定着政策的命运，正因如此，与政策利益相关的一些人会联合起来向评估人员施压，以推动评估走向某个预设的终点。在政策的既得利益者看来，评估事实上是不必要的：一切都进展顺利。当评估活动的确无法避免的话，他们就千方百计地向评估人员证明政策有成效，其方法包括提供虚假信息、"推荐"调查样本、制造有利的舆论导向，等等。希望调整或终结现有政策的集团则反向行之，他们会提供尽可能多的负面信息、要求考察某些政策明显失效的地区，或者花钱做广告以抨击政策带来的不公平。对某项政策的评估能否称得上是一次科学的评估，在很大程度上正取决于评估人员能否克服外来的压力，排除各种社会力量的干扰和抵制。

6. 评估结论未能得到政府部门的重视

很多时候，政策评估不成功并非由于其方法不得当或结论不客观，而是由于政府部门没有给予足够的重视。再好的评估也无法对政策过程发挥实质性的影响，如果它不被视为指导性的意见的话。政府官员们把评估搁置一边的原因是多种多样的，比如说在他们明白自己所实施的政策本就只具象征意义和政治价值时，就不会把评估太当回事。另一些时候，评估"反政策"的倾向可能激怒政府部门，毕竟正如托马斯·戴伊指出的那样，"政府机构不会喜欢显示自己的政策没有发挥作用的研究结果，更不愿看到说明自己的政策成本超出了政策效益的研究结果"①。为确保评估的结论不被虚置，就应当有某种机制来使其转呈直接的决策者，而不是交由执行部门处理。

☞ **思考题：**

1. 政策评估可以起到哪些积极作用？
2. 为什么说政策评估与价值是不可分离的？
3. 请与班上的其他同学一起，非正式地评估一下身边的政策。
4. 请比较政策效益与政策效率。
5. 什么样的政策才属于评估条件成熟的评估对象？
6. 试运用简单前后对比分析来评估分税制政策实行十多年来的成效。
7. 试举例说明政策的非预期效果。
8. 政策的利益相关者会采取哪些措施来干扰评估活动的开展？

公共政策学

182

---

① ［美］托马斯·R. 戴伊：《自上而下的政策制定》，中国人民大学出版社 2002 年版，第 212 页。

第九章　政策调整与政策终结

粮食关系的兴衰历程

中华人民共和国成立初期，大规模经济建设的发展使城镇人口迅速增加，粮食消费也随之猛增。在此情况下，国务院于 1955 年 8 月发布了《全国城镇人口实行粮食定量供应暂行办法》，规定城镇居民迁居应凭城镇居民粮食供应证向原发证机关领取《市镇居民粮食供应转移证明》，再到迁入地区办理粮食供应手续，这种证明被称为"粮食关系"。商品实行票证供应，是计划经济年代短缺经济的表现。最早实行票证供应的只是粮食，其后又扩展到布、棉衣、香烟、煤油、自行车等，到 20 世纪 60 年代初，因副食品供应严重不足，市场凭票供应的商品，达到了 156 种。

由于粮食关系牵涉到一个人能否吃上商品粮，以及一个人的进城、招工、提干等一系列问题，所以，它使多少人朝思暮想，苦苦追求，为粮食关系而"走后门"的事情时有发生，因此党和国家要求各级粮食部门每年都要进行一次必要的清理，对不符合政策规定的粮食关系坚决纠正。

党的十一届三中全会以后，改革开放取得了明显的效果。1983 年国务院发出〔1983〕177 号文件，提出布票退出市场，棉布敞开供应。之后，许多票证相继停止使用。1993 年中央发出文件，粮票停止使用。至此，在全国实行了近四十年的各种票证，全部退出历史舞台。2001 年 5 月，全国范围内迁移或者"农转非"的居民不用再办理《市镇居民粮食供应转移证明》，这意味着长期以来"跟着户口走"的粮油迁移关系终于被取消。

粮食关系的兴衰历程折射出了我国在从计划经济走向市场经济的几十年里粮食政策的变化，涉及政策调整和政策终结的内容。在本章中，我们将首先探讨政策调整的含义和作用，遵循的原则和形式，以及应注意的问题，然后概述政策终结的内涵、倡导者、对象、方式，以及其障碍和应对措施。

第一节 政策调整

任何政策都有其预定的目标和希望达到的效果，但其实施所促成的客观环境变化有时并不符合决策者最初的设想。不过，通过科学的评估机制，执行过程中的偏差可以得到系统的诊断，从而为有关部门进行政策调整作好准备。

一、政策调整的含义和作用

政策调整是政策过程的一个重要环节，由于人们主观认识的局限性及社会变化的绝对性，为了促使政策问题得到更有效的解决，绝大多数公共政策都需要不断的调整，因此政策调整几乎贯穿着整个公共政策过程的始终。

1. 政策调整的含义

所谓政策调整，就是政府部门根据获得的反馈信息及客观条件的变化，对政策形式、内容进行修订、补充和更新的工作，它既体现出改进性的特点，又体现出延续性的特点。

首先，从改进性的一面来看，政策调整是在原政策方案的结果不尽如人意时的一种补救工作，是对其不合理之处及已经不符合变化了的实际的部分改进。因此，政策调整表明既有政策存在缺陷和不足，故而才需要以修订方式来完善政策。当然，决策者和执行部门所做的这种改进工作可能有成效，也可能没有成效，那将进一步决定现有政策的命运。

其次，从延续性的一面来看，政策调整是对原政策方案所作的局部变动，是以其设计的目标和方案大体符合实际作为基础的，需要注意新、旧方案的延续性。尽管有时政策调整的幅度较大，看上去像是再制定、再执行政策，但却不是真的另起炉灶。如果是对公共政策指导思想、基本原则及政策目标的全面创新，则通常应该另行制定新的公共政策。

2. 政策调整的作用

政策调整是一种经常性的政治活动，其理论依据可以从渐进决策模式中寻找到——政策制定不是"一锤子买卖"，而是修修补补的渐进调适的过程。在实践中，政策调整的原因往往是由于政策目标、客观政策环境或政策资源发生了改变，或者是由于政策某方面的弊端呈现了出来。通过不断的调整，公共政策可以获得更大的合法性，从而确保其实施更顺利和更有成效。具体来说，政策调整的积极作用主要表现在如下四个方面：

第一，使原有政策更加完善，并适应新的环境。由于人的理性并非是万能的，而知识又是有限的，因此政策方案的制定无法与社会现实需要完全相一致，加之客观环境本身的变动不居，政策偏差常常不可避免。当这种偏差影响到政策的执行时，政府部门就会对原来的政策方案进行及时调整，以适应变化了的实际或符合人们对现实的新的认识，并避免或纠正政策的失误。

第二，有利于政策的相对稳定，预防社会震荡。作为规范人们行为的准则，政策要真正发挥其稳定社会秩序、解决公共问题的效用，就必须具有相对稳定性。如果政府在短期内过于频繁地废除旧政策而另立新政策，那么这种朝令夕改的做法必然导致人们在行为上无所适从，进而影响到社会的安定团结。当然，强调政策的相对稳定性并不意味着政策是绝对不变的，调整其实就是以变促稳。

第三，提高政策资源的利用率，避免大的浪费。在很多情况下，政策需要调整意味着原政策方案对资源的利用率并不高，也就是说执行部门没能利用好现有的资源。虽然说从政策体系的相互协调及综合发挥政策资源整体效能的角度来看，决策者在这方面的责任更大，但执行时因人员配备不合理、管理技术陈旧等而造成的资源浪费和滥用的弊病也应通过有效的政策调整加以救治。

第四，充当象征，表明政府正在改进自身工作。除了因政策不完善而被动地做出调整之外，政治家们还常常主动倡议要进行政策调整，以换取政治上的好处。通过调整的行动，政府在向民众表示它想要做得更好，于是调整被等同为改进，而这反过来又帮助塑造了良好的政府形象。当政治家面对着选举的压力或党内的考核时，促成政策的调整常是其提高民意支持度和捞政绩的有效举措。

然而，如果公共政策调整不当，也会对政策过程产生负面的影响，比如说调整必然使一部分已经投入的政策资源被白白耗费掉，并会挫伤一部分既得利益人群的积极性，况且过多的政策调整也会让公众对政府部门的能力产生怀疑，从而损害其形象。

二、政策调整的原则和形式

1. 政策调整的原则

政策调整是对政策方案进行局部修正和完善的过程，它应遵循实事求是、渐进调适和追踪反馈的原则。[①]

[①] 参见舒泽虎编著《公共政策学》，上海人民出版社 2005 年版，第 277～279 页。

（1）实事求是原则。实事求是是党和政府长期奉行的思想路线，也是政策调整中要坚持的基本原则。公共政策的调整是根据事物发展的客观规律做出的，而不应该是个人意志的产物。在出现问题后，要及时对公共政策进行调整，即便这意味着对原先制定者和执行者的否定亦是如此。同时，对公共政策的调整还可能遇到来自政治制度或价值观念上的抵制。这时候，就要求一定要坚持实事求是的原则，从公共政策本身出发，从公共政策所面临的实际出发，而不是从其他的观念因素出发，进行公共政策的调整，务求使原定的目标能顺利实现。

（2）渐进调适原则。政策实施一段时间之后，都会在公众当中造成一定程度的影响，并使其形成对公共政策及效果的心理预期。这时，如果公共政策调整的幅度和范围过大、过急，人们从心理上和行动上就可能难以适应，就会对政策表现出疑虑和担心，甚至产生抵触情绪。因此，公共政策调整的幅度和范围要考虑到社会承受的程度。这就要求公共政策调整一般要循序渐进，逐步剔除新形势下不适用的部分，保留仍然可行的部分，给政府官员和普通百姓一个缓冲期来提高认识、加深理解，以利于调整的顺利完成。

（3）追踪反馈原则。公共政策调整是随着问题和环境的变化而发展的，因此，它需要不断地收集反馈信息，并要对原有的政策方案进行回溯分析，以找出失误和偏差产生的环节和原因，从而有针对性地根据分析结论对方案进行修正和补充。当公共政策在实施过程中发现与预期目标差距较大，但出现偏差的原因尚未弄清，而调整的详细方案和具体步骤由于各种原则又还没有设计完毕之时，则应该采取权宜的办法，先就问题较为突出、公众要求较为强烈的部分进行调整，然后再跟踪调整，逐步完善。

2. 政策调整的形式

政策调整是以现有政策的留存、延续及继续发挥作用为前提的，其表现形式主要有政策修正、政策扩充、政策删减和政策更新等。

（1）政策修正，即改正政策中那些已被实践证明了的错误内容，同时依据新的政策环境，修订不合时宜的内容，进一步增强与保证政策实施的可行性。政策修正需要保持原有政策的基本框架，而只是改变其部分内容、适用范围和对象，以及执行的技术手段。以国家法定节假日制度为例，中华人民共和国成立后政务院颁布的《全国年节及纪念日放假办法》最初规定，全体公民放假的节日有元旦一天、春节三天、劳动节一天、国庆两天，共七天；1999年，国务院决定增加公众法定休假日，将"五一"和"十一"的法定休假日都改为三天；到2007年，国务院听取民意，将清明、端午、中秋三个传统节日纳入法定休假日，同时将劳动节由三天休假重新调整回一天，这样就形成了现行的国家法定节假日政策。

（2）政策扩充，即通过提高政策的目标要求、延长政策发挥作用的时间、扩展政策的适用范围等，以使其更充分地解决社会公众所面临的问题。政策扩充是以原政策总体上合理且被证明有效用为前提的，因此才要推广它和加大其贯彻执行的力度，当然客观环境的变化有时也会使扩充成为必需。以国家经济社会发展规划为例，党的十三大曾提出"三步走"的经济发展战略部署，其中第二步是到 20 世纪末，使国民生产总值再增长一倍；后来这一目标提前完成，于是 1995 年中共中央在十四届五中全会上把今后主要奋斗目标调整为人均国民生产总值比 1980 年翻两番；到 2002 年，党的十六大又根据实际情况将奋斗目标重新调整为 2020 年的国内生产总值力争比2000 年翻两番。

（3）政策删减，即通过降低政策的目标要求、减短政策发挥作用的时间、缩小政策的适用范围等，以使其更具操作性和更好地反映形势发展变化的需要。在实践中，有的政策虽然从原则上看是正确的，但是目标设定过高，不具备完全实行的条件，这种政策需要做出删减。以高考加分政策为例，教育部制定高考加分政策本来是为高校选拔人才提供多元的评价信息，但近年来此项政策在执行中出现一些问题，特别是为获取加分的资格或身份而弄虚作假、违法乱纪等现象时有发生，严重损害了教育的公平公正，社会反应强烈。教育部、国家民委、公安部、国家体育总局、中国科协等五部门联合发文规范和调整部分高考加分项目，不仅加分项目和原来比有所减少，而且一些加分的分值也由20 分降为 10 分。

（4）政策更新，即在保留原有政策的精神及内核的基础上，对政策的内容、目标、适用范围、执行主体等进行大幅度的调整。尽管更新过的政策与原政策之间是相衔接的，但两者之间也存在较多的差异。公共政策需要更新的原因在于原来的政策较为陈旧，没有实现与时俱进，故此需要一些新的内容来代替。以房改政策为例，1994 年国务院在《关于深化城镇住房制度改革的决定》中明确提出要建立住房公积金、推进租金改革和稳步出售公有住房，然而在此过程中各地出现了无偿实物分配住房、低价出售公有住房等现象，于是到1998 年，国务院又颁布《关于进一步深化城镇住房制度改革加快住房建设的通知》，正式启动了以"取消福利分房，实现居民住宅货币化、私有化"为核心的住房制度改革。

三、政策调整中应注意的问题

政策调整涉及方方面面的利益，且常常得依靠政府多个部门的协作，需要统筹兼顾。另一方面，政策调整不仅关系到政府行为的失误或偏差能否得到纠正，也决定着政策能否更好地适应客观实际的变化，应加以慎重对待。在调整过程中，决策者和执行者应注意如下几点：

第一，建立强大的信息反馈系统和评估机制，为政策调整提供依据。根据控制论的基本观点，反馈指的是将系统的输出返回到输入端并以某种方式改变输入，进而影响系统功能的过程。反馈可以分为正反馈和负反馈两种形式，其中前者指"后输出的信息与原输出的信息起到相同的作用，使总输出增大的反馈调节"，"反映政策方案在执行中效果明显"；后者指"后输出的信息与原输出的信息起相反的作用，使总输出减小的反馈调节"，"反映政策方案在执行中存在或暴露的问题和失误"。① 很显然，在上面介绍过的政策调整形式中，政策扩充主要是正反馈作用的结果，而政策删减体现的是负反馈的影响。信息反馈是实现政策调整的前提，要弥补政策方案的不足、避免政策执行中出差错，就必须不断获取有效信息。反馈的信息必须灵敏、及时、准确，否则根据错误的信息调整的政策将会造成更大的损失。

市场波动与中国的利率调整

利率又称利息率，是单位货币在单位时间内的利息水平，表明利息的多少。利率通常由国家的中央银行控制，是宏观经济调控的重要工具之一。利率是调节货币政策的重要工具，亦用以控制例如投资、通货膨胀及失业率等，继而影响经济增长。利率是否调整以及怎样调整，很大程度上取决于国家所获取的有关物价走势等方面的信息：当经济过热、通货膨胀上升时，便提高利率、收紧信贷；当过热的经济和通货膨胀得到控制时，便会把利率适当地调低。

改革开放以来，中国人民银行加强了对利率手段的运用，通过调整利率水平与结构，改革利率管理体制，使利率逐渐成为一个重要杠杆。1993

---

① 刘斌、王春福等著：《政策科学理论》，人民出版社2000年版，第337页。

年 5 月和 7 月，中国人民银行针对当时经济过热、市场物价上涨幅度持续攀升的情况，两次提高了贷款利率，对抑制固定资产投资规模、控制通货膨胀，发挥了重要作用。1996 年以来，针对我国宏观经济调控已取得显著成效、市场物价明显回落的情况，中国人民银行又适时先后多次降低了存贷款利率，在保护存款人利益的基础上，对减少企业，特别是国有大中型企业的利息支出，促进国民经济的平稳发展产生了积极影响。2006 年以来，为了控制房地产过热和有效打压"投机性"房产消费群体，央行又曾多次提高贷款利率。随着中国对利率市场化改革的推进，预计利率调整发挥的作用将越来越重要。

第二，反对借政策调整为名修改政策精神，杜绝"上有政策，下有对策"。政策调整的确意味着政策的改变，但只看到这一点就会忽略政策调整更为重要的特点，即其延续性。需要指出的是，经过调整的政策与原政策之间虽在内容细节和执行方式等方面有差别，但指导思想、基本理念上必须是一致的。正是由于其指导思想和基本理念具有科学性，政策才不是被终结而只是被调整。在实践中，一些地方政府的领导人为了本地区的特殊利益，借政策调整为名修改政策精神，于是乎上级的政策被选择性地执行，各种土政策却纷纷出台，这种做法是错误的和有害的。政府相关部门必须吃透政策精神，认真学习、准确理解政策规定，把握调整方向，搞清调整目的。与此同时，"下级机关不能直接调整上级机关制定的政策，只能向上级机关提出政策调整的建议"，而且"对比较重大的政策调整，必须经过上级领导机关批准"。[1]

第三，尽可能以局部和小幅度的调整为主，避免和减轻对社会的震荡。如前所述，政策调整需要贯彻渐进调适的原则，故而"延续为主、局部调整"是常规。改革开放以来的国家计划生育政策就可以很好地说明这一点，从最初的单纯控制人口数量、到稳定低生育水平、再到统筹解决人口问题，这期间对"一对夫妇只生育一个孩子"的提倡始终未变，但在各地又根据实际情况而有不同的微调。尽管政策调整本身是与人们主观认识和客观环境变化相伴的，然而无论何时都要认识到保持一个稳定局面的极端重要性，正所谓稳定是大局、稳定压倒一切。要避免和减轻对社会的震荡，决策者的调整应尽可能地以边际的、小幅度的调整为主，否则宁可采用终结的方式。调整过多的话会有各种消

---

① 刘斌、王春福等著：《政策科学理论》，人民出版社 2000 年版，第 341 页。

极的后果：执行部门面对很大压力，民众生活遭遇各种不便，特定群体利益受到损害，等等。同时，为防止政策调整过程中出现政策的真空和漏洞，执行部门在决策者作出正式的调整决定之前仍应执行原政策。

第四，预先设计出详尽的调整方案，按步骤和分层次有序稳妥地进行。与政策采纳一样，政策调整也是从若干个可供选择的方案中进行比较分析，进而选择出最佳方案。不过，被选出的这个方案并非全新的，而是原政策的修正方案，其中涉及的主要内容包括应该调整原政策的哪些部分，将采取的调整方式是什么，调整行动的步骤和阶段怎样划分……政策调整方案的好坏直接关系到政策调整的成败，及时而有效的政策调整，可以在后续的执行中获得更好的政策效益，反之则会扩大原政策方案的缺陷，造成政策问题的恶化。"对公共政策方案加以修正、补充和完善，甚至重新制定，这有多种情况：对基本可行的方案加以修正，使之更合理和适应变化了的现实；扩大原有方案的适应范围；对证明是基本行不通的方案作大规模的调整。"[1] 可是不管怎样，对政策进行调整都必须有计划，并讲求策略和方法，否则只会造成混乱。

第二节　政　策　终　结

政策终结是政策过程的最后一个阶段，具有十分重要的意义。对于被证明为错误或不合理的政策，如果不及时将其终结，不仅会带来巨大的资源浪费，也会给经济、社会的发展造成很大的阻碍。

一、政策终结的内涵

所谓政策终结，就是指政策制定者通过审慎地评估既有的政策，而采取相关措施以终止那些多余的、不必要的或无效的政策的过程。要想准确地理解政策终结的内涵，必须把握如下三点：

第一，政策终结带有强制性。作为在公共政策领域里发生的一种终结现象，政策终结与日常生活中所谈论和所接触到的各类终结现象都有区别，即它不是自然形成的现象，也不是自行消亡的，而是人们主动性的行为。政策终结不以人的意志为转移，它是政府决策部门发现执行中的问题后予以纠正、并旨在提高政策绩效的政策行为。实践中，有的政策即便其功能已履行完成，如果没有特定权威机构下达的终结指令，仍然会存在较长时间，如本章开篇方框中所介绍的粮油关系的变迁就说明了这一点。此外，由于政策终结像政策采纳一

---

① 舒泽虎编著：《公共政策学》，上海人民出版社 2005 年版，第 277 页。

样，总是会损害某些相关的人、团体和机构的利益，可能遇到激烈的反抗，因此借助国家强制力为后盾显然是不可缺少的。

第二，政策终结的原因是多方面的。比如说，某些政策的目标设计不明确，与待解决的问题没有关联，属多余的政策，故而被终结；某些政策所针对的问题已经得到解决，或者已因环境变化消失，属不必要的政策，故而被终结；某些政策在执行中发现其负面作用太大，不能很好解决面临的问题，属无效的政策，故而被终结。至于哪些政策属多余的、不必要的或无效的政策，这既需要借助评估所获得的信息来加以判断，也受当局价值观及周边政治情势的影响。在西方国家，由于实行竞争性的政党制度，两党和多党之间常有政见歧异，故而政府发生更替后前任政府的许多政策就可能被视为多余的、不必要的或无效的政策而被终结，可这很难说是理性的。

第三，政策终结由一系列活动构成。除了对政策作出终结决定的官方宣告之外，政策终结也包含着若干后续措施，如一整套期望、规划和惯例的终止，执行机构的裁减，投入该政策领域的资金的撤离等。从更广泛的意义上看，政策终结还涉及为终结所作的各种准备及围绕终结必要性展开的相关论证。特别是对某些特定的政策来说，待解决问题的持续存在意味着在其被终结之前应当充分考虑衔接性，即要使被终结的政策成为新政策的前奏。只有这样，令人担忧的"政策真空"才能得到有效避免——毕竟政策周期的最后一个环节会带来另一个政策周期的开始。不过，考虑到终结的高风险和高成本，在政策终结之前先尝试小范围和局部的调整将更为有益。

对政策终结理论和实践给予特别的注意，这是与政策研究中的"趋后倾向"特别是对政策评估的重视相联的，而且早在1976年美国的《政策科学》就曾出版过一个专门论述政策终结的特刊。20世纪七八十年代以来，伴随着各国管制的放松，需要终结的过时政策、法规不断增多，由此政策研究者和政府官员都逐渐认识到了终结在政策研究和实践中的重要地位。

二、政策终结的倡导者

如前所述，政策终结需要国家强制力作为后盾和有利的政治形势，可是其成功更取决于是否有足够的支持力量。政策终结的倡导者即提出或促成政策终结的行为主体，一般包括：[①]

1. 反对政策者

---

① 参见林水波、张世贤《公共政策》，台湾五南图书出版公司1982年版，第354~355页。

讨厌政策的人是倡导政策终结的联盟中最为常见的，而他们之所以提出政策终结的举措，乃是因为在他们的心目中，那是一项坏的政策。政策之坏处，在于该项政策实际或反对者主观认为损害到他们所重视的价值，或所持的原则，甚至侵害到他们的社会、经济或政治利益。虽然说任何一项政策都必然会有其反对者，但一支分散的、不掌握实际权力的力量是很难单方面推动政策终结的——持久的和有组织性的反对除外。

反谷物法同盟与《谷物法》的废除

《谷物法》指英国 1815 年通过的以限制谷物进口及加强农业保护力度为宗旨的法律。它规定只有在国产谷物平均价达到或超过某种限度时方可进口，以维护土地贵族的利益。《谷物法》的实施曾使英国农业生产力有极大的提高，新技术、新工具得以应用和普及，粮食产量也增加了。可是，它也给工业资产阶级和底层民众带来了利益上的损失，于是他们组织起了强大的反对力量。

这个最初名为反谷物法协会的同盟利用了一切英国惯用的鼓动手段来达到自己的目的，他们组织募捐，创办杂志，并出资派遣演说家到各地去。据统计，仅 1840 年反谷物法同盟就在全国各地举行过 200 多次大型群众集会，向议会呈递了 700 多份请愿书，散发了 1400 多万册小册子，强烈要求废除《谷物法》，实行自由贸易。1843 年同盟募集了 10 万英镑捐款，散发了 900 万份传单，同盟的周刊——《同盟》发行量达二万份。为了把运动扩展到首都，同盟还在科文特加登剧院召开了二十四次群众大会。一时间，自由贸易在它的狂热信徒心目中成了一种宗教信仰。

在反谷物法同盟的共同努力下，贵族和大土地所有者不得不妥协，《谷物法》最终废除。这样一来，对农业及土地利益集团的一切保护都被取消，工业产品的生产拥有了更为廉价的原料及劳动力，而英国也由此真正进入了自由贸易的新时代。

2. 经济者

经济者是对政策资源的最优使用怀有良好意愿的人，他们之所以提议终结政策，一方面希冀重新分配资源，把较不重要或不值得的政策予以取消，而投于较重要影响深远的政策；另一方面为节约政府的成本，减少人民的负担，增进人民的向心力。经济者不能理解为是小气的、葛朗台式的守财奴，他们只是期望能通过资源的最佳配置来达到最大的政策效益，故此最欣赏所谓"好钢用在刀刃上"。经济者未必都是出于对政策的反感才倡导终结的，他们甚至可能承认政策的必要性及有效性，但是财政状况常常迫使他们做此不得已的选择。

3. 改革者

改革者是相信非破不能立的人。他们认为政策之终结，实乃成功有效地采行新政策所不可或缺的先决条件。改革者深以为旧政策是建立新政策的障碍，务必将其终结，以此为展开新政策规划的起点。与经济者类似，改革者也并非必然是对单项具体政策抱持恶意的人，而是对政策的整体蓝图有其构想的人。不过，在经济者那里此幅蓝图可以通过对原有蓝图的东拼西凑而产生，而在改革者那里此幅蓝图却必须是全新画就的。

4. 政策评估者

政策评估者在评估政策之后，可以提供实际的政策绩效数据和资料，显示政策目的达到的程度或范围，来供政策制定者决定政策之持续或终止，或另外建构新的政策来解决问题。不过，政策评估者也常常主动提出进一步行动的计划，特别是在政策价值备受质疑的情况下，评估者自身可能成为政策终结的倡议者。凭借长期积累起来的专业素养和科学的评估技术、方法，评估者的终结建议肯定会得到决策部门的重视，虽然这样做会使其有过于政治化的危险。

三、政策终结的对象

在实施政策终结以前，必须首先分析其所涉及的各方面的活动，界定出终结的对象。根据政策学者德利翁的看法，政策终结的对象主要包括四大类，即功能、组织、政策、计划。

1. 功能

每项政策都有其具体的利益分配、行为引导、服务提供、控制调节等功能，而政策的效果就是通过这些功能来体现的。要终结一项政策，其功能的终结常常是必须的，然而在政策终结的所有对象中，又以功能的终结最为困难。这"一方面，是因为功能的履行或承担，是政府人民需要的结果，若予以取消势必会引起抵制；另一方面，某项功能往往不是由某政策单独承担的，而是由许多不同的政策和机构共同承担的，要予以终止往往需要做大量的组织准备工作和协调工作"[①]。

[①]　张金马主编：《政策科学导论》，中国人民大学出版社 1992 年版，第 269 页。

2. 组织

政策的实施及目标的达成必须依靠一定的组织保障，即执行性的机构和人员，而组织终结涉及的内容也就是这些执行机构和人员的裁撤，以及对其资金投入的减少或取消。一般来说，在政策功能履行完成且问题又已得到解决之时，组织的终结能够得到更多的认同，特别是对一些临时设立的组织机构而言更是如此。可是，如果组织是因政策效果不佳、执行存在漏洞或政治格局改变等而被迫提前终结的，那么所面对的阻力常常会很大。有些组织本就是专为执行某项政策而设立的，随着政策的终结，其人员将被分流或合并到其他机构，这对它来说肯定谈不上是一件好事。另一些组织虽然同时承担着多项政策的执行工作，但其中某项政策的终结肯定会造成其编制和经费的减少，这也是它所不愿看到的。

3. 政策

政策终结归根结底是政策本身的终结，它意味着相关法律、规章、条例、行政决议等的撤销。相比组织的终结，政策本身的终结要更为容易一些，原因有四：第一，除非某项政策和其组织关系密切、利害一致，否则组织宁愿放弃政策而保组织的生存；第二，政策本身不如组织那样有足够的筹码可资利用，因而在缺乏有力的支持下难逃被终结的命运；第三，政策目的较单纯而组织目的多样，故政策易于评估而决定其存否；第四，大多数政策本身即有反对力量，而组织虽有自然的敌人，但其通常所批评的是组织的政策而非组织本身。①

4. 计划

计划的终结即执行政策的各项措施和手段的终结。在所有终结对象中，计划的终结是最容易达成的。毕竟计划的好坏在经验上是较易观察和衡量的，如果计划实施所带来的弊病极为明显，则不终结它的恶果就是人所共知的。此外，计划的终结不像组织终结那样会受到多方面的压制和约束，只要某项政策被正式宣布终结，对其执行的政策资源投入就会取消，执行活动也就很自然地停止了。

四、政策终结的方式

政策在经过细致评估后，如果被认为是多余的、不必要的或者无效的，就会由决策者将其终结，而那意味着政策生命的完结。政策终结的方式多种多

---

① 林水波、张世贤：《公共政策》，台湾五南图书出版公司1982年版，第356页。

样，根据学者们的看法，主要包括如下五种：

1. 政策废止

政策废止就是果断地使某项政策停止执行，它是政策终结最为直接亦最为典型的方式。如果一项政策的目标已实现，使命已达成，或者其所针对的社会问题由于环境和形势的变化业已不存在，这项政策就应该立即予以废止。同样，如果一项政策执行一段时间后出现了严重的负面效应，给社会带来了很大的破坏，也应该立即废止，以防止酿成更大的恶果。在现实生活中，很多带有时效性的政策和被证明完全错误的政策都是通过此种形式而被终结的。政策废止通常不需要伴以新政策的出台，不用考虑之后的衔接问题，因为其设计时的功能要么已经完成，要么已经无法再履行了。

2. 政策替代

政策替代所指的是用一个新的政策来替代原有的政策。很明显，强调废与立并举是有其适用条件的，它要求前后政策调整的范围大致相同，作用的对象基本不变。政策替代产生的新政策在政策内容上有所变化，但更多的只是方法上和操作程序上的更改，其目的是为了更好地解决旧政策无法解决的问题，实现原定的公共政策目标。在采用政策替代这种方式时，要注意新、旧政策之间的连续性和相互衔接，保证新、旧政策之间的平稳过渡，既要防止新、旧政策同时实行，又要防止出现公共政策的中断现象，给民众生活带来不便。

养路费的废止与燃油税的开征

正如许多人所注意到的那样，一些法律、法规在最后规定其生效时间时往往还附以另一法律、法规"同时废止"的字样，而这正是大多数政策替代的标准做法，燃油税取代养路费只是其中的一例。

自1987年以来，中国道路交通规费的征收一直沿用的是国家计委、经委、交通部、财政部联合发布的《公路养路费使用管理规定》。尽管以公路养路费为主体的地方公路建管养资金在中国公路建设发展上发挥了巨大的作用，但其以车辆载重量为依据的规费计量方法在科学性、公平性及完备性上存在明显不足。

有鉴于此，国家有关部门从1994年起就倡议采用国际通行做法，开征燃油税。经过较长时间的酝酿和征求意见，国家发改委等部门颁布的《成品油价税费改革方案》正式于2009年1月1日实施，而包括《公路养路费使用管理规定》等在内的八项交通规章也同时废止。

根据新规定，国内汽油、石脑油、溶剂油、润滑油消费税单位税额由每升0.2元提高到每升1.0元；柴油、航空煤油和燃料油消费税单位税额由每升0.1元提高到每升0.8元。同时，在全国范围内统一取消公路养路费、航道养护费、公路运输管理费、公路客货运附加费、水路运输管理费、水运客货运附加费。

燃油税的推广将使车辆的使用成本结构发生较大变化，之后多用路者多掏钱，这会引导车主少出车，减少交通拥堵。

3. 政策分解

政策分解即将原有政策的内容按照一定的原则分为几个部分，每个部分各成一项新政策，同时原有政策不再生效。当原有政策因目标众多、内容繁杂且较为抽象而影响公共政策的效果时，运用分解的办法，将其分解为目标具体明确、操作性强的多项政策，往往能收到较好的效果。比如说，我国传统的社会保障是一种单一型的"就业保障"，主要通过单位来实现干部、职工的社会保障和福利。后来国家有关部门按照保障内容的不同，将原有的政策按类分解，建立了养老保险、失业保险、人寿保险、医疗保险、生育保险等多项保障措施，从而较好地实现了政策目标。[1]

4. 政策合并

政策合并包括两种不同情况：一是将某一个或某几个独立的政策并入到另一个已有的现行政策中，同时被并入政策失效；二是将两个或两个以上独立的旧政策合并为一个新政策，同时原政策不再起作用。不论哪种情况，被合并的政策都不是完全无价值或一无是处，因此政策合并从某种程度上说只是政策间关系的一种调适，是确保政策执行畅通的内在要求。具体而言，在政策执行中原有的一些政策内容接近，但由于制定、执行的主体不同，容易出现政策分歧，影响政策效果，故此需要权威部门对这些政策进行相应合并，以统一口径，减少不必要的争执。

5. 政策缩减

政策缩减是指采用渐进的做法对公共政策进行终结，以消除可能有的负面

---

① 谢明著：《政策分析概论》，中国人民大学出版社2004年版，第360页。

影响。其中，渐进的做法因政策而异：有些政策是通过逐步缩小政策作用范围，有些政策是通过逐步减少资源投入，还有些政策是通过逐步放松对政策执行的控制……政策缩减往往能使目标群体有充足的适应时间，以克服对原政策的心理依赖，并形成新的行为预期。同时，政策缩减还争取到了时间来赢得更多的支持者，而大的社会震荡也由此而得到避免。与前面所说的作为政策调整形式之一的政策删减不同，政策缩减的最终结果是某项政策被完全停止执行。

五、政策终结的障碍和应对措施

政策终结涉及一系列的机构、人员、利益和制度等复杂因素，不是一件很容易就能完成的事情，因此有学者曾感慨地说，围绕终结的斗争在较大程度上可看作是和解释为一场有关政治意愿和技巧的斗争。① 现实生活中我们随处可以看到有些不合理、无效甚至是多余的公共政策仍然在执行，即使是一项明显错误的政策，要予以终止也会遇到许多困难。

1. 政策终结的障碍

政策终结的障碍主要包括心理上的抵制、组织的保守性、反对力量的联合、法律上的障碍及高昂的成本等。接下来将分别简述之。

（1）心理上的抵制。正如美国学者琼斯所指出的那样，那些与政策相关的人员都愿意看到政策继续存在下去，却很少有人喜欢听到计划失败，这种心理上的抵制常常是难以攻克的堡垒。从政策制定者来说，他们花费了很多的心血来规划原有的政策，要终结它就意味着一切都付诸东流，这在情感上是很难接受的。更重要的是，身处政治角斗场的政策制定者要是承认政策失败，就等于承认其政治理念和主张的不可取，这会被相竞争的反对派利用，其所冒的政治风险是很大的。从政策执行者来说，他们设计了细致入微的实施方案，并在前期的执行活动中投入了大量的时间和精力，况且政策命运又事关对其工作的评价，因此他们对政策终结会有本能的心理抗拒。从政策受益者来说，他们既尝到了原有政策的甜头，也因为对它有所预期而做出了行为的改变，不舍和依恋之心是可以想见的。

（2）组织的保守性。政策执行机构和人一样，都有根深蒂固的守旧情结，偏爱早已习惯的办事程序及工作环节——熟悉和常规化正是高效率的基础，而不太喜欢变化和革新。同时，它们还和其他社会政治组织一样，都具有寻求生

---

① Janet E. Frantz, Political Resources for Policy Terminators, *Policy Studies Journal*, Vol. 30, No. 1, 2002, p. 11.

存、发展和扩张的本性。所以，这些执行机构会凭借所掌握的一切资源而坚决捍卫与其报酬、声誉息息相关的原有政策。即便终结的决定已经做出，它们也会想尽办法来推迟贯彻的时间。这种行为惯性对政策终结而言是很大的障碍。对此安德森论述得很清楚："某一机构存在的时间越长，它被终止的可能性就越小，经过一段时间，会形成对它的继续存在的条件和支持。"①

（3）反对力量的联合。正如任何政策的出台都有反对的声音一样，任何政策的终结也会遇到很多反对的人，而一支强大的、组织有序的、选用策略得当的反对力量有能力挫败任何尝试终结政策的企图。这支反对力量不仅包括政策的既得利益者，也包括认同政策原则、精神的一些集团和个人。他们常常在政府内外同时展开活动，以设法为政策仍有价值作辩护。在内部，他们会拉拢支持者和游移不定者，并通过各种接触渠道来说服有权势的人。在外部，他们会采取草根战略，通过思想宣传来形成舆论压力，以迫使政府决策者收回终结成命。对于一些政策来说，由于其有限的效益只集中在有组织的部分选民和机构上，而成本却由缺乏组织性、信息的公众承担，因此这种反对往往是非常有效的。

游说集团"制造"舆论以反对政策终结的手法

通过广泛发动政策目标群体中的既得利益者给关键的政治人物写信、打电话、发电子邮件，游说集团可以"制造出"所需的舆论来从外部施加压力，从而要求停止政策终结的计划。这虽然是在缺乏政府内部管道的情况下不得已采用的一种迂回战略，但收效却奇佳。

正因如此，越来越多的游说集团开始把公共关系的"闪电战"作为其重要活动策略之一，特别是在被誉为"利益集团国度"的美国。这些集团有时候会选定某日向国会某个要员同时投递大量明信片、信函或电子邮件，以对其产生最大的心理震撼效果。

比如在 1984 年至 1985 年间，领取社会福利金的选民只要一担心未来的立法案可能会冻结调整生活费的幅度，便大量致函给众议院议长奥尼尔和众议院多数党领袖莱特，以至于在 1985 年夏天，根据众议院邮局的统计，奥尼尔一天就收到了创记录的 1500～1800 万封信。

---

① ［美］詹姆斯·E. 安德森：《公共决策》，华夏出版社 1990 年版，第 211 页。

（4）法律上的障碍。任何政策的制定和行政组织的创建都是通过一定法律程序进行的，同样政策的废止和组织的裁撤也必须经过一套法定的程序。这个过程不只是走一个过场，它不仅耗时费力，而且操作起来非常复杂，特别是在西方国家的分权体制下更是如此。对于一些执行后负面效果特别大的政策，繁琐的程序要求可能延误政策终结的时机，使之更难终结。此外，有些政策所针对的问题在议程上处于优先地位，要终结它就得同时伴之以新政策来实现功能的接手，这会带来更多法律上的困难。当然，法律上的这种程序规定虽然麻烦却是必需的，是民主政治和法治政治的体现，没有它就无法使政策终结获得合法性。

（5）高昂的成本。政策终结并非零成本的，而是成本高昂的，主要包括两个方面：一是沉淀成本；二是终结行为本身要付出的代价。沉淀成本指投入某个政策项目的时间、金钱等无法弥补的花费，它会在一定程度上制约决策者做出新的选择。举个通俗的例子：一位旅行家在有两条分岔的路口选择了其中之一，结果走了一半发现后边是山路，他仍只好走下去，否则前面走的路等于要白走两遍。决策者有时好比这位旅行家，不终结政策会有严重的后果，可要终结政策的话前期成本就白花了。如何择取需要权衡利弊和综合比较，而这常常使原有政策获得了进一步"留待观察"的许可。另一方面，"进行终结本身也需要付出高昂的代价，不仅要筹措终结所需的各项费用，以制定和执行新的政策，组建新的机构，而且还要冒得罪某些有势力的反对力量的风险"①。

2. 应对措施

公共政策是约束和规范社会成员行为的准则，必须具有相对的稳定性，因此如果做些调整就能很好地促进其效用发挥的话应尽量调整。但是，在政策终结为必需时，也应果断终结之。不过，面对前述的种种障碍，决策者必须选取适当的应对措施。

第一，加强宣传教育，消除人们心理上的抵触情绪和疑虑。对政策的宣传是其赢得合法性的一种手段，而要终结政策，以说服来换取理解也是必不可少的。政策终结的倡议者和相关的政府部门应当认识到宣传教育的重要性，尽可能地站在目标群体的角度来考虑其立场，并有针对性地开展工作，以促进其心理的认同或至少是接受。在很多时候，"关于政策终结的正确的、及时的、广泛的信息沟通有助于人们全面了解和把握政策终结的必要性、目的和方式，避

---

① 张金马主编：《政策科学导论》，中国人民大学出版社 1992 年版，第 273 页。

免和消除由于不了解情况而可能产生的误会、歧义、抵制"①。

第二，公开评估结果以说明原政策的危害性，争取各方支持。任何政策都有其特定的受益群体，他们的组织性往往很高，会为政策的延续而不惜动用一切体制内外的关系，因此要使终结成为可能，就得让人们充分认识到原政策的危害性。现实生活中有很多规划时意图良好的政策，要终结它必须有足够站得住脚的理由，比如出现了令人失望的非预期性后果。之所以说公开前期评估的统计数据和资料是个很好的办法，在于它使政策的效益如何变得一览无余，于是反对政策终结的人将处于非常尴尬的位置上：你还要为这个有害的政策作辩护吗？

第三，尽可能采用政策替代的方式，最大限度地减少反对力量。旧政策的废止如果能同时伴以新政策的出台，是有利于缓解反终结压力的做法：政策执行机构不必再担心自己被裁撤和预算被削减等问题；原政策受益者中的一部分人会因有新的期盼而降低反对的声调；新政策的推动者会加入到倡议旧政策终结的联盟中来；政策功能的及时接续减少了民众可能遇到的生活不便……不过，废旧立新的并举做法也对政府部门提出了更高的要求，特别是既要处理好旧政策终结可能带来的影响，又要面对新政策执行可能产生的问题，如果稍有不慎就会弄得一团糟。

第四，正确估计政治形势和舆论走向，抓住终结的最佳时机。政策终结不只需要技术和理性，也需要高超的政治智慧，只有事先对支持力量与反对力量做出正确的估计，才能选准时机毕其功于一役。为了测定公共舆论对终结行动所持的态度，一些学者提出可考虑事先传播点试探性信息，然而这样做是有很大风险的。1988年英国财政大臣劳森就曾因其新闻发布会上有关养老金发放的不当言论，而被反对党攻击为对孤苦伶仃老人"残忍"，结果探风不成还招致各种指责。当然，政府总会想尽办法为其政策的存与废营造良好的舆论氛围，可这是需要之前过硬的政绩作为基础的。

☞ **思考题：**

1. 对政策的调整既是一种改进，又是一种延续，试举例说明。
2. 政策调整为什么需要遵循渐进调适原则？
3. 政策调整中应注意哪些问题？

---

① 张国庆：《现代公共政策导论》，北京大学出版社1997年版，第210页。

4. 从近期的新闻中寻找政策终结的实例，然后分析其原因。

5. 在政策终结的各对象中，功能最难终结，这是为什么呢？

6. 试比较政策删减和政策缩减。

7. 请列举政策终结可能遇到的障碍。

8. 假设国家决定停止一切高考加分，想想应怎样进行思想宣传？

第十章　政策分析方法初步

计划项目预算体系的失败①

　　计划项目预算体系（PPBS）是美国于 20 世纪 60 年代中期采用的有关预算决策方式的系统群研究，它依据国家确定的目标，着重按项目和运用定量分析方法来编制预算。

　　PPBS 最早被用于编制国防预算，但它是以敌人行动的合理性为前提来分配作战需要的武器和研究开发预算，故在越南战争等需要在海外购买武器的情况下显得无能为力。原因在于越共的行动是美国所无法预料的，它的行动不但"不合理"，而且"不可思议"。五角大楼的 PPBS 不包括不合理的行动。这样，美国在越南的作战模拟一个接一个地失败，结果最终导致整个 PPBS 发生了危机。

　　然而，对 PPBS 的迷信仍在肯尼迪之后的约翰逊总统时达到了顶峰，后者颁布了总统令，让政府所有部门均采用 PPBS。根据这项命令，其他政府部门争相雇用来自五角大楼的 PPBS 专家，使这种应用高难数学的预算决策方式迅速传播到非军事部门。但是政府其他部门在执行预算时，在住宅、医疗、社会福利方面受到了政治的频繁干预，结果使其始终处于空转状态。

　　上述事例说明了选准和运用好政策分析方法的重要性。那么政策分析的含义是什么？政策分析人员应具备何素质？政策分析有哪几种类型？常用的政策分析方法包括哪些？这些都是本章将要探讨的问题。

①　参见药师寺泰藏《公共政策》，经济日报出版社 1991 年版，第 133～135 页。

第一节　政策分析方法概述

20世纪下半叶以来，公共政策学已经成为当代社会科学中发展速度最快也最具潜力的学科之一，而介入和参与政策分析工作的部门和人员也越来越多。作为一个跨学科的、应用性的研究领域，政策分析是在当代科学技术进步的基础上特别是在运筹学和系统分析的基础上产生和发展起来的，并逐渐形成了一整套日趋完善的理论和方法体系。

一、政策分析的含义

"政策分析"（policy analysis）一词最早是由美国政治学家林德布洛姆在1958年的论文《政策分析》中首先提出来的，表示一种将定性方法与定量方法相结合的渐进比较分析的类型。后来，随着这门学科走向成熟和兴盛，很多从事政策分析的学者都试图对其概念和研究范围进行准确的界定，其中较具代表性的有以下几种：

一种综合信息法，含研究结果，以产生一种决策的格式，还是一种确定未来相关政策信息需求的方法（沃尔特·威廉姆斯）；

对备选政策方案的系统研究，并汇集和综合证据以支持和反对这一方案。它包括一种解决问题的方式、信息搜集和阐释以及一些预测备选行动道路结果的努力（雅各布·乌克里斯）；

根据政策和目标的关系确定何种备选公共政策或政府政策最能达到一系列既定目标（斯图尔特·奈格尔）；

一种应用原理，它使用多种调查和论述方法以产生和加工可能用于政治领域解决公共问题的相关政策信息（邓恩）；

一种实用的研究形式，用以对社会技术问题获得更深的理解，找到更好的解决之道，以帮助政策制定者选择最有力的行动措施（爱德华·奎德）；①

政策科学的研究方法，使用各种分析方法和分析技术来帮助决策者制定政策（张金马）；②

---

①　均参见［美］卡尔·帕顿、大卫·沙维奇《政策分析和规划的初步方法》，华夏出版社2002年版，第22～23页。

②　张金马主编：《政策科学导论》，中国人民大学出版社1992年版，第277页。

以政治学为理论基础的一种适用于提高公共政策质量的分析方法（张国庆）。①

⋯⋯⋯⋯⋯

从前述对政策分析的各种界定可以看出，政策分析是以政策信息的搜集、整理为重点，以现代技术、方法的运用为特征，以服务于决策者为目的的这样一种分析形态。与更加全面和综合的政策研究不同，政策分析强调的是运用科学手段和提供有用的信息，以帮助政策制定者制定和改进政策，其实用性是很突出的。虽然政策研究通常也被认为包括政策分析在内，但前者相对来说更强调对政策理论、规律、知识的探讨和积累，而政策分析人员往往无法面面俱到，因为他们必须在较短时间内用简单而明晰的分析数据来为某个问题的某种解决方法作合理性的辩护，并通过其专业智慧来使决策者避免犯错。

二、政策分析人员及其素质

伴随着政策科学的不断发展，一些人逐渐认识到以往凭直觉、经验来作决策会导致过多的失误，而对政策方案可行性的细致分析则不仅可以减少失误，还有助于提高决策效率。故此，政策分析必须成为政府机构内重要的、新的职业角色，而从事此类工作的人员必须占据所有主要行政机构内接近高层决策者的位置。这样的观点在 1967 年出现在了德罗尔的一篇文章《政策分析员：政府机构中的一种新的职业角色》之中，并很快获得了从事政策研究的学者和各级政府部门的广泛认同。

在文章中，德罗尔提出，要改进公共决策，需要整合政治学、公共行政学与系统分析、决策理论和经济理论，这样才能提供更高级的知识形式，而所建立起来的这个专业学科就是政策分析。"政策分析的目标是通过在一个较宽广的环境中，在更系统化的工具帮助下，使一组较广的备择方案获得充分考虑，从而达到对决策和政策制定的改进。"为实现此目的，作为政府参谋官员的政策分析员的作用是不可或缺的。他们"一般以最高行政长官和直线高级官员的顾问的身份正式行使职责，并实际上与他们建立一种共生的合作关系"②。政策分析人员与古代世界普遍存在的幕僚、师爷在性质上是根本不同的，他们必须具备一些基本素质，即德罗尔所概括的六个方面的要求：政治头脑、总体

---

① 张国庆：《现代公共政策导论》，北京大学出版社 1997 年版，第 9 页。

② 彭和平、竹立家等编译：《国外公共行政理论精选》，中共中央党校出版社 1997 年版，第 267～268 页。

观念、创新思维、洞察力、着眼未来、富有弹性。

由于现代公共政策所涉及的社会生活领域的广泛性，因此政策分析人员当然需要有社会生活的专门知识，然而拥有特定领域知识背景的专家无法取代用科学分析方法武装起来的政策分析人员。在实践中，不可能要求每一位政策分析人员是百科全书式的人物，而且如果确有必要也可以通过咨询和聘请相关领域的专家，或进行短期的培训来解决专业上可能遇到的问题。对一名合格的政策分析人员来说，其他各种不同类型的专门知识同样是必须具备的，主要包括三大类：一是关于公共政策的性质、功能、结构、环境及运行过程的知识；二是关于对政策方案进行分析的方法及技术的知识；三是关于对政策的制定、执行、评估模型的理论知识。只有系统掌握并熟练地运用上述全部的专业知识，政策分析人员才能在政策目标的确定、政策方案的规划、政策的评估等方面发挥真正积极和有效的影响。

需要进一步补充说明的是，尽管政策分析人员是在科学与政治之间架起桥梁的重要一环，可他自身既不能不讲政治，也不能完全政治化。虽然政策分析的结果往往涉及对决策者应采取何种行动的政策建议，但政策分析人员必须小心翼翼地不让自己对方案的特殊喜好影响了分析报告的客观性，因为他们不应也不可能代决策者作决定。在大多数情况下，政策分析人员必须在决策者已经给定的价值理念指导下开展工作，因此他们所提供的只能是对方案优劣的冷静的分析性意见，而且纵然是直接提政策建议也不能遗漏掉应当包含的数据信息。

三、政策分析的类型

政策分析有很多具体的表现形式，而它们可以根据不同的角度和标准来进行划分，这里我们介绍最为常见的一些类型。

1. 技术性分析和理论性分析

技术性分析主要涉及的是运用现代科学和技术手段对政策方案的各要素、相互关系及其拟定、择取等进行分析和论证，它对搜集资料、数据处理的能力和复杂的数学计算过程有很高的要求。美国政策科学家斯图亚特·S. 尼古和爱德华·奎德都是从这层意义上来理解政策分析的，强调它是一种着眼于实际应用的分析形态。

理论性分析则要求运用相关理论模型来对政策形成的过程进行科学的理论论证，以更好地把握和解释决策过程，如詹姆斯·安德森就是从这个意义上来使用政策分析这一概念的。在安德森看来，目前用于政策分析的，主要有五种理论方法，即系统理论、团体理论、杰出人物理论、功能过程理论和制度化理论，虽然它们不是专为分析政策形成而创立的，但却能很好地用于这一目的。

技术性分析和理论性分析不是相互割裂的：不具备必要的科学技术手段，抽象的理论就无用武之地；而轻视政策分析中的理论训练和运用，科学技术手段的运用只能是盲目和无价值的。

2. 预期性分析和回溯性分析

政策分析可以在政策执行之前或之后进行，其中在政策执行之前所作的分析称为预期性分析，而在政策执行之后所作的分析称为回溯性分析。预期性分析（亦有称前瞻性分析）涉及政策行动开始和执行之前信息的提供和转换，强调的是分析采用特定政策方案所可能有的未来后果，又称为事前的、预先的、预见性的分析。预期性分析更侧重于回答会发生什么和该干什么这样的问题，因而它的"基本任务包括确认和鉴定复杂问题、对各种备选方案进行定量和定性的比较分析以修正问题、汇总整理这些信息以便于政策制定者在制定政策时使用"①。

回溯性分析指的是对政策产生原因、内容、执行情况以及结果的描述和阐释（发生了什么），有时也包括对一项执行中的新政策的评价（合乎政策的目的吗）。因为它是对以往政策的一种历史分析，所以也称为事后的、后期的政策分析。② 回溯性分析作为一个整体不像预期性分析那样与问题解决关系密切，正如有学者所说的那样，它"在对知识优先和理解的冲击方面最重要，在提供具体政治问题的解决方法时却不是这么有效"。尽管如此，对以往政策理论基础和影响的回溯性分析仍然常常包含在预期性政策分析之中，故此更为全面地综合这两者有助于找到满意的解决政策问题的方案。

3. 经验分析、实证分析和规范分析

根据政策科学家威廉·N. 邓恩的看法，政策分析可根据其目标主要是描述性的、评价性的还是规范性的而划分为经验分析、实证分析和规范分析。③

经验分析主要是描述既定公共政策的原因和结果，涉及的问题是事实，而提供的信息在特征上是描述性的。例如，分析者可以描述、解释或预测健康、

公共政策学

206

---

① ［美］卡尔·帕顿、大卫·沙维奇：《政策分析和规划的初步方法》，华夏出版社2002年版，第24页。

② 对其实际应用，可参见曾令发《管制政策的变迁：一种回溯性政策分析》，《理论探讨》2006年第4期。

③ 参见 ［美］威廉·N. 邓恩《公共政策分析导论》（第二版），中国人民大学出版社2002年版，第73页。

教育或交通方面的公共开支。

实证分析主要与政策的价值决定有关，涉及的问题是价值，而提供的信息在特征上是实证的。例如，在提供了各项税收政策的描述性信息后，分析者可以依据其伦理道德效果去评价不同的分配税收任务的方法。

规范分析主要是提出可以解决公共问题的未来行动方法，涉及的问题是行动，而提供的信息类型是规范性的。例如，一个关于有保证的最低年收入的政策可以建议作为解决贫困问题的方法。

这三种分析方法的比较参见下表，邓恩反复强调，传统学科回避实证和规范分析的做法是不可取的，政策分析人员不仅要提供事实，也要尽力提供关于价值及可取的行动方案的信息。

政策分析的三种方法

方 法	主 要 问 题	信息的类型
经验的方法	它现在和将来会存在吗？（事实）	描述性和预测性的
实证的方法	它有何价值？（价值）	实证的
规范的方法	应该干什么？（行动）	规范的

4. 定性分析和定量分析

定性分析和定量分析是人们认识事物时常常用到的两种分析方式。定性分析就是对研究对象进行"质"的方面的分析，亦即运用归纳和演绎以及抽象与概括等方法，对获得的各种材料进行思维加工，从而能由表及里地认识事物的本质，揭示其内在规律。定量分析则是对社会现象的数量特征、数量关系与数量变化的分析，是依据统计数据，建立数学模型，并用数学模型计算出分析对象的各项指标及其数值的一种方法。

在政策分析中所使用的定量分析主要涉及的是用数学工具和计算机技术等来比较、分析、评估政策方案及其效果，它要求分析人员具备基本的经济学、统计学和概率论知识，并有较为深厚的数学功底。定量分析被认为是公共政策理性化、科学化的保证，因此得到了越来越多的应用。不过，因为量化看上去具有客观、准确、严密的特点就将其奉为最科学甚至是唯一的政策分析方法，是有问题的，量化不仅有误差，而且量化越细也并不意味着就越可靠。对于很多涉及政治、社会复杂因素的政策来说，定性分析往往是更为重要的。

在政策分析中所使用的定性分析主要涉及的是从伦理、道德、宗教、民族等方面来对政策制定作超理性的思考，它要求分析人员有良好的直觉推断和丰富的经验阅历，并对价值关怀足够敏感。自 20 世纪 80 年代以来，在公共政策的制定和执行中，公平正义越来越成为政策好坏的评判尺度，于是相应的定性分析的地位也在提升。虽然定性分析常失于粗略，缺乏数据支撑，也无法精确化，但它在数据资料不充分或问题本身不能量化时往往可起到重要作用，况且很多定量分析事实上也必须建立在定性分析的基础之上。

在本章接下来的第二节和第三节中，我们将分别介绍几种常用的定性和定量分析方法。这里要先说明的是，定性分析和定量分析应该是统一的和相互补充的：定性是定量的依据，定量是定性的具体化，定性分析给定量分析提供理论支撑及技术手段运用的方向指引，而定量分析则使定性分析更加科学和准确。在政策分析的实践中，只有将这二者很好地结合起来并加以灵活运用，才能取得最佳效果。

四、政策分析与系统分析

在对公共政策进行分析时，可以有许多不同的方法，而其中系统分析总占有特别重要的地位，因为它构成了政策研究的认识论、方法论基础。从实际应用的角度看，政策分析几乎是与系统分析同步产生和发展的，并且是在具体实践中逐步走向融合的。按照美国学者 R. M. 克朗的说法，系统分析可以被视为由定性、定量或两者相结合的方法组成的一个集合，其方法论源于科学方法论、系统论以及为数众多的涉及选择现象的科学分支。应用系统分析的目的，在于改进公共的和私营的人类组织系统。它既是一种解释性的，又是一种规定性的方法论。①

系统分析最早是由美国兰德公司在二战结束前后提出并加以使用的，它把世界上的一切事物都视为具有其特定结构和功能的系统来展开分析，而系统就是由处于一定的相互关系之中并与环境发生关系的各种组成要素（子系统）所构成的整体。作为政策分析的最基本方法，系统分析把政策过程看成一个相互联系的、动态的、开放的系统。在把它应用于公共政策的过程中，分析人员一般需要进行系统的整体分析、结构分析、层次分析、相关分析和环境分析等，下面我们将分别进行简要的介绍。

整体分析强调的整体大于部分之和，故必须始终从子系统互动的角度来看

---

① 参见 ［美］ R. M. 克朗《系统分析和政策科学》，商务印书馆 1986 年版，第 20 页。

待政策制定，注重政策整体性的考察。如在评估某一政策的效果时应当具有全局观念，特别注意该政策与其他政策之间是否在内容上彼此协调，方向和目标又是否一致等。结构分析则从系统维持角度强调政策要发挥效用，就必须通过其不同结构来承担不同的功能，而且为了确保政策功能的履行还必须不断优化其构成要素。在拉斯韦尔的政策过程理论和阿尔蒙德的比较政策研究中，结构分析都是关键性的。层次分析强调的是结构有其层次性，它最早由美国运筹学家萨蒂提出，是一种用来明确一个问题情势的可能原因的技术。如在政策问题确认的过程中，通过将问题原因分为不同层次，再加以比较分析，就可以为最优方案选择提供依据。相关分析强调的是系统各要素之间的相互联系和相互作用，如在方案规划时要充分注意到问题的相互交织、问题各方面的联系、各目标间的互动及各种因素对将来执行效果可能产生的影响。环境分析强调的是政策得以发生、发展及运行的生存条件和背景，它要求在政策制定和执行时考虑自然、社会环境的制约，以及看重政策对环境输出的反馈信息的重要性，对此我们已经在前面的章节中有过很多的论述了。

总体上看，系统观念的深入人心及系统分析的普遍应用，的确使政策研究者及政府官员对政策的性质和发展规律有了更深刻的认识。二战后，美欧国家的政府以及一些民间机构已经将此方法广泛应用于改善住房、公共交通、公共卫生、通讯系统、计算机系统等公共政策和企业发展问题。① 不过需要注意的是，系统分析的方法并不是万能的，如果在其不适用的环境中应用，或者应用不当，就会出现不良后果，造成决策出错，给经济社会的发展带来重大损失。

系统方法——可能发生的问题②

如果忽视下列可能产生的问题，就会发生根本性的概念错误并导致错误的结果：把抽象的系统和现实的系统相混淆；局部混同于全体；局部利益和整体利益之间的对抗；虽然提出面面俱到的要求，但是却无力对一个以上的方面进行适当的研究，原因是问题的复杂性（矛盾就在于系统方法恰恰是目前可用以对付复杂问题的最有用的方法）；选择出来进行分析的部分并不是系统中最重要的部分（糟糕的优先次序产生于犹豫不决：

---

① 张国庆：《现代公共政策导论》，北京大学出版社 1997 年版，第 13 页。

② 参见 ［美］R. M. 克朗《系统分析和政策科学》，商务印书馆 1986 年版，第 17 页。

"我已经把系统确定了下来，但从哪儿着手"）；忽视历史；满足于对历史的一知半解；仅够进行相当表面的分析；缺少胜任的专业分析人员；倾向于单纯依赖纯逻辑式的分析推论；不必要地加大分析的范围；在完全不适合进行系统分析的场合硬要使用系统方法。

不适合用系统分析的场合主要有：目标是通过剧烈的冲击而引起的迅速改变；目的是破坏而不是维护；领导层的意愿在于权力的加强，保持统战联合，或政治上的一致；当主要的驱动力是来自排斥独立思考的社会政治意识形态、信仰和对家庭忠诚的时候；纯科学研究；艺术创作活动，等等。

第二节　政策分析的定性方法

定性分析是根据社会现象或事物所具有的属性和在运动中的矛盾变化，从事物的内在规定性来研究事物的一种方法或角度。它以普遍承认的公理、一套演绎逻辑和大量的历史事实为分析基础，从事物的矛盾性出发，描述、阐释所研究的事物，其结论往往具有概括性和较浓的思辨色彩。在公共政策分析中，较常使用的定性方法包括价值分析、头脑风暴法和德尔菲法，等等。

一、价值分析

公共政策是政府对社会成员利益诉求作出的回应，集中体现了政府的价值取向，而政府作为统治阶级的代表，又在一定程度上反映着统治阶级的偏好。在政策过程的每一阶段，从政策问题的构建到政策规划，直至政策评估，都离不开价值的居间调节作用。构建政策问题离不开价值判断，提出与论证方案而不受一定文化背景的价值观念的制约和影响也是不可能的。同时，价值决定着评估：客观价值先于评估而存在，评估则会随着客观价值的变化而变化。正因如此，有学者明确指出："政策是价值的具体表达，其中包括资源和权力的分配。"[①]

价值分析的主要任务就是确认政策的价值，而确认价值的问题在于肯定那

---

① ［美］卡尔·帕顿、大卫·沙维奇：《政策分析和规划的初步方法》，华夏出版社2002年版，第30页。

些与特定政策问题直接相关并对政策造成重要影响的价值。一般而言，公共政策的价值确认包括以下若干个价值范畴：①

一是政策的价值含义。确认政策的价值含义关键在于确认价值的性质、目的及其利益倾向，要回答的问题是："这是一项什么样的政策?""这一项政策要达到哪些目的?""谁是这一项政策的最大受益者?"若进一步分析，还可能涉及政策的时效、范围等价值范畴。

二是价值认同的程度。在这里，价值认同主要涉及的是政策相关主体在价值认同上的一致性，特别是政策制定者、执行机构对特定政策问题解决的必要性以及方案可行性的价值认同，也包括政策适用对象对政策目标及其有效性的价值认同。认同的一致性程度越高，说明该项政策的价值越高，反之亦然。

三是绝对价值与相对价值。在价值确认中，绝对价值指原则性的、不可谈判的价值，譬如对外关系中的主权问题。相对价值是指视情况而定的、可以商量的价值。确认绝对价值与相对价值对于公共政策具有特殊的意义，因为只有这样才能坚持公共政策的本质属性，才能最大限度、最为合理地调动公共政策的相对价值，进而实现政策效益的最大化。

四是价值组合与价值对抗。在这里，价值组合是指由于特定的公共政策，相关主体出现价值观趋同的现象或潜在的可能性；价值对抗则是指由于特定的公共政策，相关主体出现价值观对立的现象或潜在的可能性。不难理解，"好"的政策促进的是价值观的组合，而"坏"的公共政策促动的则是价值观的对抗。

五是价值观的改变。价值观的改变是从动态发展的角度分析，既定的公共政策对相关主体的价值观产生了什么影响。通常确认价值观的改变要回答这样一些问题：价值观出现了哪些变化？为什么会出现变化？价值观的变化与特定的公共政策之间存在对应的关系吗？进一步调整公共政策会强化或弱化某种价值观吗？……

就政策分析的实践来看，价值分析力求回答的是"我们应该做什么"的问题，为此需要广泛考察人们的社会价值观及价值规范，并确定价值准则的分析过程与方法。"从决策者的观点来看，只有在相关的价值已经得以确认并且作为政策过程结果的这些价值随时间发生改变之后，人们才能开始理性政策分

---

① 参见张国庆《现代公共政策导论》，北京大学出版社 1997 年版，第 264～266 页。

析。"① 毕竟，价值最终决定着政策的目标。

二、头脑风暴法

头脑风暴法由美国学者亚历克斯·奥斯本最先提出，是一种通过无限制的自由联想和讨论，来产生新观念或激发创新设想的方法，特别是可用以针对潜在的问题提出大量的解决方案和对策建议。头脑风暴法采取的是小型会议的组织形式，它试图让所有参加会议的人员在自由愉快、畅所欲言的气氛中，自由交换想法或点子，并以此激发创意及灵感，使各种设想在相互碰撞中激起脑海的创造性"风暴"。

一般而言，头脑风暴法的操作程序大致可分为这样几个阶段：

1. 准备阶段。在此阶段需要事先对所议问题进行一定的研究，弄清问题的实质和关键，设定解决问题所要达到的目标，然后选定为数不多的参会专家，并提前通知会议的时间、地点、所要解决的问题、可供参考的资料和设想、需要达到的目标等事宜，以让大家做好充分的准备。

2. 热身阶段。在此阶段，主持人应注意通过随便谈点有趣的话题来让大家放松，以进入一种无拘无束的状态，创造一种自由、宽松、祥和的氛围。

3. 明确问题阶段。在此阶段，主持人可扼要地介绍有待解决的问题，但不可过分周全，否则过多的信息会限制人的思维，干扰思维创新的想象力。

4. 重新表述问题阶段。在此阶段，为了使大家对问题的表述能够具有新角度、新思维，主持人或记录员要记录大家的发言，并对发言记录进行整理。通过对记录的整理和归纳，找出富有创意的见解，以及具有启发性的表述，供下一步畅谈时参考。

5. 畅谈阶段。在此阶段主持人要引导大家自由发言，自由想象，自由发挥，同时注意遵循几条原则，即不要私下交谈、不妨碍他人发言、不去评论他人发言，等等，以使畅谈真正激发创意。

6. 筛选阶段。在会议结束后的一二天内，主持人应向与会者了解大家会后的新想法和新思路，以此补充会议记录。然后将大家的想法整理成若干方案，再根据一定的标准进行筛选。经过多次反复比较和优中择优，最后确定1~3个最佳方案。这些最佳方案往往是多种创意的优势组合，是大家的集体智慧综合作用的结果。

---

① ［美］卡尔·帕顿、大卫·沙维奇：《政策分析和规划的初步方法》，华夏出版社2002年版，第29页。

在 20 世纪 70 年代以后，头脑风暴法得到了广泛使用，被大多数人认为是一种能够加强创造性和集思广益的方法。但是，也有人指出了头脑风暴法可能具有的局限，比如说专家人数有限，其代表性不够充分；与会专家中如有派系存在，大家的发言会受到影响；不得评论、不得质疑的要求不能激发真正有创见的思想，等等。可是，相对于个人决策和集体决策而言，头脑风暴法不会过多地依赖个人的判断力、直觉和价值观，也不太容易受困于从众心理和小集团思维，因此在拟订政策规划时仍不失为一种有效而可行的方法。

美国人口普查局的 2000 年项目规划①

头脑风暴法有一个典型的案例，那就是由美国人口普查局实施的一个为期两年半的项目，即 2000 年项目规划。从普查局各级各部门自选出来的 120 名职员，包括秘书、部门主任及局长，被要求尽可能地对未来进行自由想象：2000 年普查局应该是什么样。参与者写小组报告，再由各小组挑选的代表组成执行小组，将各组报告归并为最终报告，随后呈递给普查局的执行人员，以及美国统计协会咨询委员会、美国营销协会、美国经济协会。

2000 年项目规划在几个方面来讲都很成功。报告得到了各小组的基本认同，多数人认为该项目应以一种形式持续开展，甚至永久性地开展。项目产生了两个创造性的建议：设立专人收集处理意见，以保护普查数据使用者的权益；建立一个人口普查大学开展人口普查局的继续教育计划。那些对该计划持最积极意见的人倾向于战略性的考虑，关注结构不良的问题；而那些不很积极的人则倾向于策略性层面或操作性层面，关注结构优良的问题。

由于普查局高层管理人员，包括董事对该局长期面临的结构极其复杂和"混乱"的问题有了深刻认识，因此该项目最终得以实施。尽管该项目需调用大量资源，但看上去执行这个项目并没有大的风险。

---

① 参见 [美] 威廉·N. 邓恩《公共政策分析导论》（第二版），中国人民大学出版社 2002 年版，第 190 页。

三、德尔菲法

又称专家意见法，因古希腊的预言家曾在位于德尔菲的阿波罗神庙试图预测未来，故此得名。作为一种集中发挥专家群体智慧来预见未来的方法，其大致思路是通过背对背的通讯方式来征询专家小组成员的预测意见，经过几轮征询，使专家小组的预测意见趋于集中，最后做出对事物未来发展规律的预测性结论。德尔菲法于20世纪40年代由O. 赫尔姆和N. 达尔克首创，后经T. J. 戈尔登和兰德公司的进一步发展而成。在1946年，兰德公司首次将这种方法用于预测，之后又曾就科学的冲突、人口增长、自动化技术、航天技术、战争可能性、新武器系统等问题进行过预测。

德尔菲法的具体实施步骤如下：

1. 确定要预测的问题，按照其所需要的知识范围组成专家小组。其中专家人数的多少可根据待预测问题的大小、重要性及涉及面的宽窄而定，一般不超过20人。

2. 精心设计问卷，向所有专家提出所要预测的问题及有关要求，并附上所有的背景材料，同时请专家提出还需要什么材料，然后，由专家做书面答复。

3. 各个专家根据他们所收到的材料，以独立、匿名的方式提出自己的预测意见，并说明自己是怎样利用这些材料并提出预测值的。

4. 由分析人员将各位专家的第一次判断意见汇总，列成图表，进行对比，再分发给各位专家，让专家比较自己同他人的不同意见，修改自己的意见和判断。

5. 将所有专家的修改意见收集起来，汇总，再次分发给各位专家，以便做第二次修改。这一过程重复进行，直至最终选出专家们趋同的、较为一致的意见。

6. 对专家的意见进行综合整理。

总体而言，德尔菲法的特点就是依据系统的程序，采用匿名发表意见的方式（即团队成员之间不得互相讨论，不发生横向联系，只能与调查人员发生关系），通过逐轮向专家反馈信息来集结问卷填写人的共识和搜集各方意见，以构造团队沟通流程，应对复杂任务难题。它被认为有助于避免一般专家会议及头脑风暴法中沟通不良、专家屈从权威和随大流、人格冲突及产生敌对情绪等弊端。但是，德尔菲法的局限性也是很明显的：由于收集意见和信息反馈一般要经过三四轮，需要耗费大量时间，因此它不适用于快速决策。同时，德尔菲法的效果如何，往往也受到专家个人条件和组织者个人能力的影响。尽管如此，德尔菲法仍然越来越广泛地被应用于像教育、技术、交通、空间探索、住房、预算、生活质量、城市发展等领域，其在长期预测中所发挥的积极作用仍是其他方法所不能替代的。

第三节　政策分析的定量方法

定量分析主要用观察、实验、调查、统计等方法研究社会现象，它对研究的严密性、客观性、准确性都提出了严格的要求，以求得到客观事实。定量分析通常采用数据的形式，通过收集资料和证据来评估或验证在研究之前预想的模型、假设或理论。在公共政策分析中，较常使用的定量分析方法包括决策树分析、成本收益分析和回归分析等。

一、决策树分析

政府领导人在实践中常遇到的情景是：若干个可行性方案制定出来了，分析一下内、外部环境，大部分条件是已知的，但还存在一定的不确定因素。同时每个方案的执行都可能出现几种结果，各种结果的出现有一定的概率，决策存在着一定的胜算，也存在着一定的风险。这时，决策的标准只能是期望值，即各种状态下的加权平均值。针对上述问题，用决策树分析来解决不失为一种好的选择。

决策树法作为一种决策技术，已被广泛地应用于公共部门和私营企业的决策中，有效地控制了决策带来的风险。所谓决策树法，就是运用树状图（如下图所示）表示各决策方案的期望值，通过计算，最终优选出收益最大、成本最小的决策方案。决策树法属于风险型决策方法，必须具备一定的适用条件，包括具有决策者期望达到的明确目标；存在决策者可以选择的两个以上的可行备选方案；存在着决策者无法控制的两种以上的自然状态（如政党斗争、经济发展趋势、国际舆论导向，等等）；不同行动方案在不同自然状态下的收益值或损失值（简称损益值）可以计算出来；决策者能估计出不同的自然状态的发生概率。

决策树法的决策程序大致如下：（1）绘制树状图，根据已知条件排列出各方案和每一方案的各种自然状态。（2）将各状态概率及损益值标于概率枝上。（3）计算各方案期望值并将其标于该方案对应的状态节点上。（4）进行剪枝，比较各方案的期望值，并标于方案枝上，将期望值小的（即劣等方案）

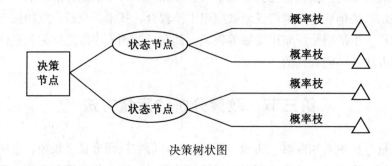

决策树状图

剪掉，所剩的最后方案为最佳方案。

这里，我们以某县政府为繁荣辖区人民的业余文化生活而考虑用公共预算来新建一音乐厅或图书馆的决策为例加以说明。根据预测估计，未来进音乐厅或图书馆的人数多少其概率为：人多0.2；一般0.3；人少0.5。新建音乐厅和新建图书馆这两种方案在人多、一般或人少时的收益数据如下表所示：

各方案损益值表　　　　　　　　　　　　　　　　（单位：万元）

损益值　　自然状态及其概率　方　案	人多（0.2）	一般（0.3）	人少（0.5）
新建音乐厅	500	200	−100
新建图书馆	400	180	−30

然后，我们就可以展开决策树分析了：首先，从左向右画出如前所示的决策树状图；其次，计算新建音乐厅和新建图书馆这两种方案的期望值：前者为：500×0.2+200×0.3+（−100）×0.5＝110万元；后者为：400×0.2+180×0.3+（−30）×0.5＝119万元；最后，比较期望值并选择期望值最大的方案即新建图书馆方案作为最后的决策方案。

总体而言，决策树分析所要求的计算量不是太大，而树状图也能够较为清晰地显示出决策所涉及的关键要素，同时对决策者来说也相对易于理解。不过，在实际工作中对于有时间顺序的数据，往往需要做很多预处理的工作。也就是说，不同时期的投资额和损益值等要按照复利原则折算为现值，才能进行对比研究，而这就有可能会增加误差。

二、成本收益分析

成本收益分析是指以货币单位为基础对投入与产出进行估算和衡量的方法。在政策分析中，它指的就是将政策的货币成本和总的货币收益量化，来进行政策比较和提出政策建议，或者对既有政策作评估。成本收益分析的理论基础建立在福利经济学的研究之上，而后者特别看重的是如何有效地使公共投资实现净收入的最大化。在 20 世纪，成本收益分析已被广泛运用于许多不同的公共项目和工程。"它最早用在大坝建设，提供水源，包括分析水力发电、洪水控制、灌溉、娱乐的成本收益分析上。近期其他的运用包括交通、健康、人力资源培训及城市更新改造"①。

成本收益分析包括这样四个步骤：首先是澄清和列举有关公共工程的各种备选方案的所有成本和收益，包括许多无形的成本和收益；然后细致地计算这些成本和收益，特别是要将无形的成本和收益折算成货币；继而比较在不同方案下，公共工程的运行要花费多少成本，可带来多少收益；最后根据比较的结果，来选择和确定公共工程项目。根据可支配的预算的多少及领导人价值偏好的不同，成本收益分析可以有不同的表现形式。比如在成本相同的情况下，对方案的收益进行从高往低的排列；或者在收益相同的情况下，对方案的成本进行从低往高的排列；又或者比较收益与成本之间的差额即比较净收益。上述这些形式一般对应于不同性质的问题，但不管是哪种形式，都必须具备一定的适用条件，即成本、收益能量化为货币。对一些公共物品如清洁的街道来说，由于并不存在可以直接参照的市场价值，于是分析人员常常被迫去主观地估计民众为分享此公共物品而愿意支付的价格，即影子价格，而这必然是不精确的和有些武断的。

在实践中，成本收益分析所涉及的数学计算是非常复杂的，其中所采用的具体方法主要有净现等效、效益费用比和回收率，等等。② 之所以会这么复杂，是因为"如果要预计未来的一个时段内的成本和收益水平，就必须考虑由于通货膨胀和未来利率变化所导致的实际价值的减少"，并以折现方法为基

---

① ［美］威廉·N. 邓恩：《公共政策分析导论》（第二版），中国人民大学出版社 2002 年版，第 318 页。

② 参见林德金等编著《政策研究方法论》，延边大学出版社 1991 年版，第 272～282 页。

础来计算成本和收益的实际价值，而其中"折现方法是根据成本收益目前的价值来计算将来的成本和收益的程序"①。通俗点来说，由于许多投资项目的建设周期或使用周期都不会限于一个年份，不同时间发生的收益和成本不能直接相加，因此就需要将不同时间所发生的成本与收益，按照一定的贴现率，换算成同一时间上的成本与收益，然后进行比较。

成本收益分析具有很多优势。第一，由于政策成本和收益都是以货币为共同计量单位的，因此可计算出净收益，而这是其他分析方法所不可能做到的。第二，它使我们能超越单一政策或项目的局限，将收益同社会总体福利联系起来。第三，由于净收益是用货币表示的，因此不同政策领域之间的项目比较就成为了可能，例如它可以帮助我们确定在某个远城区应该先设立一所小学还是先建设一个医院。

当然，不容忽视的是，过于看重数字的成本收益分析也会有其局限。第一，绝对强调经济效率，会忽略公平标准的价值和遗漏政治维度的重要性，比方说在美国"关闭军事基地或退伍军人医院在经济上可能是合乎理性的，而在政治上就是自杀"②。第二，货币价值不可能衡量回应性和效用的强度，而收益的实际价值显然是因人而异的。第三，重要物品的影子价格折算无非分析人员自己所持有的价值观的任意表达，由此而量化出的结果也很难说是准确和客观的。

为了避开用货币来计算无形物品收益的问题，一些分析人员改进了成本收益分析而提出了成本效益分析方法，并将其用于给司法、人力资源培训、交通、健康、国防等领域提供针对性的政策建议。大致来说，成本效益分析与成本收益分析都遵循同样的逻辑，即强调好的政策就是要追求利润的最大化，要以最小的成本获取最大的收益。不过，与后者相比，前者的不同特点是用单位产品、服务或其他手段而不是金钱来计算收益，由此确定成本—效益比率（一美元能生产多少产品或服务）或效益—成本比率（一单位产品或服务需花费多少美元）。在成本或效益固定时，这种方法能得到很好地适用，但它不能计算净收益，故此不能用于衡量社区成员总体满意度，而且不同政策项目之间

---

① ［美］威廉·N.邓恩：《公共政策分析导论》（第二版），中国人民大学出版社2002年版，第324页。

② James W. Davis, Jr., *An Introduction to Public Administration: Politics, Policy, and Bureaucracy*, The Free Press, 1974, p. 13.

也再无法进行比较了。

三、回归分析

"回归"是由英国著名生物学家兼统计学家高尔顿在研究人类遗传问题时提出来的。他在研究人类身长的遗传时，发现高个子父母的子女，其身高有低于其父母身高的趋势，而矮个子父母的子女，其身高有高于其父母的趋势，即有"回归"到平均数的趋势，这就是统计学上最初出现"回归"时的含义。后来，这样一种遗传变异现象被应用到统计预测上来，形成了有名的回归分析方法，指在所研究的变量之间存在着因果关系或互为因果关系时，通过建立回归方程式和回归模型，估计回归系数的方法来辨别自变量对因变量的影响程度，揭示变量之间的因果关系。

在回归分析中，如果各变量值之间的数量关系在坐标系中能近似地形成线性分布，然后可用回归方程式来表示它们之间的数量关系并进行分析，就称为线性回归，而线性回归按照自变量的个数的多少又可以分为一元线性回归和多元线性回归。一元线性回归和多元线性回归在社会学研究中运用得相当广泛，这里由于篇幅所限，我们只介绍一元线性回归分析，即自变量为 1 个时的线性回归分析。如果确定 x 作为自变量，y 作为因变量，那么每对数据（x，y）在坐标系中用相应的点表示，就可以形成坐标散布图，从中可以看出两个变量的对应关系及其变化。

例如，如果要研究质量和用户满意度之间的因果关系，从实践意义上讲，产品质量会影响用户的满意情况，因此设用户满意度为因变量，记为 Y；质量为自变量，记为 X。根据下边的散点图，可以建立下面的线性关系：

$$Y = A + BX + \S$$

式中：A 和 B 为待定参数，A 为回归直线的截距，代表计算的回归线与 Y 轴的交点；B 为回归直线的斜率，亦即回归系数，表示 X 变化一个单位时，Y 的平均变化情况；§ 为依赖于用户满意度的随机误差项。

根据下图的散点分布数据，在 SPSS 软件里可以很容易地实现线性回归，回归方程如下：

$$y = 0.857 + 0.836x$$

回归直线在 y 轴上的截距为 0.857、斜率为 0.836，即质量每提高一分，用户满意度平均上升 0.836 分；或者说质量每提高一分，对用户满意度的贡献是 0.836 分。①

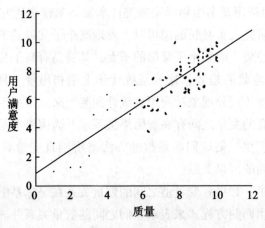

质量和用户满意度散点图

上面所示的例子是简单的一个自变量的线性回归问题，在数据分析的时候，也可以将此推广到多个自变量的多元回归，具体的回归过程和意义请参考相关的社会学书籍。② 总体而言，回归分析主要解决以下几方面的问题：(1) 确定几个特定变量之间是否存在相关关系，如果存在的话，找出它们之间合适的数学表达式。(2) 根据一个或几个变量的值，预报或控制另一个变量的取值，并且要知道这种预报或控制的精确度。(3) 进行因素分析，确定因素的主次以及因素之间的相互关系，等等。回归分析是一种具体的、行之有效的、实用价值很高的常用预测和分析方法，它被广泛地应用于各种政策的分析之中，比如有学者将之应用于汽车行业的产业政策变化。③ 但是，在应用回归预测法时应注意使用合适的数据资料，并用定性分析判断现象之间的依存关系，同时避免回归预测的任意外推。

---

① 此处的回归案例引自互联网，其网址为 http：//www. dina. com. cn/ShowInfoCon-tent4. asp？ ID = 106

② 其中最好的一本当属美籍华人、社会学家谢宇的《回归分析》，社会科学文献出版社 2010 年版。

③ ［日］药师寺泰藏：《公共政策》，经济日报出版社 1991 年版，第 109～111 页。

☞ **思考题：**

1. 一名合格的政策分析人员应具备哪些基本素质和专门知识？
2. 技术性分析和理论性分析之间的关系是怎样的？
3. 请想想定性分析和定量分析必须在什么样的条件下应用？
4. 试运用系统分析的观念来考察我国教育政策的演变。
5. 公共政策的价值确认包括哪些价值范畴？
6. 简要说明头脑风暴法的操作程序及应注意的事项。
7. 请画出书中所提到的关于新建图书馆工程的决策树状图。
8. 试举例说明成本收益分析的优点和局限分别表现在哪些方面？

参 考 文 献

1. ［美］托马斯·R. 戴伊：《自上而下的政策制定》，中国人民大学出版社 2002 年版。

2. ［美］E. R. 克鲁斯克、B. M. 杰克逊：《公共政策词典》，上海远东出版社 1992 年版。

3. ［美］保罗·A. 萨巴蒂尔：《政策过程理论》，三联书店 2004 年版。

4. ［美］詹姆斯·E. 安德森：《公共决策》，华夏出版社 1990 年版。

5. ［美］迈克尔·豪利特、M. 拉米什：《公共政策研究：政策循环与政策子系统》，三联书店 2006 年版。

6. ［美］R. M. 克朗：《系统分析和政策科学》，商务印书馆 1986 年版。

7. ［日］药师寺泰藏：《公共政策》，经济日报出版社 1991 年版。

8. ［美］史蒂文·凯尔曼：《制定公共政策》，商务印书馆 1990 年版。

9. ［美］B. 盖伊·彼得斯等编：《公共政策工具：对公共管理工具的评价》，中国人民大学出版社 2007 年版。

10. ［美］查尔斯·林德布洛姆：《决策过程》，上海译文出版社 1988 年版。

11. ［美］威廉·N. 邓恩：《公共政策分析导论》（第二版），中国人民大学出版社 2002 年版。

12. ［英］H. K. 科尔巴奇：《政策》，吉林人民出版社 2005 年版。

13. ［英］米切尔·黑尧：《现代国家的政策过程》，中国青年出版社 2004 年版。

14. ［美］拉雷·N. 格斯顿：《公共政策的制定——程序和原理》，重庆出版社 2001 年版。

15. ［美］约翰·W. 金登：《议程、备选方案与公共政策》，中国人民大学出版社 2004 年版。

16. ［美］弗兰克·费希尔：《公共政策评估》，中国人民大学出版社 2003 年版。

17. ［美］埃贡·G. 古贝、伊冯娜·S. 林肯：《第四代评估》，中国人民大学出版社 2008 年版。

18. ［美］卡尔·帕顿、大卫·沙维奇：《政策分析和规划的初步方法》，华夏出版社 2001 年版。

19. 林水波、张世贤：《公共政策》，台北五南图书出版公司 1982 年版。

20. 朱志宏：《公共政策》，台湾三民书局 1995 年版。

21. 张金马主编：《政策科学导论》，中国人民大学出版社 1992 年版。

22. 宁骚：《公共政策学》，高等教育出版社 2003 年版。

23. 陈振明主编：《公共政策分析》，中国人民大学出版社 2003 年版。

24. 陈振明主编：《政策科学》，中国人民大学出版社 1998 年版。

25. 吴天佑、傅曦编著：《美国重要思想库》，时事出版社 1982 年版。

26. 徐之先、刘挹林编著：《日本的脑库》，时事出版社 1989 年版。

27. 林德金等编著：《政策研究方法论》，延边大学出版社 1991 年版。

28. 彭和平、竹立家等编译：《国外公共行政理论精选》，中共中央党校出版社 1997 年版。

29. 张国庆：《现代公共政策导论》，北京大学出版社 1997 年版。

30. 刘斌、王春福：《政策科学理论》，人民出版社 2000 年版。

31. 刘家顺、王永青：《政策研究方法》，人民出版社 2000 年版。

32. 陈潭编著：《公共政策学》，湖南师范大学出版社 2003 年版。

33. 顾建光编著：《公共政策分析引论》，武汉出版社、科学出版社 2002 年版。

34. 刁田丁等编著：《政策学》，中国统计出版社 2000 年版。

35. 宁国良：《公共利益的权威性分配——公共政策过程研究》，湖南人民出版社 2005 年版。

36. 桑玉成、刘百鸣：《公共政策学导论》，复旦大学出版社 1991 年版。

37. 郑敬高主编：《政策科学》，山东人民出版社 2005 年版。

38. 樊钉主编：《公共政策》，国家行政学院出版社 2005 年版。

39. 舒泽虎编著：《公共政策学》，上海人民出版社 2005 年版。

40. 王传宏、李燕凌编著：《公共政策行为》，中国国际广播出版社 2002 年版。

41. 谢明著：《政策分析概论》，中国人民大学出版社 2004 年版。

42. 彭和平编著：《公共行政管理》，中国人民大学出版社 1995 年版。

后　记

公共政策学是一门实践性极强的科学，也是一门仍处于不断发展之中的科学。同时，它既是公共管理学科的核心课程之一，又是政治学学科的核心课程之一。在过去十几年里，公共政策学在中国有了长足的发展，表现为一大批国外经典著作被翻译过来出版，以及相关的教材和论文数量大幅地增长，尽管真正深入研究中国政策过程及其规律性的专著仍不多见。

总体上看，公共政策学的研究作为一个体现当代科技发展及社会科学新成就的综合性的交叉学科领域，展现出了良好的发展前景，而掌握该学科的基础知识和分析技能对推进政府部门决策的科学化也显然具有重要意义。近年来不断有报道表明党和国家领导人对建立智库的必要性已有了充分的认识，这或许预示着政策分析人员的地位和作用将在未来有更大的提升。

本教材是我这几年来讲授"公共政策学"课程的教学实践和思考的一个总结，它试图为学习公共政策学的学生提供较为系统的理论知识，主要包括这么几个部分：首先是导论，引入一些基本概念并说明学科自身的发展情况；然后是对政策研究组织和若干政策理论模型的探讨；接着是对政策与环境关系的梳理；继而是对政策过程各阶段的重点论述；最后是对政策分析方法的简要介绍。

在完稿之时，我想要感谢与我一起学过"公共政策学"这门课程的几届政治学与行政学专业的同学——他们的求知热情让我感受到了身为一名教师的生活是多么美好，也期待着与更多的同学一起继续学习它。这里必须说明的是，对政策过程理论的学习不能替代对现实公共政策的分析，因此同学们在上课时应当时刻关注国家及地方政策的制定情况，并进行理论联系实际的具体分析。

本教材编写时参考了国内外有关专家、学者的许多研究成果，其中大部分已经反映在了注释和参考文献之中，在此特向这些成果的作者们表示衷心的感谢。当然，由于时间仓促，书中难免会有这些或那样的错误，还请读者见谅并给予批评指正。

陈　刚

2011 年 7 月于珞珈山